마음설계자

DESIGNING THE MIND: The Principles of Psychitecture
First published by Designing the Mind 2021

생각, 성격, 습관을 원하는 대로 바꾸는 가장 과학적인 방법

DESIGNING

마음설계자

라이언 부시 지음 | 한정훈 옮김

THE MIND

웅진 지식하우스

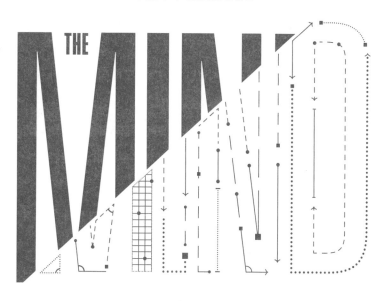

프롤로그

2084년 어느 날, 당신은 사차원 농구 게임을 하고 있다. 어느 순간 같은 팀 친구 한 명이 당신의 자유투 실력을 비아냥거린다. 그러자 당신의 머릿속에서 몇 가지 일이 벌어진다.

1. 고통을 느낀다.
2. 그 녀석이 헛소리를 지껄인 걸 후회하도록 당장 쫓아가 주먹을 날리고 싶다는 충동이 솟구친다.
3. 자존심이 상한 채 며칠 동안 그 모욕을 곰곰이 생각하고, 내가 어떻게 반응했어야 하는지 고민하고 또 고민하며 괴로워한다.

그러다가 문득 깨닫는다. "잠깐! 이런 고민을 해결해주는 기술이 이미 개발됐잖아."

당신은 신경망을 통해 두뇌를 빠르게 조정할 수 있는 애플리

케이션을 실행한다. 몇 가지 공익광고를 보면서 정부가 싫어할 만한 생각은 절대 하지 않겠다고 다짐한 다음 로그인을 한다.

이제 당신은 두뇌를 몇 번 클릭하여 누군가에게 모욕을 당했을 때 고민하고 집착하고 복수하려는 자신의 성격을 제거하라고 소프트웨어에 명령한다. 모욕을 가하는 상대방에게 차분하고 재치 있고 빠르게 반박하며 오히려 즐거움을 느끼게 하는 기능도 추가한다. 새로운 자동 반응 시스템은 불편한 상황을 해소하고 당신을 록스타처럼 당당하게 보이게 해줌으로써 짜증 나는 모욕을 당신에게 무관한 일로 만들어버린다.

2084년 정도가 되면 자기 두뇌를 직접 수정하는 기술이 개발되어 우리를 괴롭히는 욱하는 성격을 제거할 수 있으리라는 상상은 매우 합리적이다. 그러나 타임머신을 타고 미래로 날아가지 못하는 이상, 당신은 아마도 그런 기술이 공상과학 소설 속 얘기처럼 들리는 시대에 이 책을 읽을 것이다. 현재로서는 몇 번의 클릭만으로 우리의 정신적 버그를 제거할 수 없다. 그리고 아마도 우리 안에 존재하는 심리적 한계는 당분간 돌처럼 단단할 것이다.

하지만 인간은 당신이 생각하는 것만큼 무기력하지 않다. 올바른 인지 도구를 사용하면 누구나 자신의 심리적 소프트웨어, 즉 마음을 수정할 수 있다. 원치 않는 심리적 성향은 다시 프로그래밍할 수 있는 소프트웨어 알고리즘과 유사하며, 실제로 그렇게 작동한다. 이때 모욕은 일종의 정신적 프로그램을 촉발하는 인풋이다. 이 프로그램은 당신이 친구의 비아냥에 반응하여 자신의 가치를 재평가하게 하는 왜곡된 생각 회로를 작동시킨다. 그런 다음 당신이 짜증을 느끼고 충동적으로 행동하도록 감정적인 반응을 아웃풋한다.

이런 반응은 인류가 생겨났을 때 이미 프로그래밍된 것으로, 지금까지 수많은 사상가들과 학자들이 연구해왔다. 오늘날과 같은 수준의 기술적 개념을 갖춘 건 아니지만, 고대 사상가들은 많은 문제가 있는 인간의 정신 모듈에 관심을 두고 조정 알고리즘을 연구하고 개발했다. 이들은 자신의 통찰을 기록하여 후세에 전달하고자 노력했고, 세계 곳곳에서 발견되는 그들의 지혜는 오늘날 우리가 마음을 프로그래밍하는 데 사용할 수 있는 오픈소스 코드가 됐다.

나의 장기적인 목표는 이런 심리적 소프트웨어의 최적화 도구를 찾아내고 체계화하여 가능한 한 많은 사람에게 알려주는 것이다. 나는 당신에게 즉각적인 두뇌 수정 애플리케이션 못지않은 차선책을 제공하고 싶다. 즉 당신의 마음을 설계하고 최적화할 청사진을 제공하고 싶다.

당신은 이렇게 물을지도 모른다.

"먹고살기도 바쁜데 무엇하러 마음을 설계해야 하나요? 그래서 얻는 게 뭔데요?"

그러면 나는 당신이 이 책을 통해 세상에서 뭔가를 얻거나 성취하는 데 직접적으로 도움을 받지는 못할 거라고 대답할 수밖에 없다. 이 책은 당신을 영업의 달인이나 프레젠테이션 전문가로 만들어주지 않는다. 하다못해 복근을 단련해주지도 않는다.

이 책은 더 바람직한 마음을 만드는 데 관심이 있는 사람들을 위해 썼다. 더 큰 지혜, 자제력, 평정심을 함양하는 일에 열정을 가진 사람들 그리고 불교, 스토아철학, 인간심리학, 심리치료 분야에 이끌리는 사람들 말이다. 우리는 누구나 더 행복하고 더 건강하고 더 나은 사람이 되기를 원한다. 그러나 자기 마음에 직접 초점을 맞추면 가장 높은 목표에 도달할 수 있다는 사실을 아는 사람은 많지 않다.

만약 그런 목표를 지향한다면 당신은 '마음설계자'에 속한다. 당신은 굳어진 것처럼 보이는 내면을 극복한다는 생각에 가슴이 두근거리는, 보기 드문 이들 중 한 명이다. 당신은 자기 마음의 원초적 상태를 변화와 개선의 초대장으로 여기며, 현실을 냉철하게 바라보고 그것을 바꿀 방법을 찾고 싶어 한다. 또한 평범한 삶이 아니라 훌륭한 삶을 살아가고 싶어 한다. 정말로 당신이 이런 사람이라면 책을 제대로 선택한 것이다.

당신은 자기 마음에서 무엇이 싫은가? 지난 삶을 돌이켜볼 때 어떤 특징들이 당신을 괴롭혔는가? 혹시 야망을 추구하려는 당신을 두려움이 방해하는가? 질투가 당신의 관계를 망치는가? 산만함이 당신의 삶을 지배하고 있는가? 유독 자신에게는 점수를 짜게 주는 내면의 비평가가 있는가?

이 책은 당신이 알고 있는 인간의 한계란 자기가 선택한 것에 불과하다는 대담한 주장을 할 것이다. 우리는 자기 마음의 플러그를 뽑아서 객관적으로 검토하고, 자신이 가동하는 심리적 코드를 수정함으로써 자신의 잠재력을 제한하는 패턴을 영구적으로 바꿀 수 있다.

당신은 흔들리지 않는 평화와 안정을 마음속에 건축하는 방법을 배울 것이고, 어떤 시련이 닥치든 차분한 행동으로 반응하면서 삶을 포용하게 될 것이다. 예리하고 명확하게 생각하는 기술을 개발할 것이고, 자신의 왜곡된 판단을 극복할 것이고, 삶에서 올바른 결정을 내릴 수 있는 지혜를 함양하게 될 것이다. 또한 자신의 이상적인 자아를 점진적으로 실현할 수 있는 습관, 성격, 생활 방식을 갖추게 될 것이다.

이 과정을 시작하기 위해 미래의 기술이 개발될 때까지 몇십 년을 기다릴 필요가 없다. 오늘부터 당신은 자신을 괴롭히는 원초적 행동, 감정적 반응, 여러 가지 편향을 수정하고 재구성할 수 있다. 알고리즘을 하나하나 살펴보면서 훨씬 더 바람직한 마음을 만드는 원리와 실천 방법을 배울 수 있다. 가장 중요한 것은 이 책에서 읽은 것 이상으로 발전할 수 있다는 마음가짐을 내면화하게 되리라는 것이다. 그렇게 깨달음의 정점으로 올라가면서 마음의 한계를 근본적으로 초월한 전설적인 인물들에 점점 가까워질 것이다.

이 책의 목적은 냉수마찰, 감사 일기 쓰기 등 소소한 행복을 누리는 데 유용한 팁을 알려주거나 긍정적 사고, 신경 언어 프로그래밍, 마음챙김Mindfulness 명상 등을 추천하는 것이 아니다. 나는 영성의 관점에서 바라본 사상과 기술을 종종 언급할 테지만, 여기서 설명하는 모든 사고방식과 방법론은 이성적이고 심리적이고 경험적이다. 이 책은 고대 사상가들의 깊은 통찰, 신경가소성 과학 그리고 인지·감정·행동과학에 기반을 두고 있다. 그럼으로써 오늘부터 삶을 극적으로 변화시키길 원하는 사람이라면 누구나 마음이라는 소프트웨어를 수정할 수 있음을 보여준다. 지혜, 행복, 인격을 위해 마음을 직접 구성하는 방법 그리고 자신의 가장 바람직한 모습에 도달하는 방법을 제시한다.

이 책을 쓰게 된 계기는 약 10년 전에 일어난 어떤 일이었다. 정확하게 기억나지는 않지만 표면적으로 뭔가 안 좋은 사건이었다. 작지 않은 실수 또는 인생의 좌절 같은 일이라고나 할까. 나도 다른 사람들과 마찬가지로 예전에 그런 일을 많이 겪었다. 하지만 그땐 달랐다. 좌절에서 촉발되는 부정적인 감정이 밀려오지 않았다. 슬픔도, 불안도, 절망도 없었다. 나는 예전의 나였다면 느꼈을 감정을 우회하는 어떤 정신적 실천을 했고, 그런 다음 차분하게 그 사건에 대응하며 삶을 계속 이어나갔다.

나는 이 경험에서 새로운 길을 찾았다. 당시 내가 마음속으로 한 실천은 탁상공론을 좋아하는 심리학자들이 주장하는 억압이나 억제, 자기부정이 아니었다. 그것은 효과적인 감정적 자기조절의 한 형태였고, 수천 년 전 고대 그리스인들이 이미 행했던 것이었다. 계속 연구한 결과, 사람들이 평생 고민하는 문제에서 해방되기 위해 수련할 수 있는 비술이라는게 있다면 내가 그 일부를 경험했음이 분명해졌다. 그래서 내 마음의 기본적인 요소들을 지속적으로 개선하기 위해 더 많은 방법을 찾기 시작했다.

인간 마음의 한계와 잠재력을 탐구하면서 나는 놀라운 일관성을 발견했다. 내가 고민했던 모든 정신적 문제는 자동적이고 체계적인 심리 현상이었으며, 도발과 반응의 연쇄작용, 즉 인풋과 아웃풋으로 귀결됐다. 더 흥미롭게도 이런 문제들에 대한 해결책은 모두 같은 구조로 이루어져 있었다. 나는 이런 패턴에 알고리즘이라는 이름을 붙였고, 이 알고리즘들의 집합을 심리적 소프트웨어로 개념화했다. 그러고나니 나의 정신적 문제들이 이해되기 시작했다.

나는 나의 문제를 해결하기 위해 새로운 방법론을 적용해봤다. 살아가는 환경을 바꾸는 것보다 심리적 반응을 근본적으로 바꾸는 데 더 중점을 둔 것이다. 그러자 영원히 사라지지 않을 것 같았던 문제들이 완전히 소멸했다. 한때는 손이 닿지 않을 것 같았던 마음의 평온함에 단계적으로 도달했고, 궁극적으로는 새롭고 훨씬 더 바람직한 모습으로 거듭날 수 있었다. 나는 마음의 소프트웨어를 설계하고 최적화하는 과정에 '심리건축psychitecture'이라는 이름을 붙였다. 이를 실천할수록 이 용어가 단순한 비유가 아니라는 증거를 인지과학, 감정과학, 행동과학에서 점점 더 많이 발견할 수 있었다. 심리건축은 실제로 마음이 작동하는 방식이었다.

심리건축은 내가 처음에 생각했던 것 이상으로 확장됐다. 많은 연구를 통해 나는 감정 조절과 재구성 기술이 매우 현실적이고 효과적이라는 사실을 확인했다. 자기지배력을 추구하는 일은 인지, 감정, 행동이라는 세 가지 주요 요소를 포함하도록 더욱 발전했다. 그리고 더 많은 성찰을 통해 이 세 영역에서 자기지배를 달성하는 것이야말로 행복과 성공에 필요한 핵심 능력을 포괄한다는 것을 깨달았다.

이 세 가지 영역 중에서 어떤 문제가 생기면 어리석음과 나약함으로 이어질 뿐만 아니라 더러는 나쁜 일까지 저지르게 된다. 사회적 악행을 저지르는 모든 사람은 세 영역 중 한 가지 이상의 결함과 관련지어 설명할 수 있다. 그래서 나는 사람들이 모든 형태의 자기지배력을 함양할 수 있도록 돕는 일을 내 인생에서 가장 큰 목표로 삼았다. 자기지배 3요소는 이 책을 구성하는 기둥이며, 각 장에서 세 가지 영역 모두를 당신의 것으로 만드는 데 필요한 원칙과 실천 방법을 차근차근 설명할 것이다.

나는 당신이 찾고 있는 영적인 스승이나 존경받는 교수가 아니다. 나의 공식적인 전공 분야는 컴퓨터 공학과 디지털 시스템 설계다. 하지만 내가 가장 관심을 기울이고 평생 추구하려는 분야는 내면의 탐구, 독서에 대한 갈망 그리고 끝없는 자기 최적화다. 나는 이 책에서 내 이야기만 할 생각이 전혀 없다. 이 책에 영감을 준 고대의 사상가들, 실용철학자들, 인지과학자들의 통찰이 훨씬 더 흥미롭고 유용하다고 생각하기 때문이다.

나의 철학적 멘토는 노자, 붓다Buddha, 아리스토텔레스Aristotle, 에피쿠로스Epicurus, 디오게네스Diogenes, 마르쿠스 아우렐리우스Marcus Aurelius, 에픽테토스Epictetus, 세네카Seneca, 미셸 드 몽테뉴Michel de Montaigne, 르네 데카르트René Descartes, 프리드리히 니체Friedrich Nietzsche, 에이브러햄 매슬로Abraham Maslow, 빅터 프랭클Viktor

Frankl, 에런 벡Aaron Beck 등이다. 그 밖에 나에게 영향을 준 현대적 인물은 일일이 열거할 수 없을 정도로 많으며, 앞으로 차차 소개할 것이다. 그 철학자들이 자칭하지는 않았지만 나는 그들을 심리건축가 또는 선각자라고 부른다. 나는 학생들에게 그들의 지혜를 가르치는 교사가 아니다. 나의 역할은 단지 그들의 통찰을 연구하고 분석해 현대적인 개념으로 통합하는 것이다. 그 결과물을 이제부터 당신과 함께 살펴보려고 한다.

내가 운영하는 웹사이트(designingthemind.org)에 접속하면 더 많은 심리적 통찰을 얻을 수 있고 토론에도 참여할 수 있다. 이 책과 웹사이트의 심리건축 커뮤니티는 살아 숨 쉬는 생각들의 모임이며, 시간이 지남에 따라 더욱 발전해나갈 것이다. 그 여정에 합류한 당신을 환영한다.

차례

DESIGNING

1장

당신의 마음은 무엇이 문제인가

THE MIND

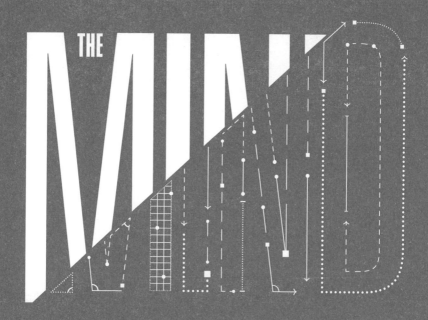

마음이라는 기계

과거에 우리 인간들은 외부 세계를 통제하는 방법을 배웠지만 우리 내부 세계에 대한 통제력은 거의 없었다.

— 유발 하라리Yuval Harari, 『21세기를 위한 21가지 제언』

모든 시대는 당대의 지배적인 기술 용어와 비유로 인간의 마음을 설명하고자 했다. 플라톤Plato에게 마음은 전투용 마차였다. 르네 데카르트에게 마음은 기계식 시계였다. 지크문트 프로이트Sigmund Freud에게 마음은 증기기관이었다. 오늘날 마음의 가장 일반적인 비교 대상은 컴퓨터다. 우리 뇌가 반도체 회로와 이진수 논리를 사용하는 디지털 컴퓨터가 아니라는 건 분명한 사실이지만, 마음을 컴퓨터에 대응시킨 현대적 비유는 인간이 지금까지 생각했던 것 중 가장 강력하고 포괄적인 개념이다.

우리의 하드웨어는 뉴런, 화학물질, 전기적 자극으로 구성된 물리적 기질인 뇌다. 그리고 소프트웨어는 우리 경험의 세계, 즉 마음이다. 우리의 감각, 감정, 생각은 마음속에서 내적으로 경험되지만 모두 물리적 현상을 기반으로 하며 외부 사건, 화학물질, 기술에 영향을 받을 수 있다.

우리의 마음은 감정이나 인식을 제멋대로 창조하지 않는다. 마음이라는 소프트웨어에는 수백만 년, 심지어 수십억 년에 걸친 자연선택으로 코드화된 패턴이 있다.[1] 우리가 어떤 단어를 말하거나 어떤 행동을 하는 것이 아무리 자연발생적으로 보일지라도 그것은 독자적인 사건이 아니며, 생각과 감정의 순수한 내부적 처리 과정도 마찬가지다. 컴퓨터의 아웃풋이 프로그래머가 설계한 알고리즘에서 나오는 것처럼, 그것들은 모두 이미 정해진 시스템에서 나온다. 인간의 행동을 완벽하게 예측할 수 없는 이유는 인간의 마음이 지금까지 존재했던 기계 중 가장 복잡한 것이기 때문이다. 인간의 마음은 단순한 전기회로가 아니라 수많은 인풋과 계산을 행동에 반영하는 복잡한 시스템으로 작동한다.

(거북하게 들릴지라도) 좋든 싫든 간에 뇌는 일종의 기계다. 과학자들이 그런 결론에 도달한 이유는 그들이 기계에 집착하는 괴짜라서가 아니라 인식의 모든 측면이 뇌와 연결될 수 있다

는 수많은 증거를 발견했기 때문이다.

— 스티븐 핑커Steven Pinker, 「인식의 미스터리The Mystery of Consciousness」

인간의 마음이 기계라고 해서 마음속에 담겨 있는 우리의 풍부한 경험을 부정하는 건 아니다. 오히려 인간이라는 존재의 말할 수 없는 복잡성이 우리가 연구하여 점점 더 이해할 수 있는 일종의 운영체제로 단순화된다는 걸 의미한다. 또한 인간의 마음을 기계와 비교한다고 해서 우리가 진화에 따라 이미 결정되어 죽을 때까지 영원히 반복될 운명에 처해 있음을 암시하는 것도 아니다. 유전자가 우리 미래의 모든 것을 결정하는 건 아니며 유년기, 청소년기, 성년기의 경험이 우리가 어떤 사람으로 형성될지를 결정한다. 이는 모두에게 상당히 중요한 일이다.[2]

기능적 변화를 일으키도록 우리 뇌를 개선할 수 있다. 현대 의학은 두뇌의 질병, 장애, 손상을 치료하는 약물과 수술 방법을 개발했다. 주의력결핍과잉행동장애ADHD부터 강박장애, 심각한 불안증에 이르기까지 모든 질병을 치료할 수 있는 처방 약이 존재한다. 뇌에 인공물질을 이식하여 뇌졸중 환자의 재활을 돕거나 파킨슨병이나 우울증을 치료하기 위해 신경을 자극할 수도 있다.[3]

또한 건강한 사람도 기술과 훈련을 활용하여 뇌의 기능을 더욱 향상시킬 수 있다. 수면, 식사, 운동 같은 생활 습관은 뇌의 건강과 기능에 커다란 영향을 미친다.[4] 마음을 다스리는 명상이 집중력, 자기인식, 전반적인 삶의 행복을 증진할 수 있다는 증거는 차고 넘친다.[5] 심지어 몇몇 증거는 현재 시중에서 판매되는 경두개직류자극tDCS 같은 장치가 학습과 수면의 질 그리고 감정을 개선할 수 있음을 보여준다.[6]

우리가 일반적으로 쉽게 구매하여 섭취할 수 있는 화학물질인 누트로픽스는 인지 능력을 향상시키고 집중력과 기억력을 높이며 에너지를 증가시키고 창의력을 증진시키는 효과가 있음이 입증됐다.[7] 현대 신경과학에 따르면, 실로사이빈이나 LSD 같은 환각성 약물은 새로운 신경 연결을 자극하고 죽음과 관련된 불안감을 완화하며 중독과 우울증을 치료할 수 있다고 한다.[8]

트랜스휴머니즘transhumanism으로 알려진 총체적 활동은 인간의 몸, 뇌, 마음을 재창조하고 인간 본성의 진화를 우리 손으로 실천하는 것과 관련돼 있다. 휴머니티플러스Humanity+라는 국제 조직은 이 활동을 다음과 같이 정의한다.

> 노화를 방지하고 인간의 지적·신체적·심리적 능력을 크게 향상시키도록 널리 이용할 수 있는 기술을 개발하고 창안함으로

써 변화된 이성을 통해 인간의 상태를 근본적으로 개선할 가능성과 바람직한 효과를 확인하는 지적·문화적 활동.[9]

트랜스휴머니스트 사상가들은 머지않은 미래에 놀라운 방식으로 뇌와 정신을 강화할 수 있으리라고 믿는다. 미래의 의약품과 정교한 뇌 임플란트는 뇌세포를 신속하게 복구하고 재생시키고 개선할 수 있다. 유전공학은 생물학적으로 마음을 변화시켜 지능이나 창의성, 그 밖에 원하는 특성을 향상시킬 수 있다. 가상현실 또는 증강현실 기술은 실제와 구분할 수 없을 정도로 발전할 것이며, 인간의 신경계와 직접 연결되어 오늘날에는 상상조차 할 수 없는 세상에서 살아가게 할 것이다.

또한 마음에 대한 연구가 더욱 발전하면 디지털 컴퓨터를 통해 인간의 뇌를 완벽하게 시뮬레이션하고, 클라우드에 우리의 인식을 업로드할 수 있게 될 것이다. 미국방위고등연구계획국DARPA[10]과 일론 머스크Elon Musk의 뉴럴링크Neuralink[11] 같은 연구 단체들은 이미 뇌와 기계를 결합하는 인터페이스를 만들기 위해 노력하고 있다. 이런 장치들은 뇌를 컴퓨터에 직접 연결해 우리의 생각을 비트로 변환하여 인풋·아웃풋하고, 지능과 의사소통 능력 등을 향상시켜줄 것이다. 이론적으로 볼 때 이를 통해 우리는 인공지능이나 다른 사람들과 효과적으로 융합하여 매우 지적이고 유능한 하나의 집단지성을 형성하게 될 것이다.

> 트랜스휴머니스트들이 인간 지성의 변화에 영향을 미치는 주요 수단으로 '기술'을 언급할 때 이 단어는 조직, 경제, 정치의 재구성 및 심리학적 방법과 도구의 사용을 포함하는 것으로 광범위하게 이해되어야 한다.
>
> — 맥스 모어Max More, 「트랜스휴머니즘의 철학The Philosophy of Transhumanism」

마음을 재창조할 수 있다는 미래 세계의 기술은 매혹적이지만, 그중 대부분이 현재는 사용할 수 없으므로 우리는 기다리며 상상만 할 뿐이다. 하지만 또 다른 방식으로 재창조할 수 있다. 일종의 소프트웨어 트랜스휴머니즘으로, 지금도 활용할 수 있다. 외부적인 기술 없이도 누구나 바로 활용할 수 있는 이런 도구들을 심리적 기술이라고 한다. 역사적으로 볼 때 현재 시점에서 뇌를 개선하는 가장 강력한 방법은 생각과 행동을 통해 뇌의 소프트웨어를 활용하는 것이다.

컴퓨터 엔지니어가 소프트웨어를 프로그래밍하는 것처럼, 많은 사람은 자신이 원하는 대로 움직이도록 자기 마음을 프로그래밍하고 싶어 할 것이다. 그러나 인간의 뇌는 유기체이기 때문에 컴퓨터와 똑같은 방식으로 작동하지는 않는다. 뇌는 우리가 지시하는 대로 그저 순응하는 게 아니다. 뇌의 프로그램을 바꾸고 싶다면 뇌의 본성을 이해하고 그에 따라 행동해야 한다. 키보드와 명령문 대신 우리는 인식이라는 도구를 가지고 있으며, 올바르게 사용하면 매우 강력한 힘을 발휘할 수 있다.

새로운 것을 배우거나 기술을 개발한 사람들의 뇌가 변할 수 있다는 사실이 이제는 상식이 됐지만, 이런 생각이 대중의 관심을 끌기 시작한 건 최근 몇 년 전의 일이다. 신경가소성 Neuroplasticity은 개인의 일생에 걸쳐 뇌가 변화하고 재구성되는 능력을 말한다. 변화하는 상황에 적응하는 능력은 생존하는 데 늘 결정적이었기 때문에 신경가소성은 모든 고등생명체의 마음에 각인돼왔다. 우리는 학습, 훈련, 실천을 통해 새로운 신경회로를 구축하고 오래된 신경회로를 강화하거나 약화할 수 있다. 이런 변화를 막는 건 사실상 불가능하다.[12]

우리가 실행하거나 경험하는 모든 것이 우리의 마음을 바꾼다. 예를 들면 음식 사진을 공유하는 것도 다른 뉴런들을 희생시키면서 특정 뉴런들 사이의 연결을 강화하는 행동의 한 가지 형태다. 다국어 구사자, 전문 음악가, 박학다식한 학자들은 신경가소성을 극대화하는 인간의 놀라운 능력을 보여주는 살아 있는 증거다. 뇌가 손상된 환자들의 두뇌는 놀랍게도 뇌의 다른 부분

이 손상된 부분의 기능을 대신하도록 회로를 다시 연결하는 방법을 찾아낸다.[13]

모든 동물은 날마다 무언가를 배우며 그에 따라 소프트웨어가 수정된다. 하지만 대부분 동물은 학습을 하려고 하지 않는다. 인간을 제외한 어떤 생물도 의도적인 행동에 익숙하지 않다. 침팬지나 돌고래가 자기 마음에 어떤 문제가 있다고 깨닫고 그걸 수정하려고 한 적이 있을까? 하지만 인간은 그렇게 한다. 인간은 자신의 소프트웨어에 원하는 기능(예컨대 이탈리아어 구사 능력)이 없거나 바람직하지 않은 기능(예컨대 말 더듬기)이 있을 때 자기 두뇌를 수정하고 업그레이드한다. 이렇게 업그레이드할 수 있는 두뇌 용량은 사실상 무한한 것으로 보이는데 그 잠재력을 완전히 발휘할 수 있는 사람은 사실상 없다.

신경가소성에 대한 현대적인 연구 성과는 많은 사람을 매혹했고 지능, 기억력, 집중력을 강화하고 최적화하기 위해 노력하도록 이끌었다. 이런 사람들은 강박적으로 자신의 수면, 영양, 운동 방식을 분석하고 최적화한다. 그러나 마음의 구조 자체를 의식적이고 직접적으로 최적화하는 사람들은 별로 많지 않다. 이 책은 지적 능력이나 특정한 학습 능력을 개발하는 것보다는 심리적 적응력과 행복에 더 초점을 맞출 것이다.

인간의 원초적인 마음은 본질적으로 무질서한 공간이다. 원초적 상태에서 이 세상에 잘 적응한다는 건 사실상 불가능하다. 아이들이 어른보다 훨씬 더 많이 울고 소리 지르는 이유는 단순히 아이들의 뇌가 덜 발달했기 때문만은 아니다. 인간은 성장함에 따라 현실 세계에서의 경험을 통해 자신의 심리 상태에 대한 통제력을 높이는 대응 전략을 개발하게 되는데, 아직 그것이 부족하기 때문이다. 어린 시절의 짜증, 불만, 비이성적 충동은 원초적 소프트웨어의 노예가 돼 있는 전형적인 상황을 나타낸다.[14 15]

인간을 심리적으로 적절한 수준으로 끌어올리기 위해 사회적 압력이 작용하고, 사회성이 부족할 때는 심리치료를 활용할 수 있다. 그러나 우리에게 이런 목표는 너무 수준이 낮다. 현재의 일반적인 수준으로 심리적 건강을 유지하는 것이 목표라면 굳이 열망할 필요가 없다. 우리는 이 수준을 훨씬 뛰어넘는 것, 심리적 위대함에 관심을 둔다. 가장 높은 단계에 도달하기 위해 마음을 구조화하기를 원한다. 하지만 이 수준을 뛰어넘도록 자연적으로 우리를 끌어당기는 만유인력은 없다. 그러므로 우리 스스로 심리적 행복의 정점으로 가는 길을 개척해야 한다.

누구나 자기 마음을 조각할 수 있다

자기 뇌를 조각하는 사람이 되기를 열망한다면 누구나 그렇게 될 수 있다.

— 산티아고 라몬 이 카할Santiago Ramón y Cajal, 『카할의 과학하는 삶』

당신은 아마도 두 가지 유형 중 한쪽에 속할 것이다. 첫 번째 유형은 영적 깨달음이라고 할 수 있는 경험적 상태가 존재한다고 믿는 사람들이다. 즉 자아, 환상, 집착, 고통을 완전히 초월할 수 있다고 믿는다. 깨달음을 얻은 사람들은 마침내 '존재의 진정한 본질'을 이해할 수 있고 생존을 지향하는 원초적 마음의 한계에서 벗어나 고통의 촛불을 꺼트릴 수 있다. 깨달음을 얻으려면 대개는 수년간의 집중적인 명상이 필요한데, 마침내 어느 날 문득 완전히 새로운 상태로 도약한다.

두 번째 유형은 그런 건 헛소리라고 생각하는 사람들이다. 그런 해방된 상태는 존재하지 않으며, 정신병자와 사기꾼의 달콤한 말에 속으면 안 된다고 여긴다. 삶이 조금씩 나아질 수는 있지만 근본적으로 변화하지는 않는다. 현실에서 지속적인 고통과 불만은 불가피하며, 깨달음이라는 낡은 주장은 고대인들의 신화에 불과하다.

나의 목표는 양쪽 모두 틀릴 수 있다는 걸 알려주는 것이다. 또는 둘 다 맞을 수도 있다. 우리는 다만 깨달음에 대해 잘못 생각해왔을 뿐이다. 예를 들어 한 가지 악기밖에 없는 이상한 나라에서 살고 있다고 상상해보자. 이 악기의 이름은 피아노 캡슐이고, 보통의 피아노와 똑같다. 이상한 나라의 모든 사람이 집에 한 대씩 가지고 있다. 다만 그걸 연주하려면 피아노가 놓여 있는 작은 캡슐의 문을 열고 들어가서 의자에 앉은 다음 등 뒤로 문을 닫아야 한다. 그리고 폐소 공포증을 극복해야 한다. 피아노 캡슐은 완전히 차단된 방음벽으로 둘러싸여 있기 때문에 본인만이 자신의 연주를 보거나 들을 수 있다.

피아노 캡슐의 건반은 우리가 알고 있는 피아노 건반과 똑같지만, 당신은 정작 연주를 하기가 엄청나게 어렵다는 사실을 깨닫게 된다. 몇 달 동안 연습해도 실력이 늘지 않아 좌절감을 느끼게 될 수도 있다. 그런데 이 나라는 엉터리 전문가들로 가득하다. 그들은 당신이 힘들게 번 돈을 조금만 내면 하룻밤 사이에 연주 실력을 놀라운 수준으로 향상시켜줄 수 있다고 주장한다. 그중 어떤 전문가는 더 신뢰할 만한 사람으로 보이기도 한다. 그러나 이들은 모두 교묘한 거짓말을 하거나 자만 또는 망상에 빠진 게 분명하다. 이 나라에서는 누구든 좌절감 속에서 연주할 수밖에 없다고 보는 게 전적으로 합리적이다. 캡슐 안에는 오로지 혼자서만 들어갈 수 있으며, 다른 사람이 연주하는 소리를 듣는 건 불가능하기 때문이다.

피아노 캡슐은 우리의 현재 모습을 상징하며, 우리의 마음이 바로 그 밀폐된 공간 안에 있는 악기다. 우리는 다른 사람들의 머릿속에서 어떤 생각이 일어나는지 모른다. 다른 사람의 경험이 나의 경험과 어떻게 다른지도 확실히 알지 못한다. 우리가 할 수 있는 최상의 선택은 고작해야 겉으로 보이는 그들의 행동을 관찰하면서 그들의 주장이 진실인지 아닌지를 판단하는 것뿐이다. 그러나 우리가 절망적인 무능력을 느끼고 엉터리 전문가들의 약속이 허황된 해결책이라고 해서 마음을 최적화할 수 없다는 얘기는 아니다. 실제로 우리가 살아가는 현실 세계에서는 피아노를 완벽하게 연주하는 예술가들이 인간이 음악적으로 얼마나 위대해질 수 있는지를 보여준다. 그들은 멋진 연주로 사람들을 감동의 바다에 빠뜨린다.

당신은 위대한 음악가들의 연주를 접하면서 자신과 달리 그들은 유전적 재능을 타고 났다고 생각할지도 모른다. 물론 음악적 능력에서 유전자가 어떤 역할을 한다는 건 사실이지만, 수천 시간을 들여서 정말로 성실하게 연습했는데도 실력이 나아지지 않는 사람은 거의 없다. 올바른 연주 방법을 배우고 열심히 연습하면 건반을 잘 다룰 수 있다는 걸 우리는 알고 있다. 그리고 예술적 성취의 폭이 점점 더 넓어질수록 물리 법칙 외에 인간이 넘지 못할 한계란 결코 없다는 것도 알게 된다.

맬컴 글래드웰Malcolm Gladwell이 대중화한 안데르스 에릭슨Anders Ericsson의 '1만 시간의 법칙'은 알베르트 아인슈타인, 빌 게이츠, 비틀스 같은 사람들이 위대한 재능을 타고난 것이라는 통념을 반박한다. 그들의 재능은 거의 1만 시간에 달하는 엄청난 노력의 결과로 이해할 수 있다는 주장이다.[16] 이 법칙이 어떤 분야에서의 성공을 절대적으로 규정하는 수학적 공식은 아니지만, 겉으로 보기에는 초자연적인 능력을 갖춘 사람에게도 성실과 근면함이 얼마나 중요한지를 설명해준다. 신경가소성에 대한 믿음, 즉 우리의 능력이 고정돼 있지 않다는 바로 그 확신이 우리의 성공에 결정적인 요소가 될 수 있다는 것도 증명되고 있다. 또한 자신의 장점을 유연하게 바라보는 사람들이 더 적극적으로 노력하고 삶에서 더 큰 성취감을 느끼는 것으로 밝혀졌다.[17]

나는 신경가소성 원리를 마음을 개선하는 데 적용할 수 있다고 생각한다. 뉴런이 개선할 수 있는 영역은 제한적이지 않다. 인간심리학의 원리가 마음 설계라는 특정 분야에는 적용되지 않을 이유가 없다. 우리가 생각, 감정적 반응, 행동을 재조정하는 걸 분명한 목표로 삼는다면 행복의 신경회로를 점진적으로 재구성하는 일을 무엇이 막을 수 있을까?

물론 신경가소성 이론이 갑자기 흔들림 없는 정신적 행복의 경지로 올라갈 수 있다는 걸 증명하는 건 아니다. 자아를 초월하는 이야기는 누구나 빠져들 만큼 유혹적이며, 사람들은 자신의 문제에 대해 간단명료한 설명과 해결책을 찾기를 좋아한다. 그러나 한계를 갑자기 초월하는 영적인 깨달음이라는 건 현대 인간심리학 이론에 부합하지 않는다. 현실 세계를 근본적으로 뛰어넘는 정신적 경험을 했다고 주장하는 고대 신비주의자 중 몇 명은 정말로 그런 경험을 했을 수도 있다. 다만 정신적 경험을 인식하는 방법이 틀렸을 뿐이다.

정신적 깨달음은 어려운 개념이나 초월적 경험 없이도 매우 합리적이고 체계적인 방식으로 수행할 수 있다. 수년간의 연습 없이 갑자기 음악적 깨달음의 경지로 도약했다는 주장이 현대 심리학 이론에 어긋나는 것처럼, 우리 마음이 그렇게 도약하는 것 역시 불가능해 보인다. 붓다는 정신적 경지에서 베토벤이라고 말할 수 있겠지만, 베토벤은 음악적 경지에 점진적으로 도달했고 삶을 마감할 때까지 음악적 깨달음이 끝없이 이어졌다.

우리의 정신 작용은 특정 기능을 수행하도록 선택됐다. 인간이 질투를 하는 이유는 질투심이 우리 조상들이 짝을 잘 찾게 해줬기 때문이다.[18] 우리가 잘못된 믿음을 맹목적으로 받아들이는 이유는 맹신이 우리 조상들로 하여금 부족 구성원들과 끈끈한 유대를 맺게 해줬기 때문이다.[19] 우리가 약물에 중독되는 이유는 그 약물 속의 화학성분이 더 높은 생존 가능성을 제공했기 때문이다.[20] 우리가 가진 모든 문제의 근원에 단 하나의 핵심적인 오류가 있거나 우리를 문제에서 해방시키는 단 하나의 해결책이 있어야 하는 것은 아니다. 우리는 마음의 여러 가지 기능, 특징, 오류를 각각 개별적으로 조정하고 최적화할 수 있으며, 이 과정을 오랜 시간 반복할 때 내가 제시하는 깨달음의 알고리즘으로 나아갈 수 있다.

신경가소성은 꾸준하고 지속적인 노력을 통해 상황을 점진적으로 개선할 여지가 있음을 보여준다. 깨달음이란 상대적인 용어일 뿐 더는 발전이 불가능한 지점에 도달했음을 의미하지는 않는다. 자신이 저지른 실수를 정확하게 인식하여 바람직하지 않은 습관을 제거하고 바람직한 습관을 만들어감으로써 자기 경험을 주체적으로 결정하는 능력을 발전시킬 수 있다.

인간이 어떤 악기를 연주하도록 진화한 것은 아니지만, 충분히 노력하고 연습한다면 그 한계를 극복하고 점점 더 음악적 완벽함에 가까워질 수 있다는 것을 많은 이들이 보여줬다. 그렇게 훈련된 음악가는 마치 음악을 위해 태어난 사람처럼 너무도 자연스럽게 연주를 한다. 마찬가지로 우리의 정신을 발전시킨 생물학적 힘은 (물론 그 힘이 우리의 가치관과 행복을 추구한 건 아니었지만) 새로운 목적을 위해 우리의 심리적 운영체제를 새롭게 프로그래밍하는 것에 어떤 장벽도 세우지 않았다. 우리는 충분한 실전 연습을 통해 높은 수준의 자기지배를 달성할 수 있다. 유일한 문제점은 지금까지 우리가 무엇을 연습하고 실천해야 하는지 몰랐다는 것이다.

심리건축과 자기지배

다양한 요소를 통해 자기 모습을 만들어가는 것. 그것이 삶을 조각하는 생산적인 인간의 과제다.

– 프리드리히 니체, 「미공개 메모Unpublished Notes」

이 책의 중심적인 개념과 구조를 '심리건축'이라고 부른다. 이는 자기주도적인 심리적 진화이며, 심리적 운영체제를 의도적으로 새롭게 프로그래밍하는 행위다. 당신은 심리건축이 나쁜 습관을 고치는 것에서부터 전체 세계관을 재구성하는 것에 이르기까지 모든 과정에 적용된다는 사실을 알게 될 것이다.

심리건축은 새로운 용어지만 새로운 개념은 아니다. 수천 년 동안 아리스토텔레스, 붓다, 스토아철학자 등 많은 사상가가 제자들에게 정신을 최적화하고 성격을 의식적으로 구성하는 데 초점을 두라고 가르쳤다. 이 책은 이런 내면적 투쟁을 이해할 수

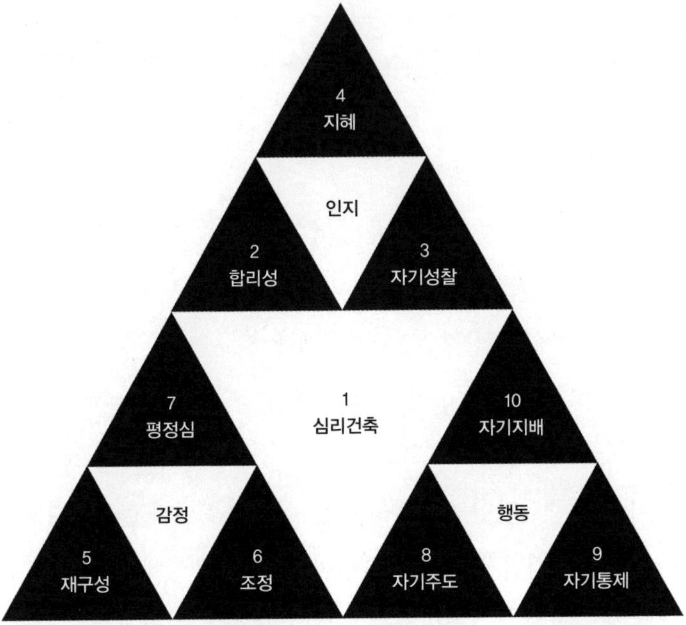
4
지혜
인지
2
합리성
3
자기성찰
7
평정심
1
심리건축
10
자기지배
감정
행동
5
재구성
6
조정
8
자기주도
9
자기통제

있는 현대적 용어와 개념을 제시하려고 시도한다. 모든 사람은 삶의 특정한 시점에 마음의 재설계를 시작한다. 거기에 심리건축이라는 이름을 붙이고 부름으로써 그에 대한 관점을 바꿀 수 있다.

마음의 소프트웨어는 행동과 성향이 서로 연결되고 상호작용하는 시스템으로 이해할 수 있다. 이 시스템은 당신이 누구이고, 어떤 삶을 살아갈지를 결정한다. 그리고 망상, 왜곡, 변형이 그 시스템의 일부에 영향을 미침으로써 발생하는 문제가 전체 운영체제를 훼손할 수 있다. 다만 개선을 이루는 것도 긍정적인 연쇄반응을 일으킬 수 있다. 따라서 우리는 긍정적인 기능을 의식적으로 내장하고 바람직하지 않은 기능을 제거하는 프로그래밍 방법을 배워야 한다.

앞으로 자세히 살펴보겠지만 심리건축의 과정과 구조는 38쪽 그림과 같이 인지, 감정, 행동이라는 세 가지 요소로 구성된다. 인지 영역에서는 믿음, 편향, 자기성찰, 지혜를 다룰 것이다. 감정 영역에서는 감정적 반응, 대응 방식, 욕망을 다루고 행동 영역에서는 행위, 유혹, 습관을 살펴볼 것이다. 실제로 데카르트의 철학에서 이와 같은 분류를 만날 수 있다. 데카르트는 보헤미아의 엘리자베스 공주에게 보내는 편지에서 이상적인 삶의 목표를 다음과 같이 제시했다.

1. [인지 면에서] 이성을 가장 높은 목적에 사용하라. 정념과 편향에서 최대한 벗어나 최선의 행동 방침을 평가하고 판단하라.
2. [행동 면에서] 최선이라고 판단한 행동을 실천하기 위해 확고한 의지를 갖추라.
3. [감정 면에서] 명확한 추론과 단호한 의지를 넘어서는 모든 것은 인간의 능력 밖에 있으며, 고뇌나 후회의 원인이 되어서는 안 된다는 사실을 명심하라.

우리는 알고리즘 개념을 사용하여 본능적으로 일어나는 인지, 감정, 행동을 모델링할 것이다. 알고리즘은 "문제를 해결하거나 어떤 목적을 달성하기 위한 단계별 절차"[21]라고 정의할 수 있다. 원시 인류의 마음속에서 알고리즘이 해결하려고 했던 문제는 주로 생물학적인 것들이었다. 군중 앞에 나서는 걸 두려워하게 하는 알고리즘은 당신이 공개적으로 부정적인 평가를 받고 사회 집단에서 쫓겨나 홀로 포식자에 대처해야 하는 가능성을 줄일 것이다.[22] 다른 많은 알고리즘과 마찬가지로 이 알고리즘 역시 유전적으로 유용하지만, 목표를 추구하는 데 걸림돌이 될 수 있다. 예컨대 당신이 뛰어난 테드TED 연사가 되는 걸 가로막을 수 있다.

완벽하게 명확한 추론과 안정적인 감정은 원시 인류가 생존하고 종족을 유지하는 데 그다지 쓸모가 없었을지도 모른다. 그러나 원초적 알고리즘이 제공하는 '해결책'은 실제로는 오늘날 우리가 겪는 대부분의 심리적 문제에서 원인이 된다. 인지, 감정, 행동은 모두 알고리즘이라는 관점에서 이해할 수 있으며, 이 모델은 마음을 최적화하려는 시도에 도움이 될 것이다.

우리의 목표는 마음을 결정하는 알고리즘에서 벗어나는 것이 아니라 도움이 되지 않는 알고리즘을 도움이 되는 알고리즘으로 바꾸는 것이다. 이런 변화를 만들려면 자신의 심리적 문제를 알고리즘이라는 틀로 생각하는 방법을 배워야 한다. 우리는 자신의 문제에 대해 모호한 태도를 취할 수 없다. 구체적으로 어떤 습관, 감정, 판단이 문제일까? 알고리즘의 전체 구조는 어떤 모습일까? 어떻게 그것을 프로그래밍할 수 있을까?

알고리즘 모델은 피상적인 비유가 아니다. 나쁜 습관과 해로운 행동은 실제 세계의 이프덴if-then 논리 프로그램에 의해 초래된 바람직하지 않은 결과다.[23] 인지적 편향과 오류는 우리의 일반적인 의식 수준 아래에서 미리 프로그래밍된 규칙에 따라 체계적으로 진행되는 반사적 추론이다.[24] 그리고 현대 심리학에 따르면 우리의 감정은 자동적 생각automatic thought에 따라 기계적으로 생성되는데, 이를 재구성할 수 있다.[25]

'컴퓨터 비유'를 비판하는 사람들은 신경과학이 생명체의 뇌를 지나치게 단순화했다고 지적한다. 맞는 말이다. 그러나 진화심리학의 등장으로 인간의 마음은 궁극적인 의미에서 기능 모듈로 구성된 소프트웨어라는 사실을 새로이 이해하게 됐다. 진화심리학의 선구자인 레다 코스미데스Leda Cosmides는 이렇게 말했다. "뇌는 단순히 컴퓨터와 비슷한 것이 아니라 컴퓨터 자체다. 즉 정보를 처리하도록 설계된 물리적 시스템이다." 돌고래와 잠수함은 매우 다른 물리적 시스템이지만 모두 음파탐지 기술을 활용한다. 이와 마찬가지로, 인간이 만든 컴퓨터와 유기체인 우리 두뇌는 모두 알고리즘으로 작동한다.

이런 알고리즘들이 서로 연결되어 우리의 습관적인 존재 상태를 만든다. 이 중 일부는 개인이나 문화에 따라 다를 수 있지만, 우리를 괴롭히는 나쁜 알고리즘은 대체로 인류 전체에서 발견된다. 확증 편향, 뒤로 미루기, 타나토포비아thanatophobia(사망 공포증)는 매우 보편적인 성향이며 이런 일반적인 인간의 성향을 연구함으로써 자기 마음을 이해할 수 있다.[26] 그리고 다행스럽게도 이런 나쁜 알고리즘들을 의도적으로 새롭게 프로그래밍할 수 있다는 강력한 증거가 있다.[27 28 29]

알고리즘을 시각적으로 표현하는 방법은 다음과 같다.

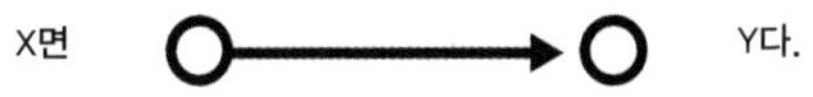

알고리즘은 인풋과 아웃풋을 나타내는 점과 그 점들을 연결하는 선으로 구성된다. 아주 간단하지 않은가? 최종적으로 우리는 다음과 같이 복잡한 알고리즘을 만나게 된다.

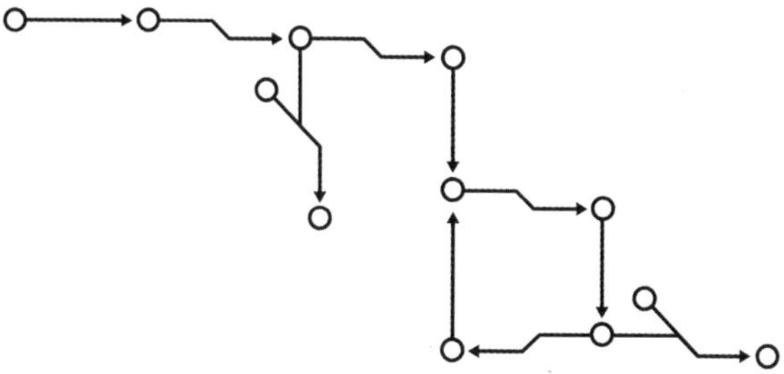

여기에 대해서는 차차 살펴보기로 하자. 요즘의 자기계발서들은 몇몇 해로운 주요 알고리즘에 초점을 맞춘다. 예를 들면 일이 잘못될 때 자신을 탓하는 것, 근거 없이 단정하는 것, 두려움을 느낄 때마다 물러서는 것과 같은 무의식적인 성향에 초점을 맞춘다. 그러나 심리건축의 관점은 한 걸음 더 나아간다. 이 책은 단순히 마음을 최적화하는 몇 가지 알고리즘을 제공하기보다는 당신이 다른 책에서 마주치거나 우연히 발견한 지혜를 최적화에 활용하는 원리를 제시한다. 그럼으로써 적응 알고리즘의 수집가, 분석가, 프로그래머가 될 수 있는 새로운 관점과 방법론을 익히게 한다. 자기 마음을 바라보는 이 새로운 방식은 이 책을 다 읽고 난 후에도 오래도록 당신에게 영향을 끼칠 것이다.

여기서 마음을 '심리적 운영체제', 즉 '시스템'으로 이해한다는 사실이 매우 중요하다. 아리스토텔레스는 인간을 습관의 총합으로 봤다. 습관에 대한 이런 이해는 아침 일과와 뿌리 깊은 강박이라는 좁은 개념을 훨씬 뛰어넘는다. 한 사람의 존재 전체는 그의 습관으로 대표될 수 있다. 사람의 성격은 매 순간 일어나는 별개의 행동으로 결정되는 것이 아니다. 우리의 말과 행동은 습관에서 비롯되고, 그 습관은 다시 말과 행동으로 강화되거나 약화된다. 이런 과정을 통해 인격이 함양되고 완벽해질 수 있다.[30] 이 모든 습관의 집합체가 바로 성격이다.[31]

아리스토텔레스가 현대적인 소프트웨어 개념을 알고 있었다면 소프트웨어 모델이 습관 모델보다 훨씬 더 유용하다는 사실을 발견했으리라고 믿는다. 만약 습관이 이프덴 조건문의 모음이 아니라면, 대체 습관이란 무엇일까? 아리스토텔레스가 성격이라고 불렀던 이런 습관들의 총합을 우리는 소프트웨어라고 부른다. 당신의 마음이 구조화되는 방식이 당신의 미래 모습, 당신의 삶 그리고 당신이 느끼는 성취감을 결정할 것이다. 마음을 수정할 때 당신은 핵심적인 운영체제를 편집하고 개인적인 삶의 궤적을 바꿀 것이다. 이런 노력을 지속함으로써 자신의 성격을 건축할 수 있다.

이 목표를 달성하려면 점진적인 최적화를 지향해야 한다. 심리건축은 인지와 행동의 오류를 파악하고 반복적으로 보완하는 느린 과정이다. 이상적인 상태에 한 걸음씩 다가가고 작은 최적화를 이루면서 당신은 큰 만족감을 느낄 것이다. 이런 관점은 가장 바람직한 다이어트 조언과 다르지 않다. 단기간에 의지력을 발휘하여 결과를 끌어내려고 애쓰기보다는 점진적이고 습관적인 최적화가 훨씬 더 바람직하다.

카이젠Kaizen(개선)은 비즈니스에서 자주 사용되는 일본어로 더 나은 것을 위한 지속적인 변화, 즉 점진적인 최적화를 위한 끊임없는 노력을 의미한다. 이 개념은 심리적 운영체제에도 쉽게 적용할 수 있다. 지붕에서 똑, 똑 떨어지는 개별적인 물방울과 마찬가지로 개별적인 인지, 감정, 행동은 문제가 아니다. 집에 물이 새는 걸 막으려면 지붕에 구멍이 났는지를 살펴야 하는 것처럼, 구조적 패턴이라는 근원에 관심을 둬야 한다.

심리건축은 일종의 자기계발이지만, 특별한 이유 없이 요가

나 참선을 시작하도록 사람들을 이끄는 막연한 지침이 아니다. 심리건축은 자기 마음의 현재 상태를 인정하고 이상적인 상태를 상상하는 것에서 시작된다. 즉 목표에서 출발해 거꾸로 진행해야 한다. 광범위한 전략을 통해 개별적인 알고리즘을 최적화하는 데 이르기까지 목표를 향한 작은 한 걸음을 내디뎌야 한다. 심리건축을 실천할 때 당신은 목표가 자연스럽게 이루어지도록 마음의 구조를 설계하고, 최고의 이상을 나침반으로 활용하여 최대한 근접한 곳으로 이동해야 한다.

심리건축의 목적은 생물학적으로 뿌리박힌 모든 형태의 습관과 성향을 개혁하는 것이다. 실수를 저지르게 하는 정신적 편향·왜곡·판단을 교정하고 일상적으로 겪게 되는 불필요한 고통과 현실에 안주하려는 습성, 이상에서 멀어지게 하는 충동을 바꾸는 것이다. 심리건축은 주체적인 경험과 창의적인 문제 해결이라는 높은 수준의 설계를 구현하는 과정이다. 이를 꾸준히 실천하면 감옥 같은 마음을 서서히 궁전으로 변화시킬 수 있다.

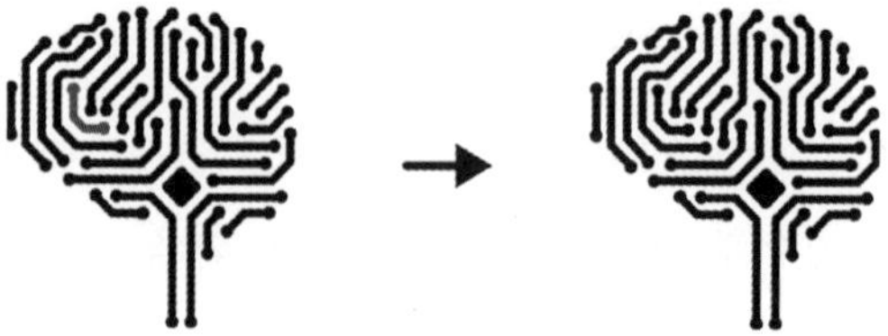

심리적 최적화를 위한 준비운동

마음챙김을 함양하면 삶이 더 풍요로워지고 더 생생해지고 더 만족스러워지며, 개인적으로 벌어지는 모든 일을 초연히 받아들이게 된다. 광범위하고 강력한 인지의 더 큰 맥락에서 집중력이 더 적절한 역할을 하게 된다. 당신은 완전하게 존재하고 더 행복하고 안락해진다. 왜냐하면 마음이 지어내는 이야기와 멜로드라마에 쉽게 사로잡히지 않기 때문이다. 당신의 집중력은 세계를 더 적절하고 효과적으로 탐구하는 데 사용된다. 그럼으로써 더 객관적으로 되고 머리가 맑아지고 세상을 더 잘 인지하게 된다.

— 쿨라다사Culadasa, 『정신을 비추다The Mind Illuminated』

마음을 수정하는 여러 가지 방법을 탐구하기에 앞서 자신이 발전하는 데 필수적인 도구를 얻을 필요가 있다. 마음의 구조를 수정하기 위해서는 마음의 규칙과 패턴을 관찰하고 분석해야 한다. 우리의 생각, 감정, 가치관, 충동 그리고 그것들 사이의 관계를 면밀히 검토하고 잘못된 인식을 바로잡아야 한다.

당신은 제대로 구성되지 않은 프로그램을 재설계하는 새로운 프로그래머로서 이제 막 작업을 시작한 것과 같다. 원래의 프로그래머는 소프트웨어 각 부분의 기능을 분석하는 데 실패했고 당신의 궁금증에 답해줄 수 없다. 따라서 당신은 잘못된 프로그램을 연구하여 어떻게 구조화됐는지 알아내야 한다. 알고리즘을 하나씩 검토하고 어떻게 작동하는지 파악하여 어떻게 재가동할지를 결정해야 한다.

자신의 소프트웨어를 효과적으로 분석하려면 우선 거기서 한 걸음 벗어나야 한다. 우리가 그럴 수 있게 해주는 도구를 메타인지metacognition라고 한다. 메타인지는 "인지적 현상에 대한 지식과 인식"[32]으로 정의되며, 자신의 인지 영역에 대한 생각이나 인식을 객관화하는 것이다. 메타인지적 관점은 심리건축의 기본적인 관점이다.

한 걸음 벗어나지 않은 채 마음을 다시 설계하려는 건 안경을 벗지 않고 세수를 하려는 것과 같다. 물론 당신이 실제로 자기 마음을 떠난 적은 없지만, 메타인지를 실천할 때는 일상적으로 작동하는 시스템에서 자신의 본질을 들어 올려야 뒤엉킨 전선

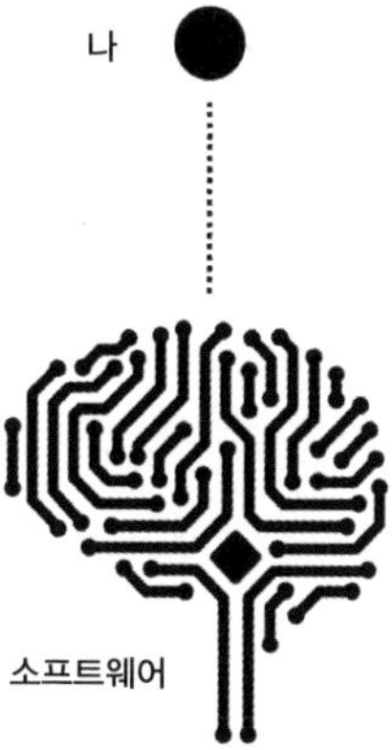

들을 내려다보고 다시 배선하는 과정을 시작할 수 있다.

요즘 인기 있는 마음챙김이라는 개념은 메타인지와 밀접한 관련이 있다. 마음챙김은 메타인지 전략으로, "현재의 순간 그리고 매 순간의 경험에 판단을 배제한 채 의도적으로 관심을 기울임으로써 나타나는 인식"[33]으로 정의할 수 있다. 마음챙김은 종종 오해를 받았고 문화적 유행이 되는 과정에서 의미가 일부 퇴색하긴 했지만, 심리건축을 실천하는 데 여전히 중요한 방법이다. 마음챙김은 자신의 소프트웨어를 잠시 멈추고 그 내면으로 들어가 다시 프로그래밍할 수 있게 해준다.

마음챙김을 함양하는 방법을 잠시 후에 살펴보겠지만, 나는 객관적 자기성찰과 메타인지적 인식에 우선순위를 두는 것이 도움이 된다는 사실을 발견했다. 판단이나 관여 없이 단순히 자기 생각을 파악하는 것만으로도 이런 습관을 함양할 수 있다. 집을 사야겠다고 마음먹으면 어디서 무엇을 하든 늘 부동산 소개소가 눈에 들어오는 것과 마찬가지다.

마음챙김이 쉽게 다가오지 않고 어떤 순간에 경험하는 생각과 감정을 파악하는 것에 익숙하지 않다면, 마음챙김을 함양하는 수련이 필요할 수도 있다. 비파사나 명상Vipassana meditation(불교의 관조적 명상 – 옮긴이)은 대표적인 수련 방법이며, 다양한 연구와 많은 사람의 경험을 통해 유용성이 확인됐다.[34]

명상 수련은 호흡법 같은 것으로 신체 감각을 일깨운 후 생각과 감정에 반응하면서 당신을 자기 내면에 대한 집착 없는 인식으로 서서히 안내할 것이다. 또한 명상 수련은 자기인식이 제시하는 유혹적인 이야기로 관심이 빨려 들어가는 순간을 파악하게 해준다. 명상 방법을 설명하는 책들이 시중에 많이 출판돼 있으므로 여기서는 샘 해리스Sam Harris의 『나는 착각일 뿐이다』에서 발췌한 간결한 원칙만 제시하겠다.

1. 의자나 방석에 다리를 꼬고 허리를 곧게 세운 채 편안하게 앉는다.
2. 눈을 감고 몇 번 심호흡을 하면서 몸과 의자 또는 몸과 바닥의

접촉점을 느껴본다. 앉은 자세와 관련된 감각에 주목한다(압박감, 따뜻함, 따끔함, 흔들림 등).

3. 호흡 과정을 서서히 인식한다. 콧구멍 또는 복부의 오르내림에서 호흡이 가장 뚜렷하게 느껴지는 곳에 주의를 기울인다.
4. 숨 쉬는 감각에만 주의를 기울인다(호흡을 조절할 필요는 없다. 그냥 자연스럽게 들이마시고 내쉬면 된다).
5. 잡념이 떠오를 때마다 마음을 부드럽게 숨결로 돌린다.
6. 호흡 과정에 초점을 맞추면서 소리, 신체 감각, 감정을 인식한다. 이런 현상이 의식 속에 나타나는 걸 느끼고 호흡으로 돌아간다.
7. 자신이 생각에 잠겼다는 것을 알아차린 순간, 현재의 생각 자체를 인식의 대상으로 바라본다. 그리고 다음 순간에 발생하는 호흡, 소리, 감각에 다시 주의를 기울인다.
8. 인식의 모든 대상(시각, 소리, 감각, 감정 그리고 생각 자체까지)이 나타나고 변화하고 사라지는 동안 그것을 초연하게 바라볼 수 있을 때까지 이 과정을 계속한다.[35]

마음챙김 수련의 가장 중요한 장점은 자신의 정신적 정보처리 과정을 직접적인 탐구 대상이 되게 한다는 점이다. 마음챙김은 자기 생각과 감정에 대한 판단을 보류하고, 그것을 의심의 여지 없는 진실이 아니라 반사적인 본능으로 바라보도록 훈련

한다.[36][37]

> 명상은 자신의 모든 생각을 자동으로 동일시하는 걸 멈추도록 훈련하는 것으로 보인다. 예를 들어 '존은 바보다.'라는 생각이 머리에 떠오를 때 당신은 존이 반드시 바보라고 인식하지 않게 된다. 당신은 그 생각을 자기 뇌가 만들어낸 어떤 것으로 받아들인다. 그 생각은 사실일 수도 있고 아닐 수도 있으며, 유용할 수도 있고 그렇지 않을 수도 있다.
>
> — 줄리아 갈레프Julia Galef[38]

잠시 후 자세히 살펴보겠지만, 당신의 뇌가 아웃풋하는 생각은 일반적으로 당신의 동의 없이 실제 사건에 반응하여 자동으로 생성된다. 이 생각들은 과장된 연출과 진부한 전개가 특징인 일일 연속극의 시나리오처럼 연쇄적으로 일어난다. 원초적 마음은 반복되며 확장되는 이 패턴을 정당한 것으로 받아들이고 심지어 그것을 자기 자신과 동일시하게 만든다.[39]

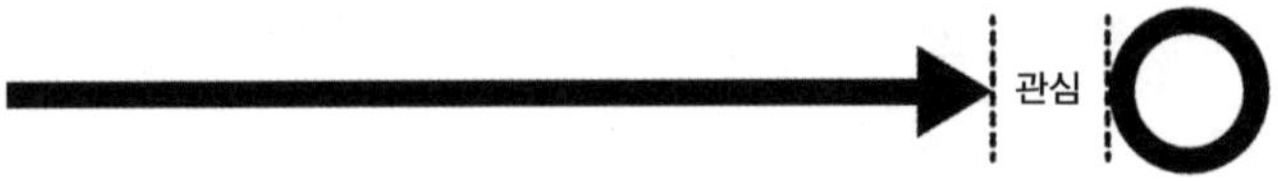

관심은 알고리즘에서 점과 점 사이의 간격으로 표시된다. 주어진 시나리오에서 당신이 자기 마음에 덜 집중할수록 연결고리는 더 강력해지고, 더 많은 관심을 기울일수록 연결고리는 약해질 것이다. 이는 마음챙김이 항상 심리건축의 도구로 사용될 수 있음을 의미한다. 언제나 활성 알고리즘에 대한 인식이 그 알고리즘을 수정하는 첫 번째 단계이기 때문이다.[40 41] 에크하르트 톨레Eckhart Tolle의 연구는 (비록 뉴에이지 사이비 과학을 상당 부분 포함하고 있지만) 고대 동양의 현자들이 가르친 여러 가지 지혜를 찾아내고 요약한다.

> 올바르게 사용하면 마음은 훌륭한 도구다. 그러나 잘못 사용하면 매우 파괴적인 흉기가 된다. 더 정확하게 말하자면 당신은 마음을 잘못 사용하는 게 아니라 대개는 전혀 사용하지 않는다. 마음이 당신을 이용하는 것이다. 이것이 병폐다. 당신은 자기 마음이 자기 자신이라고 믿는다. 그건 망상이다. 도구가 당신을 점령했다.
>
> — 에크하르트 톨레, 『지금 이 순간을 살아라』

붓다는 자아에 대한 우리의 인식이 환상이라고 설파했다. 우리가 일반적으로 동일시하는 자아는 우리 자신이 아니며, 심지어 자아는 전혀 존재하지 않는다고 강조했다.[42] 또 자아는 인간이 만들어낸 모든 개념과 마찬가지로 유동적인 구조물이며, 자아를 확고한 현실로 받아들이지 않는 게 최선이라고 했다. 그러나 이 책은 당신에게 자아의식을 없애라고 권유하는 게 아니다. 오히려 자기 마음 자체가 아니라 자기 마음의 건축가로서 자아를 인식하라고 권유한다. 자기 마음을 내려다보고 관찰하고 분석하고, 궁극적으로 그것을 재구성하여 새롭게 만드는 걸 상상해보자.

아찔한 심리적 롤러코스터에서 한 걸음 벗어날 때 우리는 종종 순간적인 안도감을 느끼게 된다. 하지만 더 중요한 것은 이런 벗어남이 심리적 롤러코스터의 기능을 실제로 관찰하고 명확하게 파악하는 데 필요한 거리를 제공한다는 점이다. 벗어남은 우리가 자기 마음을 동일시하는 걸 점차 멈추게 하고, 내가 겪어온 마음의 실체를 살펴보게 해준다.[43]

플러그를 뽑기 전에는 자신이 믿고 있는 것이 틀림없는 진실로 보인다. 가치의 기준은 좋고 나쁨이며, 목표는 자동으로 추구할 가치가 있다고 여겨진다. 감정이 무의식적으로 우리의 경험을 물들이고 욕망이 우리를 지배한다. 하지만 플러그를 뽑고 나면 당신은 한 걸음 뒤로 물러서서 실제로 무슨 일이 일어나고 있는지 관찰할 능력을 얻게 된다. 플러그를 뽑으면 상황이 어떻게 다르게 보이는지 알게 된다. 생각은 생각일 뿐이고, 믿음은 믿음일 뿐이고, 감정은 감정일 뿐이라는 걸 알게 된다. 모든 것은 진실이 아니라 로봇 같은 마음의 반사적 알고리즘일 뿐이다.

마음챙김과 명상 활동은 내가 '심리적 최적화 예비 단계'라고 일컫는 것과 함께 마무리된다. 이 단계는 자기 내면에 대한 객관적이고 집착 없는 인식을 함양하게 해준다. 그러면 더 멀리 나아갈 수 있다. 사람들이 종종 명상의 효과를 제대로 느끼지 못하는 주된 이유는 명상을 통해 관찰되는 자동적 생각을 분석하고 조정하도록 훈련받지 않았기 때문일 것이다. 이것이 바로 우리가 할 일이다.

다음 장에서는 인지 영역, 감정 영역, 행동 영역에서 가장 일반적으로 문제가 되는 알고리즘을 살펴볼 것이다. 그리고 그 알고리즘들을 새롭게 프로그래밍하여 이상적인 소프트웨어로 만드는 방법을 소개할 것이다. 당신은 숙련된 마음의 건축가가 될 것이고, 자기 마음의 구조를 바꾸는 건설적인 노력을 통해 그곳을 진정한 안식처이자 유일한 거주자를 위한 즐거운 장소로 재창조하게 될 것이다.

■ 핵심 정리 ■

* 우리의 인지, 감정, 행동은 일회성 경험이 아니라 복잡하게 정해진 시스템 속에서 신뢰할 수 있는 원칙들로 구성된 심리적 소프트웨어에 따라 작동한다.

* 마음을 최적화하는 가장 강력하고 신뢰할 만한 방법은 소프트웨어, 즉 생각과 행동을 변화시키는 것이다. 당신의 뿌리 깊은 성향, 반응, 편향은 모두 심리적 알고리즘으로 볼 수 있다.

* 심리건축은 자기주도적인 심리적 진화이며 의도적으로 자신의 심리적 운영체제를 새롭게 프로그래밍하는 활동이다. 그 과정은 인지, 감정, 행동이라는 자기지배 3요소로 구성된다.

* 당신의 마음이 구조화되는 방식이 당신의 미래 모습, 당신의 삶 그리고 당신이 느끼는 성취감을 결정할 것이다. 마음을 변화시킬 때 당신은 핵심적인 운영체제를 편집하고 삶의 경로를 바꾸게 된다. 그리고 이런 노력을 지속적으로 실천할 때 당신은 자신의 마음을 설계하고 재구성하는 건축가가 된다.

* 마음챙김은 자신의 알고리즘에 종속되는 것이 아니라 잠시 멈춰서 알고리즘이 무엇인지 성찰하게 해준다. 이를 통해 당신은 자기 마음의 설계자로서 정체성을 찾고, 메타인지를 함양하고, 마음을 재건축하는 과정을 시작할 수 있다.

DESIGNING THE MIND

2장

인지적 편향을 바로잡는 법

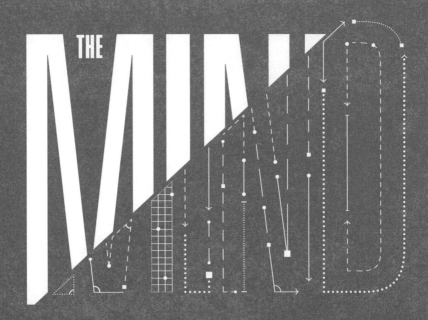

잘못된 판단과 예측을 반복하는 이유

맹목적인 믿음은 인간의 행복에 가장 큰 정신적 장애물이다.

– 버트런드 러셀Bertrand Russell, 『행복의 정복』

심리건축은 인지 영역에서 시작된다. 인지 영역에 대한 깨달음이 없다면 우리의 마음은 잘못된 믿음, 반복되는 편향 그리고 현실 자체와 현실의 이상적 모델 간 불협화음으로 가득 차게 된다. 인지 영역의 중요성은 여기서 그치지 않는다. 인지는 사실상 우리 소프트웨어의 모든 기능을 좌우하는 게이트키퍼다.

우리의 결정, 감정, 행동은 모두 우리의 믿음에 뿌리를 두고 있기 때문에 명확하고 객관적인 사고를 개발하기 위해 먼저 노력하지 않는다면 왜곡된 생각과 믿음이 심리건축 과정을 방해하게 된다.[1 2 3] 이 장에서는 자기인식과 합리성 부족이 나쁜 결정과 고장 난 나침반을 부르는 이유를 살펴볼 것이다. 잘못된 민음과 왜곡된 인식을 바로잡지 못하면 왜 정서적 행복에 이르지 못하는지 그리고 명확한 가치관을 확립하지 못하면 왜 진정한 내면의 행복을 실현할 수 없는지도 이해하게 될 것이다.

우리의 주된 인지적 관심사는 현실을 최대한 분명하고 정확하게 인식하는 것이다. 즉 표현하려는 영역에 최대한 일치하는 기능적 지도를 개발하는 것이다. 이에 우리의 믿음과 인지적 성향 뒤에 있는 여러 가지 구조를 최적화하고 새롭게 프로그래밍하는 방법을 살펴볼 것이다. 여기서 다루는 많은 개념과 방법이 다음 장의 기초가 된다.

당신이 방금 사실이라고 알게 된 것이 있다고 가정해보자. 만약 누군가가 당신에게 얼마나 확신하느냐고 묻는다면 당신은 100퍼센트라고 대답할 것이다. 하지만 우리가 어떤 것들에 대해 느끼는 절대적 확신의 감정은 진실의 실제 속성과는 완전히 별개다. 이런 감정들은 우리의 이성적 능력과는 전혀 다른 뇌 영역에서 경험된다. 우리는 직관적으로 자신이 확신하는 것을 결정한 다음에 이성을 사용하여 그것을 정당화한다.[4]

> 당신이 어떻게 느끼든 간에, 확신은 의식적인 선택도 아니고 논리적 사고의 결과물도 아니다. 확신을 비롯해서 우리가 알고 있다고 여기는 비슷한 현상들은 마치 사랑이나 분노처럼

이성과는 상관없이 무의식적인 뇌의 작용으로 일어난다.

— 로버트 버튼Robert Burton, 『뇌, 생각의 한계』

인간의 마음은 우주에서 가장 섬세하고 복잡한 존재일 수 있지만 잘못된 가정, 인식, 믿음으로 가득 차 있다. 누구나 그 사실을 알고 있지만 자기 생각이 얼마나 왜곡됐는지를 충분히 인식하는 사람은 거의 없다. 대부분 사람은 주위를 둘러보며 다른 이들이 혼란스럽고, 독단적이고, 비이성적이라고 생각한다. 반면 자신은 올바른 믿음을 찾았고 명확하게 판단하는 법을 배웠다고 믿는다. 그러면서 만약 다른 이들이 내 말을 듣는다면 세상은 훨씬 더 나은 곳이 되리라고 여긴다. 우리는 자기 자신을 제외한 모든 사람에게서 왜곡된 사고방식을 발견하는 경향이 있다. 심지어 진심으로 명확하게 판단하고 바라보고 싶을 때도 욕망과 감정이 무의식적으로 우리를 지배한다.

우리는 어떤 것들은 사실이고 또 어떤 것들은 거짓이라고 강하게 느낀다. 문제는 진실이 까다로울 수 있다는 점이다. 어쩌면 당신도 확실하다고 여겨온 뭔가에 대해 자신이 틀렸다는 걸 알게 되는 혼란스러운 경험을 한 적이 있을 것이다. 더욱 포괄적이고 상세한 설명을 제공함으로써 명백한 진실이 '더욱 진실'해질 수 있다는 사실에 많은 사람이 당혹감을 느낀다. 우리가 진실이라고 일컫는 것의 본질을 파악하고자 할 때는 지도와 영토를 구분하는 것이 도움이 된다. 영토는 우리의 믿음과 해석에서 영향을 받지 않는, 정말로 독립적인 영역을 의미한다.[5]

영토는 감히 상상할 수 없을 정도로 매우 복잡하다. 그래서 영토를 이해하려면 그것을 개념이라고 불리는 압축된 형태로 변환해야 한다(이 과정에서 정보가 어느 정도 손실된다). 그리고 이런 개념들을 우리의 신념 체계, 즉 믿음의 지도로 정리해야 한다.

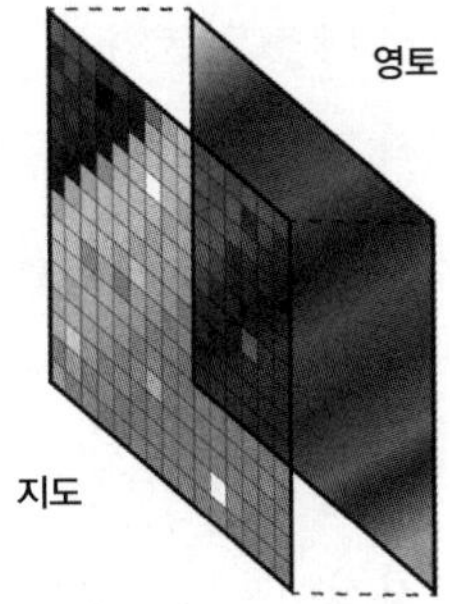

지리적 지도에 영토의 모든 세부 사항이 담길 필요가 없는 것처럼, 우리의 신념 체계에서도 이해하고 활용할 수 있는 수준으로 영토가 단순화된다. 예를 들어 아이의 신념 체계는 어른의 신념 체계보다 조잡하고 낮은 해상도로 픽셀화돼 있다.

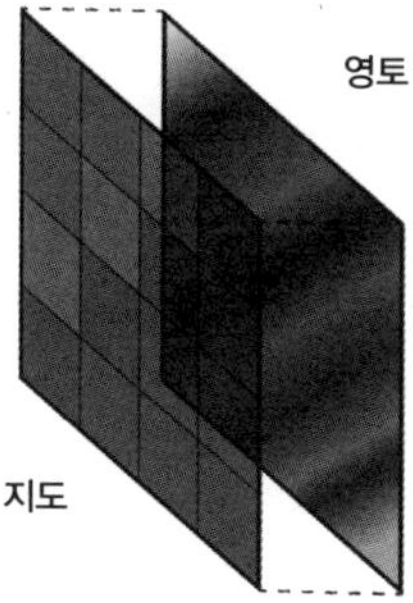

사람은 인지적으로 발달함에 따라 지속적으로 자신의 신념을 재평가하고 판단을 명확히 하면서 더 정교하고 해상도 높은 개념을 축적한다. 하지만 개념과 모델은 가장 정교한 것조차도 항상 본질적으로 픽셀화돼 있으며, 우리의 믿음은 항상 불완전하다. 그 때문에 '완벽한 진실'에 도달하지는 못하더라도, 점점 더 진실에 근접하는 모델을 개발할 수 있다.

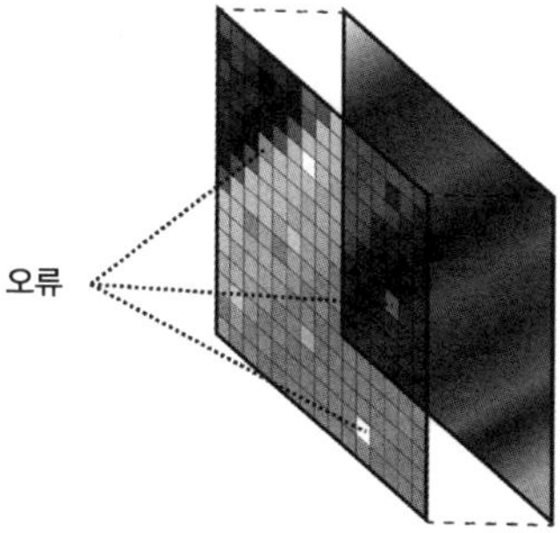

하지만 믿음 역시 틀릴 수 있다. 그리고 종종 그렇게 틀린 믿음은 잘못된 심리적 체계가 작동한 결과다. 인지 알고리즘은 추론이라고도 알려져 있다. 인지 알고리즘을 가장 기본적인 형태로 표현하는 방법은 다음과 같다.

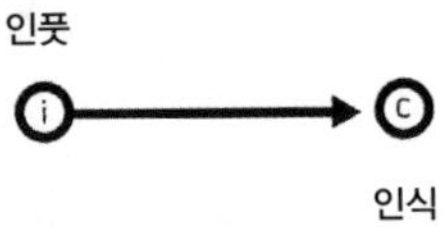

이것은 'X면 Y다.' 또는 'X이므로 Y다.'라고 읽을 수 있다. 인풋은 세상에 대한 기본 전제 또는 원초적 인식이다. 아웃풋은 인식, 즉 생각 또는 신념이다. 이런 알고리즘은 자동으로 활성화되어 실행된다. 이 알고리즘이 따르는 규칙은 일정하고, 때로는 완벽하게 바람직하며 심지어 유용하기까지 하다. 그러나 이런 알고리즘 중 많은 것이 근본적으로 결함을 내포하고 왜곡돼 있으며, 재미있는 것과 재앙적인 것 등 다양한 결과를 초래할 수 있다. 이렇게 결함 있는 알고리즘은 왜곡을 나타내는 경사진 부분과 함께 표시된다.

잘못된 알고리즘은 일반적으로 편향 또는 생각의 체계적 결함이라고 불린다. 편향은 의도적인 인식 없이 전제에서 흘러나

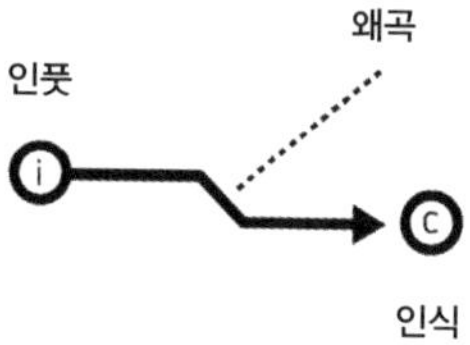

오는 반사적 추론이다. 잘못된 믿음과 잘못된 결정을 초래하는 숨겨진 패턴이며, 식별해서 제거하지 않는 한 계속해서 같은 실수를 저지르게 한다. 뒤에서 여러 가지 편향과 그 배경 원리를 다룰 것이므로, 여기서는 주요 개념만 파악해도 상관없다.

가장 간단하고 쉽게 인식할 수 있는 몇 가지 편향은 논리적 오류의 범주에 속한다. 다음과 같은 주장을 살펴보자.

1. 모든 인간은 포유류다.
2. 오프라 윈프리는 포유류다.
3. 그러므로 오프라 윈프리는 인간이다.

이것은 모호한 중간 개념의 오류fallacy of the undistributed middle라고 불린다. 모든 인간이 포유류라고 해서 모든 포유류가 인간이라는 뜻은 아니며, 결론이 사실임을 안다고 하더라도 그 사실이 전제에서 논리적으로 귀결되지는 않는다(신념 편향belief bias). 우리의 전제를 고려할 때 오프라 윈프리라는 인기 있는 방송인이 다른 유형의 영장류이거나 심지어 커다란 설치류라는 결론을 내릴 수도 있다. 놀랍게도 한 연구에서 대학생들에게 이런 유형의 문제를 제시했더니 무려 70퍼센트가 틀렸다.[6]

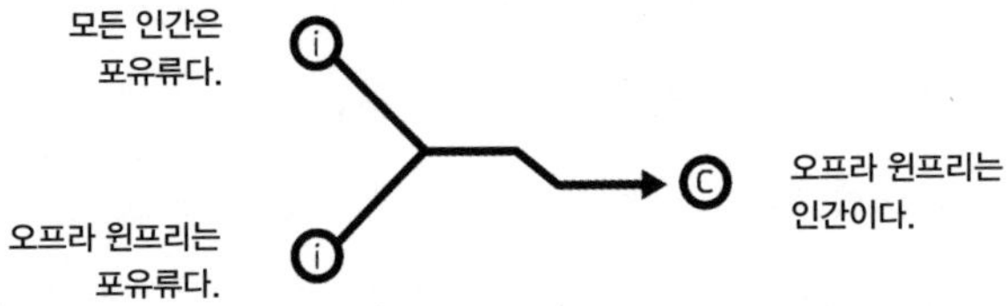

일상생활에서는 대체로 드물지만 정치나 언론 분야에서는 이런 잘못된 주장을 흔히 접할 수 있다. 이런 주장들은 종종 듣는 사람의 생각을 논쟁의 핵심에서 다른 곳으로 돌리는 데 성공한다. 예를 들면 인신공격성 오류ad hominem fallacy는 논쟁 자체보다는 논쟁을 하는 상대방의 성격이나 권위를 공격한다. 결과에 호소하는 오류appeal to consequences는 주장의 타당성에는 관심을 기울이지 않은 채 주장의 결론이 바람직한지 아닌지에만 초점을 맞춘다. 그리고 감정에 호소하는 오류appeal to emotion는 그럴듯한 미사여구와 사례를 활용하여 잘못된 논리나 불충분한 증거를 얼버무리고 듣는 이에게 두려움, 분노, 동정심을 불러일으킨다.

또 다른 논리적 오류들도 자주 등장한다. 미끄러운 비탈길 오류slippery slope argument는 작은 계기가 일련의 바람직하지 않은 결과를 필연적으로 초래하리라고 주장한다. 예를 들어 어떤 부모들은 딸에게 카드 마술을 배우게 하면 딸이 전문 마술사가 되는 걸 막을 수 없으리라고 주장한다. 잘못된 이분법false dichotomy은 한 극단(예컨대 자본주의는 결함이 없다는 주장)을 거부하면서 다른 극단(예컨대 공산주의)이 유일한 대안이라고 주장한다. 그리고 인과 오류post hoc fallacy는 상관관계를 인과관계로 착각하게 한다. 아이스크림을 많이 먹으면 익사할 확률이 높다고 믿는 것이 한 예인데, 아이스크림 판매량과 익사 건수 사이에 상관관계는 있을지언정 인과관계는 없다.

이처럼 흔한 오류들의 목록에 익숙해지면 그것들은 어디서든 당신 눈에 띌 것이다. 선거에 출마한 후보자들이 논점 흐리기나 잘못된 일반화 오류를 범하지 않고 정치적 논쟁을 할 수나 있을지 의심스러울 정도다.

모든 편향이 논리 자체의 오류는 아니며, 가장 파악하기 어렵고 까다로운 몇몇 실수는 우리가 살펴볼 생각조차 하지 않는 곳에서 발생한다. 예를 들면 과거에 대한 우리의 관점은 일반적으로 생각하는 것보다 훨씬 더 정확하지 않다. 물론 누구나 나이가 들면 기억력이 떨어지고 예전에 알고 있던 것들을 종종 까먹게 된다. 그러나 통념과 달리 기억은 과거의 사건을 일어난 그대로 중립적으로 저장하는 게 아니라 그 사건이 떠오를 때마다 재구성하고 변화시킨다.[7]

어쩌면 당신도 몇 년 전에 보낸 이메일이나 소셜 미디어 게시물을 발견하고 '정말 내가 쓴 거야?' 싶었던 적이 있을 것이다. 일관성 편향consistency bias은 자신의 과거 행동과 태도에 대한 관점을 현재 상황에 꿰맞추게 한다. 사람은 일상적인 사건보다 재미있고 충격적이고 감정적으로 강렬한 사건을 훨씬 더 쉽게 기억한다. 이런 성향은 문제의 중요성과 일치하지 않을 때도 나타난다. 기억은 조작될 수 있고, 심지어 다른 사람의 마음에 의도적으로 각인시킬 수도 있다.

확률과 예측에 대한 판단 역시 불완전하기 때문에 미래에 대한 우리의 관점은 훨씬 더 왜곡돼 있다. 사람들은 대개 과거의 일이 미래에 벌어질 일에 영향을 미친다고 생각하는 경향이 있다. 예를 들어, 동전의 앞면이 연달아 나오거나 농구에서 득점을 하면 미래에 다시 그렇게 될 가능성이 더 커지거나 작아진다고 생각하게 된다. 전자를 뜨거운 손의 오류hot hand fallacy라고 하고, 후자를 도박사의 오류gambler's fallacy라고 한다. 어떤 사람들은 안전벨트를 매더라도 사고사를 당하고, 어떤 사람들은 흡연을 하더라도 100살까지 산다고 강조하면서 위험한 행동을 부추기는 얘기를 들어본 적은 없는가? 사람들은 종종 완전히 확률을 무시하고 예외적인 상황을 기준으로 결정을 내리기도 한다.

현재의 판단, 심지어 깊이 고민해서 내린 판단도 우리가 생각하는 것보다 훨씬 일관적이지 않다. 우리는 쉽게 이용할 수 있는 정보(가용성 편향availability bias), 먼저 제시된 정보(우선 편향primacy bias), 자주 제시된 정보(빈도 편향frequency bias) 또는 최근 정보(최근 편향recency bias)를 과대평가한다. 그리고 손실을 합리화하려는 경향(소유 효과endowment effect)은 뭔가를 얻기 위해 지불하는 것보다 더 많은 것을 포기하게 한다.

> 호모사피엔스는 이야기를 좋아하는 동물이다. 숫자나 그래프보다는 이야기를 통해 생각하고 세상이 영웅과 악당, 갈등과 결심, 클라이맥스와 해피엔딩으로 가득 찬 이야기처럼 펼쳐지리라고 믿는다.
>
> — 유발 하라리, 『21세기를 위한 21가지 제언』

인간의 마음은 패턴을 찾게 돼 있다. 패턴 인식은 생물학적 관점에서 매우 유리하다. 패턴을 인식함으로써 포식자를 식별하거나 음식을 찾아내거나 가족을 알아볼 수 있기 때문이다.[8] 하지만 우리 뇌의 대역폭은 제한적이기에 모서리를 잘라내야 한다. 작용하는 요소들을 지나치게 단순화하고 성급한 판단을 내리면서 세상의 복잡한 상황에 대한 이야기와 설명을 빠르게 구성한다. 현실을 지나치게 단순화한다는 점에서 보자면 이 책이 말하는 것을 포함하여 모든 이야기는 거짓이다. 그러나 우리는 마치 현실의 완벽한 표현인 것처럼 자기 이야기에 집착하는 경향이 있다. 패턴에 대한 잘못된 인식이 심각해지면 과대망상, 조현병 같은 질병으로 발전할 수도 있다.[9]

추상적 이미지에서 얼굴과 같은 패턴을 떠올리거나 잡음에서 목소리를 듣는 광학 착시와 변상증pareidolia이 패턴 인식에서 발생하는 대표적인 오류다. 이런 사람들은 문이 삐걱거리는 소리를 듣고 유령이 나타났다고 하거나 아무것도 없는 곳에 뭔가가 있다고 착각한다. 인간이 자주 활용하는 휴리스틱heuristics(직관적 의사결정)과 일반화 과정에도 패턴 인식의 오류가 존재한다. 어떤 집단의 일부에만 해당하거나 완전히 허구일 수 있는 특징을 그 집단의 모든 구성원이 공유하는 것으로 간주하고 정형화한다.

클러스터링clustering(군집화), 빈도 편향, 최신성 환상은 비슷한 것들의 반복이나 그룹화에서 의미를 찾는 패턴 인식의 오류다. 예를 들어 '다단계 마케팅'이라는 말을 일주일에 세 번씩 듣는 사람은 자신이 그곳에 지원하기를 온 우주가 원한다고 믿는다.

의미가 전혀 없는 것에서 의미를 찾으려는 이런 성향은 미신과 음모론의 근원이다. 또한 역사상 가장 파괴적인 이데올로기의 뿌리이기도 하다. 인류사에서 너무나 많은 전쟁과 잔학 행위가 자행된 이유는 권력자들이 정치체제, 편향, 종교의 형태로 지나치게 단순화된 흑백논리에 과도한 자신감을 가졌기 때문이다.[10]

이런 편향의 가장 우려되는 측면은 그것들이 서로 연결돼 부정적 효과가 증폭될 수 있다는 점이다. 믿음은 개별적인 상태로 존재하지 않으며 서로 얽혀 있다. 따라서 한 가지 믿음을 바꾸는 것은 전체 지도의 많은 부분을 위협할 수 있다. 신념 체계는 본질적으로 복잡한 인지 알고리즘의 연쇄작용이며, 그 알고리즘들이 심하게 편향될 때 엄청나게 왜곡된 세계관을 구성한다. 왜곡된 세계관을 지닌 누군가가 자선을 베푼다는 명분으로 행동할 때 사람들에게 커다란 위험과 해악을 끼칠 수 있다.

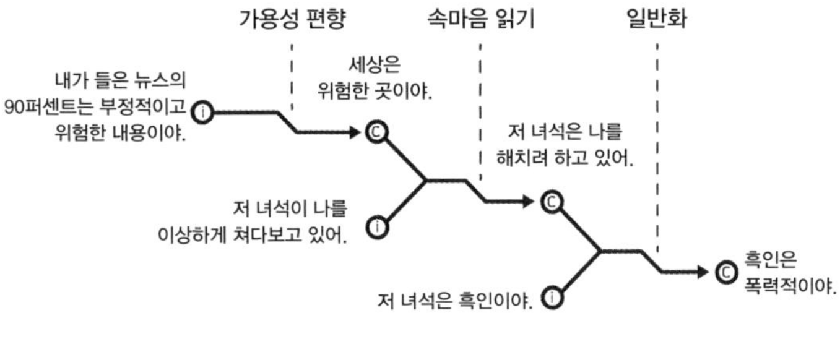

편향에 대한 지금까지의 설명을 읽으면서 아마 당신은 대부분 사람이 지니고 있는 비합리적 성향을 떠올리며 고개를 끄덕였을 것이다. 그러면서도 한편으로는 이렇게 생각했을 것이다. '글쎄, 사람들에게 대체로 그런 편향이 있다는 건 알겠지만 나는 그렇지 않아.' 그래서 당신을 위해 마지막으로 소개할 것이 바로 편향 맹점bias blind spot이다. 이는 다른 사람을 괴롭히는 편향이 자신과는 무관하다고 믿는 경향을 말한다.

고장 난 인지 알고리즘 수정하기

> 우리는 자신이 틀릴 수도 있다는 접근법을 취해야 한다. 우리의 목표는 덜 틀리는 것이다.
>
> — 일론 머스크

우리가 지금 알고 싶어 하는 것은 잘못된 인지 알고리즘을 어떻게 제거할 수 있는가 하는 것이다. 편향을 제거하는 일은 간단한 작업이 아니지만, 잘못된 알고리즘을 찾아내 새롭게 프로그래밍할 수 있는 몇 가지 방법이 존재한다.

왜곡된 인지 알고리즘을 극복하고자 할 때 가장 먼저 해야 할 일은 인간이라면 누구나 범하는 가장 흔하고 일반적인 오류와 편향에 익숙해지는 것이다. 이 책에서는 인지적 편향에 대한 개요만 다룰 뿐 완전한 목록은 제공하지 않는다. 인지적 편향에 대한 상세한 목록은 위키피디아에서 확인할 수 있는데,[11] 존 매누

지안 3세John Manoogian III와 버스터 벤슨Buster Benson이 인지적 편향을 분류하여 멋진 도표로 만들어놓았다.[12]

그러나 이런 우수한 자료마저도 너무나 불완전하다. 시간을 내서 미국의 인공지능 전문가 엘리에저 유드카우스키Eliezer Yudkowsky가 설립한 '레스롱LessWrong'이라는 블로그를 살펴보면 인간의 편향이라는 거미줄이 얼마나 복잡하게 얽혀 있는지 알게 될 것이다. 자기 마음속에서 발견한 편향뿐만 아니라 다양한 사람들한테서 발견한 편향을 연구하는 습관을 들일 필요가 있다. 자면서도 대답할 정도로 편향들을 최대한 외우고, 그 편향들을 유발할 수 있는 상황들을 파악해야 한다. 하지만 편향을 인식하는 것만으로 편향에 면역이 된다고 생각해선 안 된다. 때로는 특정 편향이 존재한다는 인식이 그 편향을 막아주는 것으로 확인됐지만, 항상 그런 건 아니다.[13][14]

편향을 바로잡으려면 당신의 삶에서 편향을 유발하는 상황이 발생했다는 인식이 필요하다. 이런 상황을 파악하는 습관을 길러야 하는데, 이는 주로 메타인지적 인식의 기능이다. 마음챙김은 습관적인 인식 패턴에 주의를 기울임으로써 인지적 편향을 감소시키는 것으로 확인됐다.[15] 또한 피곤할 때, 화가 날 때, 배고플 때 등 실수를 저지르기 쉬운 상황을 인식하는 것은 자신의 편향에 대응하는 데 도움이 되고, 적어도 더 나은 상황이 될 때까지 결정을 미루게 해준다.

> 자신의 직관에 의문을 제기하기 전에 자기 마음의 눈이 바라보는 것이 직관이라는 사실을 깨달아야 한다. 직관은 사물이 실제로 존재하는 방식에 대한 직접적 인식이 아니라 자기 내부에서 감지하는 인지 알고리즘이다.
>
> – 엘리에저 유드카우스키, 「알고리즘이 내부에서 느끼는 방식 How An Algorithm Feels From Inside」

편향이나 편향을 유발하는 상황을 인식했다면, 그다음 목표는 결함 있는 알고리즘을 대체할 더 바람직한 알고리즘을 설계하는 것이다. 계획 오류planning fallacy라고 알려진 알고리즘을 예로 들어보겠다. 계획 오류는 특정 작업을 완료하는 데 걸리는 시간을 종종 (매우) 과소평가하게 한다. 이 알고리즘은 습관적으로 인생 전체의 시간표를 과소평가하도록 이끌고, 그러다 보면 당신은 영원히 마감 시간에 쫓기게 될 것이다. 하지만 이 편향을 제거하여 문제를 완전히 해결할 수 있다. 누군가가 당신에게 "언제쯤 이 일을 끝낼 수 있나요?"라고 물었다고 해보자.

일반적인 상황에서는 계획 오류가 활성화될 것이고 자신의 직관에 의존하여 '지금부터 일주일 후'라는 결론을 내리게 될 것

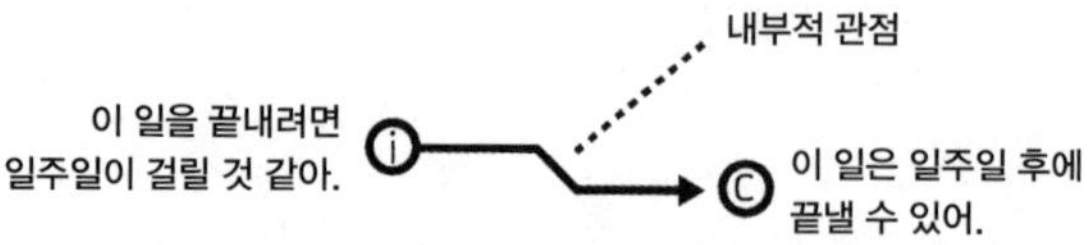

이다. 이 추론 방식을 '내부적 관점'이라고 한다. 하지만 당신이 메타인지적으로 충분히 인식하고 이런 편향에 익숙하다면, 상황에 개입하여 역알고리즘을 설계하고 편향을 제거할 수 있다. 이를 인지 수정cognitive revision이라고 한다.

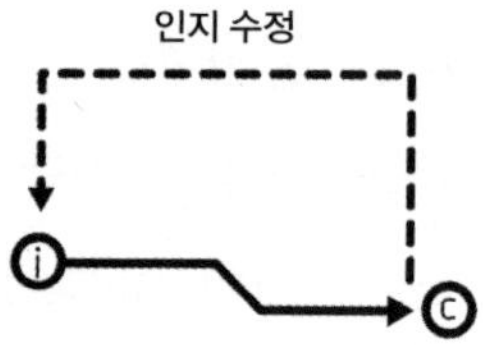

심리학자이자 인지적 편향 연구의 선구자인 대니얼 카너먼Daniel Kahneman은 『생각에 관한 생각』에서 이 편향에 대한 해결책을 제시했다.

> 예측되는 것과 비슷한 상황에서 확률적 분포 정보를 사용하는 것을 '외부적 관점'이라고 한다. 외부적 관점은 계획 오류의 해결책이다.

다시 말해서 작업에 필요한 시간을 결정해야 한다면, 그 작업이 얼마나 오래 걸릴 것처럼 느껴지는지를 고려하지 마라. 대신 이런 유형의 작업이 일반적으로 얼마나 걸리는지, 다른 사람들이 비슷한 작업을 수행하는 데 얼마나 걸리는지 그리고 이것이 당신의 직관과 어떻게 다른지를 파악해라.[16] 만약 당신이 일주일 안에 끝낼 수 있으리라고 느끼지만 경험으로 판단할 때 실제로는 3주가 필요하다면, 아마도 이것이 훨씬 더 올바른 추측이 될 것이다. 이때 당신은 A라는 알고리즘('내가 일주일이 걸릴 거라고 느낀다면 내 느낌이 맞을 것이다')을 B라는 알고리즘('이런 유형의 작업이 대체로 내 직관보다 세 배 더 오래 걸린다면 3주가 필요할 것이다')으로 대체한 것이다. 결과적으로 이 '외부적 관점'이 마감일을 판단하는 당신의 습관적인 접근법이 될 것이고, 원래 알고리즘은 새롭게 프로그래밍될 것이다.

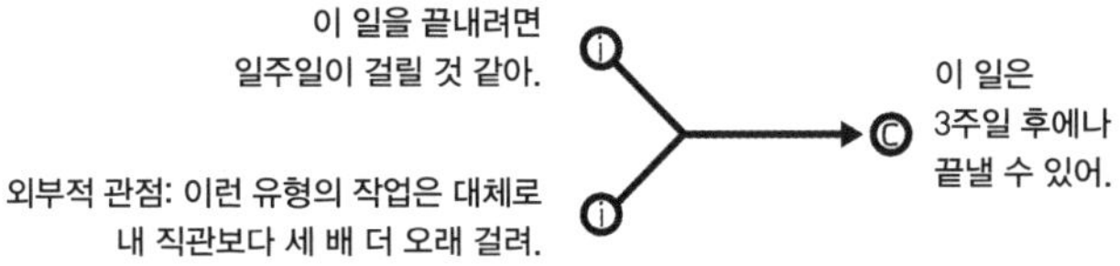

이 예시에서는 판단 과정이 단순해 보이지만 모든 편향은 각각 다르므로 서로 다른 창의적 해결책을 설계해야 한다. 인지적

편향에 대해 많은 연구가 이루어졌지만, 그것을 제거하는 과정은 매우 새로운 영역이다. 많은 연구가 편향을 제거하는 방법이 효과적임을 확인했지만, 한 가지 해법이 보편적으로 효과가 있다는 사실은 증명되지 않았다.[17 18 19]

대체 알고리즘의 목록에 추가할 수 있는 여러 가지 생각 도구가 있다. 특정 추론 영역에 대한 모델과 원칙을 내면화함으로써 오래된 편향 패턴을 더 바람직하고 정확한 패턴으로 대체할 수 있다. 올바른 믿음과 바람직한 결정을 극대화하기 위해 학습할 수 있는 여러 가지 논리적·통계적·경제적 원리가 있다. 확률 이론 같은 수학적 원리, 복리 같은 반직관적 생각, 체계적 사고 같은 인지 도구를 갖추면 판단의 질을 높일 수 있다.

베이즈 추론Bayesian reasoning은 합리성의 황금률로 불린다. 정확한 숫자가 주어질 때 확률을 계산하는 공식이 있지만, 훨씬 덜 공식적이면서 쉽게 적용할 수 있는 유형도 있다. 여러 가지 편향의 근본적인 원인은 신념을 형성할 때 사전 확률을 고려하지 않기 때문이다. 한 예로, 수줍고 소심한 성격의 어떤 사람이 있다고 해보자. 그의 직업을 예측할 때 대개는 세일즈맨보다는 도서관 사서일 가능성이 훨씬 더 크다고 생각한다. 이 추론을 다음과 같은 알고리즘으로 전환해서 살펴보자.

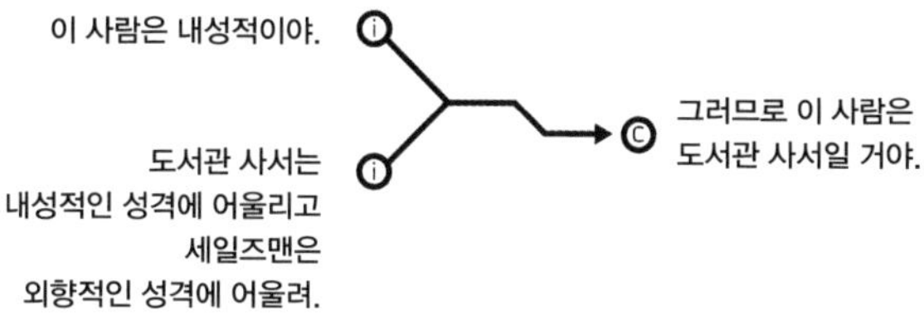
이 사람은 내성적이야.
도서관 사서는
내성적인 성격에 어울리고
세일즈맨은
외향적인 성격에 어울려.
그러므로 이 사람은
도서관 사서일 거야.

이런 원초적 알고리즘은 도서관 사서와 세일즈맨의 일반적인 상황을 고려하지 않기 때문에 편향돼 있다. 통계에 따르면 전체 인구 중에 도서관 사서보다 세일즈맨의 수가 75배나 많다.[20]

생각의 도구에 베이즈 정리를 추가하면 이런 유형의 알고리즘을 더 정확한 베이즈 알고리즘으로 대체할 수 있다. 베이즈 수정Bayesian revision 또는 베이즈 업데이트를 사용하여 기존의 가설이나 신념에 개연성을 부여하고 새로운 변수를 반영한 확률을 구할 수 있다. 새로운 판단 근거를 발견했을 때 당신은 이 새로운 정보에 따라 자신의 확신을 얼마나 바꾸어야 하는지를 결정하게 된다.

베이즈 수정

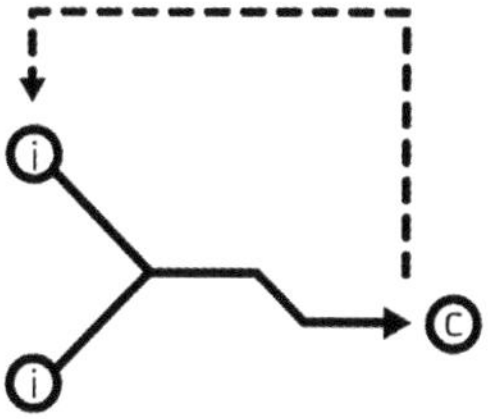

다시 말해, 세일즈맨 수와 도서관 사서 수의 비율을 추정한 다음 그 사람의 성격에 따라 이 추정치를 조정한다.

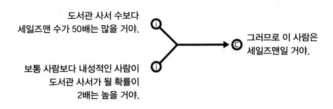

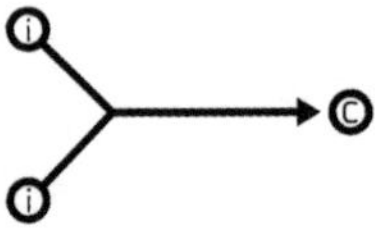
도서관 사서 수보다
세일즈맨 수가 50배는 많을 거야.
보통 사람보다 내성적인 사람이
도서관 사서가 될 확률이
2배는 높을 거야.
그러므로 이 사람은
세일즈맨일 거야.

그 밖의 상황에서도 다양한 오류와 편향을 인식하고 자신이 편향에 빠질 수 있다는 점을 염두에 두면서 더 바람직한 대체 알고리즘을 설계하고 구현해야 한다. 그럼으로써 '동일한' 유형의 인풋이 앞으로는 '다른' 알고리즘을 실행하게 해야 한다. 몇 가지 상황에서 특정 유형의 편향을 제거하면 더욱 합리적인 알고리즘을 습관적인 반응으로 만들 수 있다. 그러면 더 바람직한 추론 과정을 내면화하고 점점 더 사실에 근접하는 세계관을 구성할 수 있다.

또한 결함 있는 생각과 믿음의 신호를 파악하는 습관을 길러야 한다. 어떤 견해에 대해 혼란, 놀라움, 의구심 같은 감정이 느껴진다면 추가적인 조사를 하라는 경종이 울린 것이다. 중요한 견해를 형성하기 전에 자신의 처음 판단에 결함이 있을 수도 있다는 사실을 명심해야 한다. 원초적 알고리즘에 '반대로 생각하라.'라는 지시 프롬프트를 추가하는 것만으로도 기준점 편향, 과신 편향, 사후 편향을 줄일 수 있었다.[21] 어떤 편향은 외부에서 올바른 정보를 발견함으로써 완화하거나 제거할 수 있다. 그러므로 가능한 한 많은 상황에서 인간적 편향을 제거하기 위해 자기와 거리를 두고, 자신의 판단과 믿음을 객관적으로 검증할 기회를 최대한 활용해야 한다.

> 무지함을 아는 것이 진정한 지혜다.
> 아는 체하는 것은 병이다.
> 먼저 자신이 아프다는 걸 깨달아야만
> 진정한 건강을 얻을 수 있다.
>
> — 노자, 『도덕경』

우리는 믿고 싶은 대로 세상을 본다

> 인간이 정보를 저장하고 학습하고 처리하는 것은 자연선택의 결과물이 아니다. 심지어 생각하는 것도 마찬가지다.
>
> — 데이비드 버스David Buss, 『진화심리학 핸드북』

인지적 편향에 대응하는 방법을 배운 사람들은 종종 자신을 비판적 사상가나 자유로운 사상가, 합리주의자라고 일컫는다. 이런 사람들은 세상을 더 명확하게 바라보기 위해 우리가 앞서 살펴본 편향을 없애는 방법을 자주 활용한다. 이런 방법들은 적절한 상황에서 효과적일 수 있다. 하지만 비판적 사고 능력만으로는 심각한 편향을 막지 못한다.

대부분 사람은 비판적 사고가 필요하다고 생각하며, 학교에서도 이런 기술들을 가르치려고 노력한다. 하지만 그들은 요점을 놓치고 있다. 비판적 사고 기술을 배우는 건 자신이 받아들이고 싶지 않은 어떤 생각에 맞서 싸울 수 있는 무기를 갖추는 것에 불과하다. 비판적 사고 기술을 배운다고 해서 당연히 비판적으로 생각하게 되는 건 아니다. 합리성의 도구는 합리화의 도구이기도 하다.

편향된 알고리즘을 수정하려면 더 깊은 기본 원리를 이해해야 한다. 인간의 원초적인 마음은 복잡한 현대적 현상을 정확하게 이해하고 기억하고 예측하는 데 적합하지 않다. 생물학적으로 볼 때 이 목표들은 모두 요점을 벗어났기 때문이다. 앞서 언급한 몇 가지 편향을 비롯하여 흔히 보이는 많은 편향은 이 단순한 진리의 산물이다. 하지만 그중 일부는 생물학적인 압력과 직접적으로 관련이 있다. 이는 현실을 의도적으로 잘못 인식하는 것이 어떤 면에서는 우리의 유전자에 유리했다는 걸 의미한다.[22] 가장 해로운 편향들에는 공통점이 있는데, 욕망에서 비롯된다는 것이다. 나는 이를 동기 기반 편향motivated bias이라고 부른다. 우리는 현실에 대한 정확한 관점을 가지려 하지만 현실을 진정으로 이해하려는 이런 의지는 다른 동기로 무시당하고 압도당한다.

이때 우리는 이런 의지를 포함하도록 자신의 인지 알고리즘을 수정할 수 있다. 여기서 욕망은 인지 왜곡에 주요한 역할을 한다.

욕망은 항상 존재하지만 우리의 명시적인 목표(이 경우에는 명확한 판단력)와 일치할 때는 이 그림에 나타나지 않는다. 이 그림에서 욕망이 나타나는 경우는 명확하게 생각하려는 우리의 목표와 일치하지 않을 때다.

인간의 다양한 욕망과 충동은 세상을 바라보는 방식과 관련돼 있다. 우리는 세상이 자신에게 잘 이해되는 곳이기를 바라기 때문에 현실에 맞지 않는 단순화된 시뮬레이션을 바탕으로 결정을 내린다(속성 바꿔치기attribute substitution).[23] 그리고 세상이 공정하고 정의로운 곳이기를 바라기 때문에, 어떤 사건에서는 희생자들이 그런 피해를 당할 만한 원인을 제공했으리라고 생각한다(정의로운 세상 가설just-world hypothesis).[24] 긍정적인 미래를 원하기 때문에 희망적인 생각이 예측을 지배하게 하거나(낙관 편향optimism bias) 때로는 부정적인 생각을 완전히 외면하기도 한다(타조 효과ostrich effect).

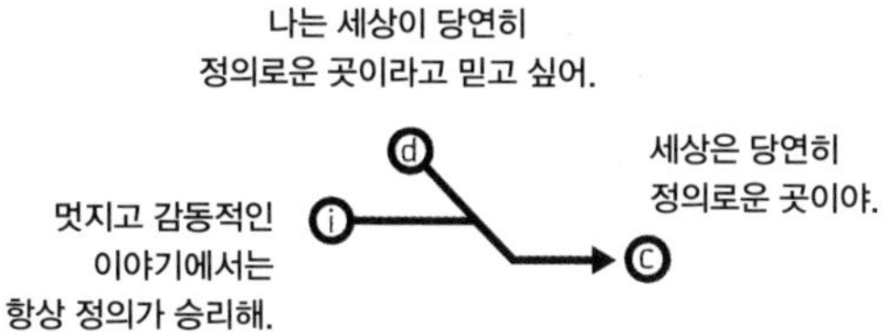
나는 세상이 당연히
정의로운 곳이라고 믿고 싶어.
세상은 당연히
정의로운 곳이야.
멋지고 감동적인
이야기에서는
항상 정의가 승리해.

항상 그렇듯이 이런 편향들은 복합적으로 작용하여 사회적으로 악영향을 일으킬 수 있다.[25]

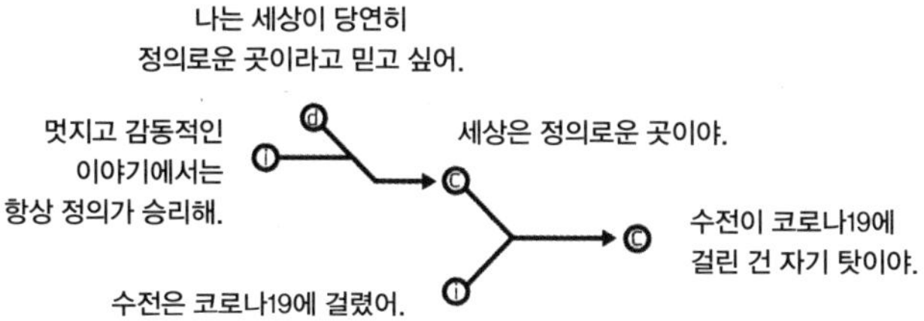
나는 세상이 당연히
정의로운 곳이라고 믿고 싶어.
멋지고 감동적인
이야기에서는
항상 정의가 승리해.
세상은 정의로운 곳이야.
수전이 코로나19에
걸린 건 자기 탓이야.
수전은 코로나19에 걸렸어.

우리의 인식을 물들이는 또 다른 욕망의 집합은 사회적 본성에 관한 것이다. 어른들은 예전에 자기는 그러지 않았다는 듯이 요즘 젊은이들이 주변에 너무 쉽게 영향을 받는다고 말한다. 하지만 인간은 누구나 자기가 생각하는 것보다 훨씬 더 사회적으로 영향을 받기 쉽다. 우리 뇌가 정확한 패턴보다 유용한 패턴을 찾기 위해 최적화된 것처럼, 우리는 진실보다 우정과 공동체를 추종하게 돼 있다.[26] 밴드왜건 효과bandwagon effect는 대중적으로 인기 있는 정보에 근거하여 결론을 내리거나 결정하는 경향을 가리킨다. 우리는 종종 이런 결정을 스스로 합리화할 방법을 찾는다. 또한 우리의 믿음은 권위와 사회적 증거에 좌우되며, 집단 내 계승되는 독단적 명제와 모방을 통해 형성된다.

모든 사람은 한 명의 인간으로서 사회의 집단적인 그물망에 포함돼 있다. 인간은 흠잡을 데 없이 분명한 견해, 합리적인 통찰, 지혜를 개발하도록 구성되지 않았으며 자신의 공동체에서 의견, 가치관, 판단력을 물려받게 돼 있다. 누구나 그런 문화의 물결에 휩쓸린다. 우리는 소속되기를 원한다. 받아들여지고 존중받고 사랑받기를 원하며, 이런 욕망은 우리의 믿음을 끌어당긴다. 문제는 이런 욕망을 의식하지 못하고 내버려 두면, 잘못된 결정과 가치관에 어긋나는 결과를 초래할 수 있다는 점이다.

지금까지 당신이 보고 싶어 하는 세상 또 당신이 남에게 보여주고 싶은 모습이 어떤 편향들을 초래하는지 살펴봤다. 하지만 편향을 야기하는 가장 만연한 동기는 당신이 보고 싶은 자기 자신에서 비롯된다. 자신의 정체성과 관련된 욕망은 가장 바꾸기 어려울 수 있다.[27]

스스로 특별한 존재라 생각하며 자신에 대해 긍정적인 시각만 유지하려는 욕망은 자신의 긍정적인 특성을 과도하게 부풀리는 결과를 낳는다. 근본적인 귀인 오류fundamental attribution error와 자기 위주 편향self-serving bias은 타인의 잘못과 실패 그리고 자신의 업적과 성공은 개인의 능력이나 성격 같은 내적 요인에서 원인을 찾는다. 반대 경우에는 운과 상황 같은 외적 요인에서 원인을 찾는다. 우월감 효과illusory superiority는 자신의 긍정적인 자질을 과대평가하고 부정적인 자질을 과소평가하는 것이다.[28]

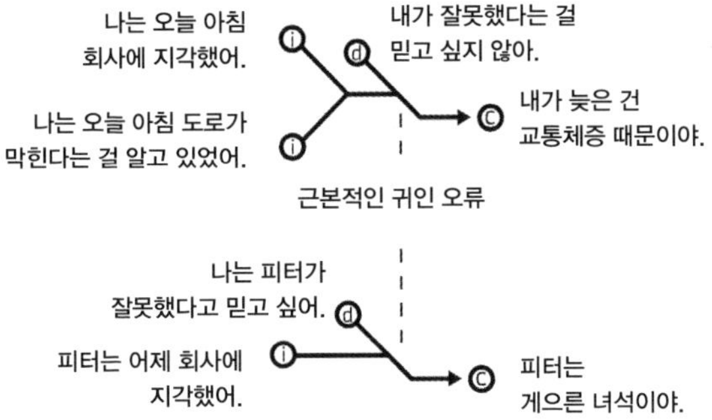

나는 오늘 아침 회사에 지각했어.
내가 잘못했다는 걸 믿고 싶지 않아.
나는 오늘 아침 도로가 막힌다는 걸 알고 있었어.
내가 늦은 건 교통체증 때문이야.
근본적인 귀인 오류
나는 피터가 잘못했다고 믿고 싶어.
피터는 어제 회사에 지각했어.
피터는 게으른 녀석이야.

또한 삶을 좌우하려는 욕망은 통제의 환상illusion of control을 만들어낸다. 흥미로운 사실은 우울증을 겪는 사람들이 외부 사건에 대한 자신의 통제력이 적다고 믿는다는 점인데, 덕분에 건강한 사람들보다 덜 편향된 인식을 보여준다. 다만 이는 통제의 환상을 우울증의 부정성 편향negativity bias이 상쇄한 효과일 수도 있다.[29]

관점을 가장 크게 왜곡할 수 있는 욕망도 정체성과 관련이 있는데, 진실에 대한 열망만큼이나 깊게 숨겨져 있어서 발견하기가 매우 어렵다. 또 올바름에 대한 욕망desire to be right도 있다. 일단 믿음을 형성하면, 사람은 그 믿음에 대한 집착을 키우기 시작한다. 이때부터 자신에게 유리한 증거만 채택하는 것이 우리 마음의 원초적 행동이다. 이런 편향이 있는 사람은 논쟁에서 무엇이 옳은지를 판단하는 것이 아니라 자기 자신과 상대방에게 자신이 줄곧 옳았다는 걸 증명하기 위해 애쓴다.[30]

확증 편향confirmation bias은 기존 이론, 신념, 세계관과 충돌하는 정보를 무시하고 그것들을 뒷받침하는 정보만을 찾는 경향을 의미한다. 심지어 상반된 증거가 제시될 때도 확증 편향이 종종 방어적으로 만들고 원래의 믿음을 강화한다(역화 효과backfire effect). 이런 경향은 이슈의 양 측면에 있는 집단이 점점 더 멀어지게 되는 결과를 초래한다(태도 양극화attitude polarization).

설상가상으로 현대 세계는 사람들의 믿음을 확인하기 위한 미끼를 구조화함으로써 편향을 강화한다. 검색 엔진, 뉴스 플랫폼, 소셜 미디어 웹사이트들은 클릭과 조회 수를 늘릴수록 수익이 커지기 때문에 진실을 알리는 것보다 이용자의 욕구에 영합하려고 한다. 정보를 배포하는 디지털 알고리즘은 우리를 반향실echo chamber로 끌어들여 인지 알고리즘을 더욱 왜곡시킨다.[31]

욕망의 플러그를 뽑아라

진실은 당황스러울 수도 있다. 이해하는 데 상당한 노력이 필요할 수도 있다. 직관에 어긋날 수도 있고, 뿌리 깊은 편향과 모순될 수도 있으며, 우리가 간절히 원하는 것과 일치하지 않을 수도 있다. 하지만 우리의 호불호가 무엇이 진실인지를 결정하지는 않는다.

—칼 세이건Carl Sagan, 『경이로움과 회의주의Wonder and Skepticism』

인지 영역에서 더 깊은 두 번째 심리건축 단계는 동기부여다. 동기 기반 편향은 시스템의 작은 버그가 아니라 의도한 대로 작동하는 시스템이다. 이는 단순히 음모론자, 종교적 광신자 또는 정치적 권모술수를 이야기하는 게 아니다. 모든 사람은 자신의 믿음을 소중하게 여긴다. 따라서 이런 믿음을 간단히 없앨 수는 없다. 그것을 지속시키는 욕망의 플러그를 뽑아야 한다.

그러려면 일반적인 편향의 원인을 파악하는 습관뿐만 아니라 특정 믿음을 가지려는 욕망과 그 욕망의 강도를 살펴보는 습관이 필요하다. 당신이 어떤 생각에 애착을 느끼고 어떤 생각에 거부감을 느끼는지 살펴봐라. 당신의 호기심이 외면하려는 분야, 즉 질문을 받았을 때 당신을 방어적으로 만드는 분야가 그것이다. 만약 어떤 믿음에 의문을 제기하는 데 강한 거부감이 든다면, 아마도 당신이 그 믿음에 기반을 둔 집단의 일원이기 때문일 것이다. 어떤 믿음은 자신에게 중요한 대응 전략을 제공한다고 느껴진다. 어떤 믿음은 그것이 없다면 자신감을 잃어버릴 것만 같다. 이런 관찰 결과를 적어두자.

그런 다음 소크라테스식 질문법Socratic questioning이라고 알려진 방법을 사용하여 당신의 믿음에 잠재된 허점을 파악할 수 있다. 자신의 믿음을 마치 당신이 반대하는 다른 사람의 믿음처럼 대해라. 그 믿음을 반박할 수 있는 최선의 주장을 세우고, 자기 견해의 모순과 약점을 파악해라. 이 믿음과 관련해서 어떤 증거가 있는가? 내가 증거를 잘못 해석한 건 아닐까? 어떤 반증을 생각해낼 수 있을까? 계속해서 탐색적 질문을 던지면서 타당성이 의심되는 지점들을 표시해라.[32]

욕망을 다루는 것과 관련해 반작용counteraction이라는 접근법이 있다. 이 접근법은 어떤 욕망에 균형을 맞추기 위해 그와 동급이면서 반대되는 욕망을 함양하고자 시도하게 한다. 두 가지 상반된 가능성에 대해 동등한 욕망을 품고 있을 때, 당신은 증거에 따라 객관적으로 평가할 수 있을 것이다.

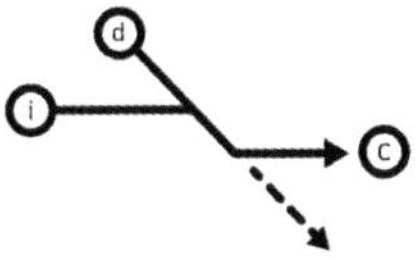
d
i
c
반작용

만약 당신이 세상이 근본적으로 정의롭다고 믿고 자신이 이 믿음을 강하게 유지하고 싶어 한다는 걸 파악했다면, 당연한 정의란 없다는 믿음이 가질 수 있는 이점들을 생각해보자. 자신의 취약한 현실을 직면해야 하겠지만, 불행의 희생자들을 비난하는 대신 그들을 이해하고 공감하는 능력을 키울 수 있다. 그러면 모든 것이 매우 바람직한 상태라고 여기는 대신 개선해야 할 문제점을 제기할 수 있다.

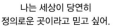

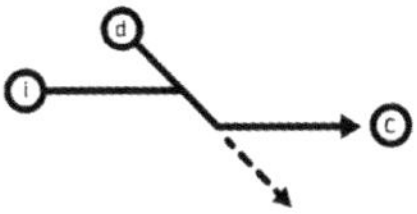
나는 세상이 당연히
정의로운 곳이라고 믿고 싶어.
d
증거
i
c
결론
나는 세상이 당연히
정의로운 곳은 아니라고 생각해.

이때 목표는 다른 믿음으로 전환하는 게 아니라, 다른 믿음을 접하면서 그것이 그렇게 끔찍하진 않으며 그것이 진실이라면 심지어 좋을 수도 있다는 걸 깨닫는 것이다. 그러고 나면 증거가 제시하는 가장 큰 가능성에 근거하여 무엇이 옳은지 판단할 수 있다. 나는 특정 믿음이 진실인지 거짓인지를 말하려는 게 아니다. 나의 목표는 위대한 심리건축가들을 대신하여 진실이 어디로 향하든 당신이 그 진실을 발견하도록 격려하는 것이다.

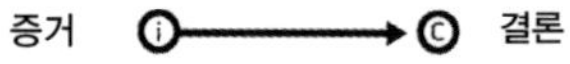

몇몇 잘못된 믿음에 대해 그래도 믿을 만한 가치가 있을지 모른다는 일반적인 인식이 존재한다. 때로는 별자리 운세를 확인하고 점성술을 믿어보는 게 재미있을 수도 있다. 그러나 스스로 생각하고 사실과 허구를 구별하는 능력은 가벼운 즐거움보다 훨씬 더 중요하다. 비이성, 독단, 무지는 전 지구적인 문제를 일으키는 원인 중에서 엄청난 비율을 차지한다.[33]

전혀 검증되지 않은 약이 자신을 치료할 거라는 믿음 또는 검증된 약이 도움이 되기보다는 자신을 해칠 가능성이 더 크다는 믿음 때문에 매년 사람들이 자신을 죽음으로 내몬다.[34] 지구의 환경문제가 해결되지 않는 이유는 환경문제가 사실은 존재하지 않는다거나 우리에게 위협이 되지 않는다는 거짓말을 사람들이 받아들였기 때문이다.[35] 심각하게 결함이 있는 생각과 의도적인 기만에 솔깃하여 수백만 명이 중대한 결정을 내린다. 심지어 완벽하게 좋은 의도와 전혀 문제 없는 사상을 가진 권력자들이 너무나 많은 잔학 행위를 저지른다.[36]

> 명확하게 생각하지 않는 위험성은 이전 어느 때보다 지금 훨씬 더 크다. 우리 사고방식에 뭔가 새로운 문제점이 생겨났기 때문이 아니라, 그럴듯해 보이는 혼란스러운 생각이 예전에는 없었던 방식으로 훨씬 더 치명타를 안길 수 있기 때문이다.
>
> — 칼 세이건(1996년)

핵무기, 생명공학, 나노기술, 인공지능 등 과학기술이 빠르게 발달함에 따라 잘못된 생각과 독단의 폐해도 급속도로 증가할 것이다. 모든 기술이 힘이 더 강해지고 제조 비용이 줄어들고 사용하기가 더 쉬워질 것이다. 그리고 모든 기술이 인류의 존재 자체에 위협이 될 것이다. 독단을 맹신하고 욕망에 따라 행동하는 인간의 성향을 통제할 수 없다면 파괴와 전쟁을 일으키는 오늘의 힘은 내일 인류의 완전한 멸종을 초래할 것이다.[36]

하지만 아무리 이기적인 소시오패스라도 세상을 분명하게 바라볼 수 있는 이성은 충분히 지니고 있다. 합리성은 지혜의 핵심적인 구성 요소다. 당신의 삶과 인간관계, 경력, 사업에서 올바른 결정을 내리는 것은 명확하게 생각하고 제대로 학습하는 능력에 달렸다. 팀 어번Tim Urban이 운영하는 근사한 블로그 '웨이트 벗 와이Wait But Why'에서는 테슬라와 스페이스엑스의 창업자인 억만장자 일론 머스크를 분석해 게재했다.[38] 어번은 기업가의 성공에서 핵심 요소는 자기 마음을 최적화하기 위해 지속적으로 노력하는 것이라고 강조한다.

> 머스크는 사람을 컴퓨터로 여기고 두뇌 소프트웨어를 자기가 만드는 가장 중요한 제품으로 여긴다. 두뇌 소프트웨어를 설계하는 회사가 없기 때문에 직접 자신의 소프트웨어를 설계하고 매일 베타 테스트를 하고 지속적으로 업데이트한다. 이것이 바로 머스크가 독보적으로 유능한 이유이며, 여러 거대 산업을 한 번에 뒤흔들 수 있는 이유다. 또한 빠르게 학습하고 현명한 전략을 짜고 미래를 명확하게 예견할 수 있는 이유다.

이런 사고방식에서 심리건축의 본질을 볼 수 있다. 대부분 사람은 자신의 믿음을 약화하려는 끊임없는 위협을 피하면서 어떤 대가를 치르더라도 그 믿음을 지키려고 애쓴다. 그러나 만약 당신이 심리건축가라면 모든 믿음을 일시적인 실험으로 여길 것이다. 하루하루가 일종의 정신적 베타 테스트이며 인지 소프트웨어를 실행하고 확장하고 업그레이드할 기회다. 심리건축가는 기존 믿음에 의문을 제기하고, 그 의문점을 풀기 위해 새로운 개념 모델을 테스트하고 구식 모델을 버린다. 그에겐 어떤 믿음도 완전하지 않다.

> 사람의 정신력은 얼마나 많은 진실을 수용할 수 있는지에 달렸다. …… 진실을 어느 정도까지 희석하고, 가면을 씌우고, 달콤하게 만드는지에 달렸다.
>
> — 프리드리히 니체, 『선악의 저편』

만약 당신의 행복이 잘못된 믿음에 의존하고 있다면, 기반이 부실한 대응 방식에 의존하게 됐음을 의미한다. 폭풍이 몰아치고 잘못된 믿음이 현실과 충돌하는 순간, 당신은 고통과 혼란에 휩싸이게 될 것이다. 당신의 믿음이나 경험과 모순되는 어떤 상황 또는 다른 사람들의 주장이 당신의 정체성에 위협을 가하고 마음의 균형을 무너뜨릴 것이다.[39]

당신은 자신의 근본적인 믿음을 재구성하고 현재의 대응 방식을 현실에 더 적합한 것으로 대체하는 느리고 점진적인 과정을 선택할 수 있다. 당신의 마음은 모든 위협에서 보호받아야 하는 섬세한 정원이 아니라 싸울수록 강해지는 면역 체계에 가깝다. 자신의 모든 믿음과 가정에 의문을 제기함으로써 당신은 진실을 직면하는 고통과 혼란에 대항하여 자신을 단련할 수 있고, 세계관을 점점 더 견고히 만들 수 있다.[40]

이런 선택이 처음에는 문제가 될 수 있다. 하지만 입에 쓴 약을 먹고 나면 컨디션을 회복할 수 있다. 다른 사람들이 참을 수 없다고 생각하는 것들을 참고 이해하면서 당신은 아름다움과 안락함, 기쁨을 발견하게 될 것이다. 또한 진실과 공존하는 방법을 배울 뿐만 아니라 진실을 자기 일부로 만들고, 그에 대해 엄청난 감사와 경외감을 느끼게 될 것이다.

편향을 극복하는 열쇠는 당신의 마음 깊은 곳에 있다. 자신을 극복하고 최적화하려는 욕망이 그것을 위협하고 약화하려는 욕망보다 자신의 정체성에 더 깊게 자리해야 한다. 강력하고 독특하고 심지어 올바른 욕망마저도 자기지배에 대한 욕망에는 미치지 못할 것이다. 당신은 현재의 신념이 얼마나 정확한지가 아니라 새롭고 더 정확한 신념을 위해 현재의 신념을 기꺼이 포기한다는 데 자부심을 가져야 한다. 진정한 진실을 찾고 그 진실을 사랑하는 법을 배워나갈 때, 자기인식의 주인이 될 수 있다.

■ 핵심 정리 ■

* 인간의 마음은 잘못된 가정·인식·믿음으로 가득 차 있으며, 이는 판단력과 지혜뿐만 아니라 행동과 정서적 행복에도 영향을 미친다.

* 인지 알고리즘은 추론이라고 할 수 있으며, 인지적 편향에 따라 지속적으로 왜곡될 수 있다. 신념 체계는 본질적으로 복잡한 인지 알고리즘의 연쇄작용이며, 인지 알고리즘이 심각하게 편향될 때 엄청나게 뒤틀린 세계관이 형성된다.

* 인지 수정cognitive revision은 인풋에 대한 습관적 인지 반응을 더 바람직하고 덜 왜곡된 결론이나 생각으로 대체하는 행위다. 베이즈 추론 같은 생각의 도구는 편향된 알고리즘을 수정하는 데 도움이 된다.

* 비판적 사고 기술만으로는 심각하게 편향되는 것을 막아주지 못한다. 우리의 편향 중 어떤 것들은 욕망으로 영구화되기 때문이다. 만약 뭔가를 강하게 믿고 싶다면 이런 믿음을 합리화하기 위

해 생각의 도구를 오용할 것이다. 동기 기반 편향을 새롭게 프로그래밍하기 위해 당신은 특정 믿음을 유지하려는 욕망과 그 강도를 파악하는 습관을 길러야 한다.

* 심리건축가로서 당신은 인지 소프트웨어를 개선하고 확장하고 업그레이드할 모든 기회를 활용하여 신념 체계를 지속적으로 베타 테스트해야 한다. 현재의 신념이 얼마나 정확한지가 아니라 새롭고 더 정확한 신념을 위해 현재의 신념을 기꺼이 포기한다는 데 자부심을 가져야 한다. 그럴 때 진실한 삶을 살아가는 방법을 배울 뿐만 아니라 그런 삶에 엄청난 감사와 경외감을 느끼게 될 것이다.

DESIGNING

3장

가치관과 자기성찰

THE MIND

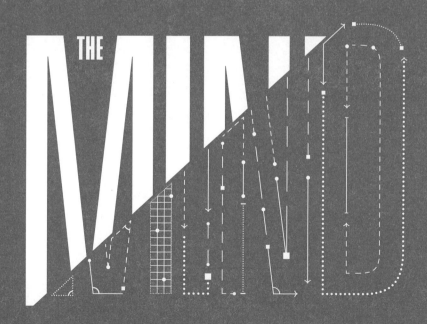

행복은 항상 예측을 빗나간다

> 자신이 무엇을 원하는지 아는 건 쉬운 일이 아니다. 그것은 드물고 어려운 심리적 성취다.
>
> — 에이브러햄 매슬로, 『동기와 성격』

외부 세계에 대한 우리의 믿음에는 종종 결함이 있다. 하지만 무엇이 자신에게 가장 좋은지는 분명히 알고 있지 않을까? 사람들은 자신이 무엇을 원하는지 당연히 알고 있다고 여긴다. 앞 장에서 살펴본 믿음들처럼 사람들은 자신이 삶을 잘 이끌어간다고 생각하기를 좋아한다. 하지만 이는 자신이 무엇을 원하고 필요로 하는지에 대해 착각에 빠지기가 놀라울 정도로 쉽다는 걸 보여줄 뿐이다.

아직 많은 연구가 이루어지지는 않았지만, 고대와 현대의 사상가들은 지혜의 습득을 가로막는 여러 가지 오류를 대부분 사람이 저지르고 있음을 발견했다. 사람들을 인생에서 어긋나도록 가장 자주 이끄는 왜곡된 알고리즘은 단순히 외부 세계의 기억이나 예측 또는 패턴 인식이 아니라 내면을 성찰하는 과정에서 나타난다. 앞서 살펴본 편향을 기반으로 지금부터는 내부 세계의 편향을 살펴볼 것이다.

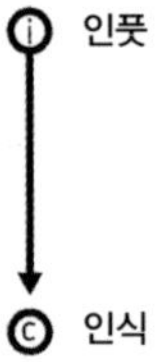

앞서 통제의 환상이 실제보다 자신의 상황에 대해 더 많은 통제력을 갖추고 있다고 믿게 하고, 관련 없는 결과의 원인을 자신의 행동에서 찾게 한다는 걸 확인했다.[1] 또한 사람들은 어떤 결과가 자신을 행복하게 할지 알고 있다고 착각하는 경향이 있다. 램프의 요정이 소원을 들어주는 영화를 본 사람이라면 누구나 이런 착각이 문제를 일으킨다는 걸 알고 있을 것이다. 복잡한 상황을 지나치게 단순화된 시뮬레이션으로 축소하는 경향은 행복을 추구하기 때문에 나타난다. 그래서 원하거나 원하지 않는 결과에 대해 잘못된 예측을 해놓고는 이를 확신하게 한다.

나비 효과butterfly effect는 초기 데이터에 너무 민감하고 복잡하게 반응하여 정확한 결과를 예측하기가 불가능한 상황을 말한다. 예컨대 브라질에서 나비가 날개를 퍼덕이면 미국 텍사스에서 태풍이 발생할 수 있다고들 얘기한다.[2] 이 이론은 우리가 다른 과학기술 분야에서는 크게 발전했음에도 날씨를 예측하는 능력은 왜 그렇게 형편없는지를 보여준다. 그리고 복잡한 예측의 어려움은 우리의 행복에도 적용된다. 여기서 설명하는 편향은 이런 실제 사건들의 복잡성을 지나치게 단순화하려는 경향이다. 철학자 앨런 와츠Alan Watts는 이와 관련된 중국의 우화를 들려준다.

> 옛날 중국에서 어떤 농부의 말 한 마리가 달아났다. 그날 저녁 이웃들이 위로하러 찾아와서 말했다. "귀한 말이 달아나다니 정말 안타깝습니다. 어찌 이런 불행한 일이……." 농부가 대답했다. "글쎄요."
>
> 다음 날 그 말이 일곱 마리의 야생마를 이끌고 돌아왔고, 저녁이 되자 이웃 사람들이 찾아와서 말했다. "아니, 이런 행운이……. 정말 축하드립니다. 이제 말이 여덟 마리가 됐군요!" 농부가 다시 대답했다. "글쎄요."
>
> 다음 날 농부의 아들이 야생마 한 마리를 길들이려다 말에서 떨어져 다리가 부러졌다. 그러자 이웃들이 말했다. "걱정이 크

시겠습니다." 농부가 대답했다. "글쎄요."

다음 날 징병 장교가 청년들을 군대에 징집했는데 농부의 아들은 다리가 부러져서 면제됐다. 이웃 사람들이 다시 찾아와서 말했다. "정말 다행이군요!" 농부가 대답했다. "글쎄요."[3]

우리는 종종 과거의 사건들을 돌아볼 때 중국 농부처럼 현명한 관점으로 다시 보게 되기도 한다. 당시 끔찍하다고 생각했던 일들이 결국에는 좋은 결과를 가져다줬음을 알게 되는 경우 등이다. 그러나 과거가 아닌 현재의 자기 삶을 이런 식으로 통찰력 있고 차분하게 바라보는 사람은 거의 없다. 우리는 무엇이 바람직하고 무엇이 그렇지 않은지를 항상 성급하게 확신한다. 자신이 원하는 것을 고집스럽게 추구하면서 세상의 복잡한 상황을 지나치게 단순화한다. 이처럼 삶을 이끌어가기 위해 우리 머릿속의 시뮬레이션에 의존하는 것은 뉴욕시를 여행하는 데 아이들이 크레용으로 그린 지도에 의존하는 것과 같다.

와츠는 이렇게 덧붙인다.

자연의 모든 과정은 엄청난 복잡성을 통합하는 과정이며, 그 상황에서 일어나는 일들이 좋은 것인지 나쁜 것인지 판단하는 건 사실상 불가능하다. 왜냐하면 우리는 불행의 결과가 어떻게 될지 또는 행운의 결과가 어떻게 될지 전혀 모르기 때문이다.

정서 예측affective forecasting에 대한 심리학적 연구는 우리가 세상만 지나치게 단순화하는 것이 아니라 우리 자신의 감정 상태를 예측할 때도 마찬가지라는 걸 보여준다. 정서 예측을 연구하는 대표적인 심리학자 대니얼 길버트Daniel Gilbert는 인간이 충격 편향impact bias이라는 알고리즘을 공유한다는 사실을 발견했다. 충격 편향은 어떤 사건이나 결정을 어떻게 느낄 것인지, 그 감정이 얼마나 강렬할 것인지 그리고 그것이 얼마나 오래 지속될 것인지를 우리가 제대로 예측하지 못하게 한다. 다시 말해서 우리 내부의 감정 시뮬레이터는 우리의 인생 시뮬레이터만큼이나 결함이 있다.[4]

길버트는 『행복에 걸려 비틀거리다』라는 책에서 우리 뇌의 결함을 설명할 수 있는 몇 가지 원리를 제시했다. 현실주의realism의 원리는 '사물이 마음속에 있는 것처럼 보이는 그대로 현실에 있다는 믿음'이다. 우리 뇌가 편향과 조작으로 끊임없이 현실을 엮어내고 그 틈을 너무 빠르고 매끄럽게 메우기에 우리는 뭔가 이상하다는 것을 전혀 알아차리지 못한다. 만약 당신이 캘리포니아에 있는 대학에 다니려고 한다면 당신의 뇌는 경험을 기반으로 특정한 이미지를 떠올릴 것이다. 바로 화창한 해변에서 일광욕을 하며 사람들이 행복해하는 모습이다. 그 이미지가 너무 나 생생해서 당신은 날씨가 대학 생활을 결정하는 유일한 요소가 아니라는 걸 고려하지 못하게 될 것이다.[5]

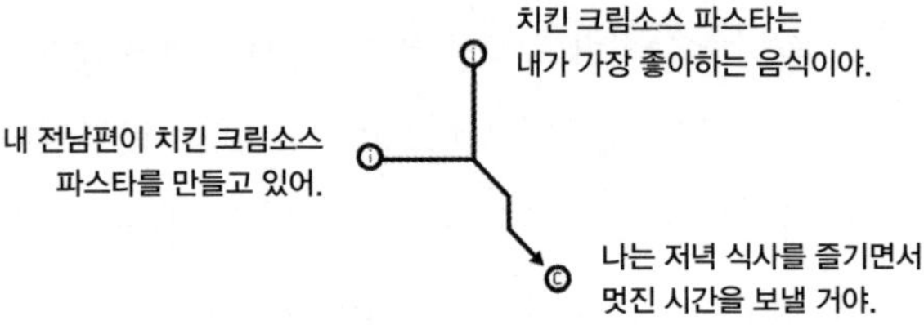
치킨 크림소스 파스타는
내가 가장 좋아하는 음식이야.
내 전남편이 치킨 크림소스
파스타를 만들고 있어.
나는 저녁 식사를 즐기면서
멋진 시간을 보낼 거야.

대니얼 길버트가 현재주의presentism라고 부르는 원리는 '현재의 경험이 과거와 미래에 대한 자신의 견해에 영향을 미치는 경향'이다. 예컨대 밥을 잔뜩 먹었다면 다시 배가 고파지는 걸 상상할 수 없지 않은가. 행복할 때는 슬픔이 어떤 느낌인지 잘 상상이 안 되고, 그 반대도 마찬가지다. 리무진을 타고 멋진 여행을 하고 있을 때는 물에 잠긴 집에서 허우적거리는 미래의 자신을 떠올리기가 어려울 것이다.[6]

마지막 원리인 합리화는 '어떤 것이 합리적이거나 합리적으로 보이게 하는 행위'다. 우리는 역경과 상실에 대한 불안과 두려움을 경험하며, 그것들이 실제보다 더 오랫동안 우리를 고통스럽게 하리라고 믿는다. 하지만 우리에게는 역경과 상실을 피할 수 없는 상황에서 긍정적인 추론을 작동시키는 심리적인 방어 기제가 존재한다. 길버트는 머리가 붙은 쌍둥이부터 죄수, 전신이 마비된 환자에 이르기까지 불운한 사람들의 수많은 사례를 제시한다. 그러면서 사람들은 그들의 운명이 너무나 가혹하다고 생각하지만 정작 그들은 매우 만족스럽게 생각한다고 강조한다. 연구에 따르면, 복권 당첨자와 신체 마비 환자가 각 사건이 발생하고 1년이 지난 후에 느끼는 삶의 만족도는 거의 비슷한 수준이었다. 이는 통념과는 매우 다른 결과다.[7]

이 모든 사례는 우리가 원하는 결과를 성취하는 데 서툴고, 그 결과의 복잡성을 설명하는 데 서툴고, 그 결과에 대한 자신의 감정적 반응을 예측하는 데 서툴다는 것을 말해준다. 인간의 상태는 이제 막 완벽하게 이해되기 시작했다. 우리는 단지 정말로 서툴 뿐이다.

자기 마음과 마주하기

이 이야기의 교훈은 무엇일까? 우리가 자신의 행복을 이해하지 못하고 앞으로도 영원히 이해하지 못할 거라는 의미일까? 이런 모든 복합적인 편향에 직면했을 때 우리는 모든 노력을 중단하고 싶다는 유혹에 휩싸인다. 티베트 승려가 되는 걸 잠시 고려할 수도 있다. 하지만 나는 이 이야기가 여기서 끝나지 않는다고 생각한다. 나는 대부분 사람이 행복을 우연히 발견한다는 데 동의한다. 그러나 우리 마음을 망상에 빠뜨릴 수도 있고 망상을 극복하여 그 효과를 반전시킬 수도 있는 도구와 방법 또한 있다고 생각한다.

자기성찰은 최근 몇 년간 부당한 비난을 받았다. 자기중심적인 몰입 행위로 비쳐졌고, 종종 효과가 없다는 지적도 있었다. 타샤 유리크Tasha Eurich는 자기인식에 관한 책 『자기통찰』에서 몇 가지 반직관적인 발견을 제시했다. 일반적으로 자기성찰은 낮은 행복감, 높은 불안감, 자신을 비하하는 태도, 그리고 가장 놀랍게도 낮은 자기인식과 상관관계가 있는 것으로 보인다.[8]

> 실제로 자기성찰은 자기인식을 흐리게 하고 의도하지 않은 결과를 초래할 수 있다. 때로는 우리를 위축시키고 긍정적인 행동을 방해하면서 비생산적이고 속상한 감정을 표면화할 수도 있다. 또한 자기성찰은 진짜 문제를 발견했다는 잘못된 확신으로 이끌 수도 있다. 불교학자 타르탱 툴쿠Tarthang Tulku는 다음과 같은 적절한 비유를 제시한다. "자기를 성찰할 때 우리의 반응은 배고픈 고양이가 쥐를 보는 것과 비슷하다. 자신이 발견한 어떤 '성찰'에도 타당성이나 가치에 의문을 제기하지 않은 채 맹렬히 달려든다."[9]

이 '달려드는' 문제는 자기성찰에만 국한된 것이 아니다. 마치 지구가 평평하고 네 가지 원소로만 이루어져 있다는 믿음에 '달려든' 자연철학자들을 연상케 한다. 과학자들은 자신의 초기 가설이 증거로 뒷받침돼 확증될 때까지 사실로 받아들이지 않도록 훈련을 받아야 하지만, 대부분 사람은 과학자가 아니다. 우리는 '충분한 이유 없이 자기 내면에 관한 가설을 신뢰할 수 있는 사실로 받아들이지 말라.'라고 배운 적이 없다. 세상을 이해하려고 노력할 때와 마찬가지로 우리는 자기 마음을 이해하기 위해 지나치게 단순화된 이야기에 의존한다. 그래서 자신의 심리적 현상을 기본 알고리즘 단위로 분해하여 자신의 편향을 설명하는 데 실패한다. 대신 직감과 이야기를 기반으로 자기 삶을 평가하고 결론을 내린다.

타샤 유리크는 '무엇'이라는 질문이 '왜'라는 질문보다 자기성찰에 훨씬 더 효과적이라고 말한다. 하지만 질문 자체를 바꾸지 않고 다른 단어로 시작하도록 형식만 바꾸는 건 어렵지 않다. 여기서 핵심은 '무엇'이라는 질문이 '왜'라는 질문보다 더 객관적인 경향이 있다는 점이다. 물론 자기성찰은 필연적으로 주관적이지만, 이를 훨씬 더 객관적으로 만들 수 있다.

명상은 마음을 더욱 명확하게 바라보는 데 필요한 거리를 부여함으로써 자기성찰의 정확성과 객관성을 높여준다고 알려져 있다.[10] 앞서 살펴본 편향들과 마찬가지로, 사람들이 길을 잃게 하는 자기성찰의 흔한 오류들 또한 학습을 통해 수정할 수 있다.

합리성이 그렇듯이, 자기성찰을 잘못 실행했을 때도 문제가 발생할 수 있다. 하지만 아예 실행하지 않는 건 선택 사항이 아니다. 자기 내면의 변수를 조사하고, 결정을 내릴 때 이를 고려하지 않으면 일관된 삶을 살아갈 수 없다. 따라서 합리성과 마찬가지로 자기성찰의 도구를 적절하게 사용하는 방법을 배워야 한다. 동시에 앞서 배운, 편향을 극복하는 데 도움을 주는 방법과 원칙을 자기성찰에도 적용해야 한다.

진정으로 위대한 생각은 걷는 것에서 잉태된다.

— 프리드리히 니체, 『우상의 황혼』

명상을 할 때 가장 좋은 자세는 똑바로 앉는 것이고, 자기성찰을 할 때 가장 바람직한 행동은 걷는 것이다. 걷기는 조용히 성찰할 수 있도록 최적의 자극을 줄 뿐만 아니라 몸에 유익한 운동도 되고 비타민D도 제공한다. 컴퓨터를 켜거나 스마트폰을 꺼내지 않고 몇 분 이상 자리에 앉아 성찰에만 집중하기는 어려울 수 있다. 걷기는 집중력을 끊임없이 뭔가로 채우려는 거부할 수 없는 유혹을 없애준다.[11]

메모장, 앱 등 생각을 적을 수 있는 도구를 챙기자. 내가 사용하는 최고의 자기성찰 방법은 철학자 유진 젠들린Eugene Gendlin이 개발한 초점 맞추기focusing라는 기술과 밀접하게 관련돼 있다. 인문심리학자 칼 로저스Carl Rogers와 협력한 연구를 통해 젠들린은 어떤 사람들이 치료법의 효과를 보지 못하는 핵심 이유는 불명확한 신체 감각에 집중하지 못하기 때문임을 알게 됐다.[12]

걷기를 실행할 때 어떤 질문이나 주제를 억지로 정하지 말고 자기 마음에 귀를 기울이는 것으로 발걸음을 시작해라. 긴장을 풀고 자연스럽게 떠오르는 것이 있는지 확인해라. 또는 자신의 현재 상태에 대한 몇 가지 기본적인 질문을 자신에게 던질 수도 있다. 젠들린은 이렇게 예를 든다. "내 삶은 어떻게 흘러가고 있는가? 지금 나에게 가장 중요한 건 뭘까?" 걷는 중에 만난 사교적인 사람들이 당신의 성찰을 방해한다면 이런 주제로 이야기를 해보라(아마 금방 달아날 것이다). 이 질문에 대답하기 위해 서두르지 말고 당신의 몸에서 감각이 반응하기를 기다려라.

이제 당신 삶의 특정한 문제나 영역에 관심을 기울여보라. 아마도 당신은 인생에서 다가오는 변화에 불안감을 느끼거나 누군가에게 짜증이 난 상태일지도 모른다. 당신의 몸에서 일어나는 모든 감정을 받아들여라. 그런 느낌을 표현하는 단어나 이미지를 떠올리도록 노력하고, 직관적으로 그 느낌을 정확하게 담아내는 단어를 발견할 때까지 이 과정을 계속해라. 당신이 선택한 단어나 이미지를 매우 밀접하게 연상시키는 변화나 사람 또는 생각이 무엇인지 자신에게 물어봐라. 젠들린은 말한다. "전환, 즉 약간의 '느슨함' 또는 해방감과 함께 뭔가가 떠오를 때까지 느껴지는 감각을 유지하라." 이 전환은 "아!" 하는 깨달음의 순간처럼 느껴져야 하며 자기성찰로 진입한다는 신호다. 걸으면서 이 과정을 반복하면 자신의 직관에 대해 훨씬 더 명확한 감각을 개발할 수 있다.

또 자신이 존경하는 자질, 현재 생활 방식의 안정성 또는 미래의 열망에 대해 자신에게 물어볼 수 있다. 이런 질문에 반응하여 '느껴진 감각'에 접촉하고 깨달음을 얻었다면, 반드시 메모해라. 이 작업을 제대로 해내면 정체성, 열정, 야망에 대한 개념적 지도를 완성할 만큼 자신을 명확하게 이해할 수 있다.

습관적인 생각과 판단에서 벗어나게 해주는 것은 무엇이든 더 깊은 통찰을 얻는 데 도움이 된다. 명상 수련, 각성제 같은 화학물질 또는 여행 같은 일상의 변화를 통해 의식 상태를 바꾸면 숨겨진 마음의 문을 열 수 있다.

> 그림자 없는 빛이 존재하지 않듯이 결함 없이 완전한 마음도 존재하지 않는다.
>
> — 카를 융Carl Jung, 『꿈Dreams』

이런 숨겨진 마음을 처음 마주했을 때는 누구나 당황할 수 있다. 그래서 어떤 사람들은 내면과 소통하는 일을 최대한 피하려고 한다. 하지만 자기 마음속의 어두운 곳까지도 탐험하고 자신의 친구가 되어야 한다. 자신의 존재, 자신의 단점과 악습, 자신의 강점과 잠재력을 이해하지 못하면 앞으로 나아갈 수 없다. 혼자만의 시간을 보내는 것은 내향적인 사람들만을 위한 것이 아니며, 모두의 건강한 삶을 위해 (비록 가장 적게 언급되지만) 너무도 중요한 요소다.[12] 우리 인생에서 가장 중요한 관계는 자신과의 관계다. 그리고 다른 관계와 마찬가지로 의미 있는 시간을 투자하지 않는다면 자신과의 관계 역시 악화될 것이다.

자신의 발전을 가로막는 가장 확실한 방법은 이미 성공했다고, 즉 자신에 대한 믿음이 확고하며 이제 더는 향상시킬 필요가 없다고 판단하는 것이다. 이런 판단은 개인의 점진적 발전에 필요한 시행착오, 학습, 적응의 선순환에서 벗어나게 할 것이다.

'나는 창의력이 없어.'라는 생각은 창의적인 계획을 포기하게 하고 자신의 실수와 오류를 발견하지 못하게 할 것이다.[14] '현금이 최고야.'라는 생각은 위험을 회피하는 결정을 내리게 하고 좋은 투자 기회를 놓치게 할 것이다.[15] '나는 매력적이지 않아.'라는 생각은 자신을 불안감의 덫에 빠뜨리고 자신감을 갉아먹을 것이며 결국에는 훨씬 더 매력 없는 사람이 되게 할 것이다.[16] 자기비하적인 생각은 당신의 가장 좋은 모습과 가장 나쁜 모습을 구분짓는 가장 큰 요인이 될 수 있다.

일관된 가치 체계 구축하기

이 내면의 본성은 동물의 본능처럼 강하거나 압도적이거나 정확하지 못하다. 약하고 섬세하고 미묘하며 습관, 문화적 압력, 자신에 대한 잘못된 태도에 쉽게 정복당한다.

– 에이브러햄 매슬로, 『존재의 심리학』

바람직한 삶을 살기 위해서 또는 바람직한 삶이 무엇을 의미하는지 알기 위해서는 자기 마음의 한 영역을 깊이 이해해야 한다. 위대한 심리건축가 중 한 명인 에이브러햄 매슬로는 모든 사람은 자기 마음속에 생물학적으로 새겨진 핵심inner core을 지닌다고 생각했다. 그리고 도토리를 거대한 참나무가 되도록 이끌듯이 그 사람을 위대한 삶으로 이끄는 힘이 여기에 있다고 봤다. 내면의 핵심은 어떤 부분에서는 사람마다 고유하고 어떤 부분에서는 모든 사람에게 공통적이며, 깊은 만족감을 얻고 자아실현 상태를 달성하는 열쇠기도 하다. 목소리가 훨씬 더 큰 욕망의 힘과는 달리, 알아채기 어렵다 보니 내면의 핵심을 쉽게 무시하고 경시하다가 인생을 망칠 수도 있다.[17]

특정한 행동이나 결과를 '좋은 것'이나 '나쁜 것'으로 규정하는 인간의 평가 충동을 나는 가치 직관value intuition이라고 부른다. 이런 직관에 대해 느끼는 감각을 깊게 접촉하는 것은 삶에 대한 원초적 접근 방식을 더 바람직한 대안으로 교체하는 과정에서 핵심적인 역할을 할 것이다. 자신의 가치 직관에서 패턴을 식별하고 그것에 '정직', '공감', '규율' 같은 명칭을 붙일 때 그것은 가치관 또는 이상이 된다. 그리고 이 가치관들의 총합은 우리에게 무엇이 중요한지를 나타내는 개념 지도인 가치 체계가 된다.

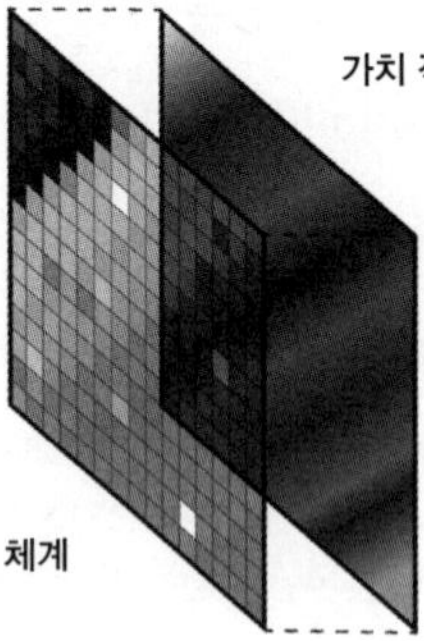

앞서 신념 체계의 목적이 현실에 최대한 부합하고 유용한 마음의 지도를 만드는 것임을 살펴봤다. 가치 체계의 목표 역시 가치 직관에 최대한 부합하고 유용한 마음의 지도를 만드는 것이다. 신념 체계와 마찬가지로 가치 체계는 다소 픽셀화될 수 있고 다소 부정확할 수도 있다. 그리고 우리의 핵심적 가치관은 주변 사람들이 쉽게 좌우할 수 있다.

만약 당신이 의도적으로 자기성찰이나 자기탐구 또는 철학적 질문을 해본 적이 없다면, 당신의 가치관 중 어느 것도 정말로 당신의 것이라고 말할 수 없다. 당신은 어린 시절에 주변 사람들에게 도덕적 개념과 삶의 방향을 자연스럽게 배운다. 인간은 어린 시절에 모방을 통해 학습하며, 청소년기까지는 배운 것에 대해 진정으로 의문을 제기할 수 있는 인지 능력을 키우지 못한다.[18]

그리고 청소년기 이후에도 인간이 실제로 이런 질문을 던지는 과정을 시작하리라는 보장은 없다. 아마도 이 무렵에 당신은 부모님의 정치적 견해나 친구들의 비도덕적인 행동을 비판했을 것이다. 하지만 단지 A라는 도그마에서 B라는 도그마로 전향한 건지도 모른다. 자신의 가치관이 정말로 자신의 신념이라고 주장할 수 있으려면 어린 시절 주입된 생각의 유물을 비판적으로 엄격하게 검토하여 잘못된 생각을 뿌리 뽑는 광범위한 과정을 거쳐야 한다.

> 성찰하지 않는 삶은 살아갈 가치가 없다.
>
> — 소크라테스, 플라톤의 『소크라테스의 변론』

소크라테스의 이 명언이 철학과 관련해 자주 인용된다는 사실을 이상하게 느낄지도 모르겠다. 왜냐하면 현대 철학이 주로 이론적·언어적 분석으로 구성되어 있기 때문이다. 하지만 철학이라는 단어는 말 그대로 '지혜에 대한 사랑'을 의미한다. 원래부터 철학자들은 바람직한 삶을 사는 것에 무엇보다도 관심이 있었고, 이런 사상가들의 생각을 연구하면 당신 역시 그런 삶을 살아갈 능력을 키울 수 있다. 만약 당신이 철학을 지루하거나 자기 삶과 무관한 무언가라고 생각한다면, 당신이 처음 접했던 철학이 그랬기 때문일지도 모른다.

철학은 바람직한 삶을 살아가기 위해 노력하는 모든 사람에게 필수적인 도구다. 다른 사상가들의 생각과 가치관을 공부하는 것이 그들의 사고방식을 답습하는 것처럼 보일 수도 있지만, 그들의 생각이 큰 통찰을 줄 수 있다. 인간은 저마다 다르지만, 우리 마음에는 모든 사람에게 보편적인 진실도 내재해 있다.[19] 철학의 역사에서 가장 자기성찰적인 사상가들이 추구한 가치들은 우리 자신의 가치관을 정립하는 데 길잡이가 될 수 있다. 당신의 가치관 중 어떤 것이 진정으로 자기 것인지를 알아내려면 철학적인 강펀치를 날려도 쓰러지지 않는 신념을 찾아내야 한다.[20]

> 철학은 비록 그것이 제기하는 의심에 대하여 진정한 해답이 무엇인지 확실하게 말해줄 수는 없지만, 생각의 폭을 넓히고 관습의 폭압에서 벗어나게 하는 많은 가능성을 제시해준다. 다시 말해, 대상의 존재에 대한 우리의 확신을 줄이는 동시에 깨달음은 키워준다. 철학은 의심을 해방하는 영역으로 여행해 본 적이 없는 사람들의 다소 거만한 독선을 제거하고, 친숙한 것들의 낯선 측면을 보여줌으로써 경이로움을 선사한다.
>
> — 버트런드 러셀, 『철학이란 무엇인가』

자신에게 정말 중요한 것이 무엇인지 탐구하는 과정은 너무나 보람 있는 경험이 될 수 있고, 중요하지 않은 것들에 집착하면서 삶을 낭비하지 않도록 당신을 이끌 수 있다. 이런 자기성찰의 과정을 지속적으로 추구할 때 당신은 대부분 사람이 벗어나지 못하는 혼란과 갈등 없이 매우 일관된 삶을 살아갈 수 있다.

이상적인 자아를 개념화하기

당신은 자신의 가치관이라고 생각했던 것을 자신에게 비판적으로 엄격하게 적용했을 때 그 결과에 깜짝 놀랄지도 모른다. 자기를 기만하는 우리의 능력은 가치관에 그치지 않는다. 뭔가를 간절히 원하거나 즐기려 할 때 우리는 그것을 정당화하기 위해 합리화된 허점을 필사적으로 찾아낸다. 제3제국의 최고 건축가이자 아돌프 히틀러의 수석 참모였던 알베르트 슈페어Albert Speer는 회고록에서 자신의 점진적인 타락을 다음과 같이 이야기했다.

> 정상적인 상황에서 현실을 외면하는 자는 주변 사람들의 조롱과 비판에 직면하게 된다. 그러나 제3제국에는 그런 교정 장치가 없었다. 오히려 자기를 기만하는 모든 신념이 왜곡된 거울로 둘러싸인 것처럼 증폭됐고, 참혹한 외부 세계와 더는 아

무런 관계가 없는 환상적인 꿈의 세계를 반복적으로 묘사하는 그림이 됐다. 그 거울들 속에서 나는 무수히 복제되는 내 얼굴 외에는 아무것도 볼 수 없었다.[21]

당신은 오늘날 자신이 어떤 역사적 만행에 기여하고 있는지 자문해봐야 한다. 당신의 행동 중 어떤 것이 바람직하다고 믿도록 자신을 속이진 않았을까? 무엇이 주변 사람들의 의견이나 당신 자신의 뒤틀린 주장을 받아들이게 하고 심지어 적극적으로 확신하게 했을까? 현대 사회에서 용납할 수 있는 '강제수용소'는 무엇일까? 만약 자신의 가치관에서 불편한 진실을 찾지 못했다면 충분히 살펴보지 않은 것이다. 만약 당신의 공동체가 어떤 문제에 대해 윤리적으로 단순하고 명백하다고 규정하고 의문을 제기하는 걸 금기시한다면, 바로 당신이 의문을 제기하는 역할을 해야 한다.

순응은 단지 당신 혼자만 나쁜 삶을 선택하도록 이끌지 않는다. 로마 콜로세움에서 환호하던 군중, 나치 독일을 지지했던 국민들, 종교적으로 독실하면서도 무자비했던 미국 남부의 노예주인들은 모두 순응주의자들이었다. 만약 당신도 그때 그곳에서 살았다면 그런 잔혹 행위를 정당화할 방법을 찾아냈을 것이다.[22]

사회적 영향력은 당신의 가장 깊은 내면에 잘못된 가치관을 심어줄 수 있다.[23] 그것은 끔찍한 행동을 초래할 수 있으며, 성찰하지 않는 사람은 스스로 유발한 자기혐오의 근원에 무지할 것이다. 어떤 것이 당신의 가치관에 어긋나지 않는다고 자신을 설득하더라도 그 가치관의 내용은 바뀌지 않는다. 아무리 교묘하고 거창하게 정당화하더라도 당신은 이상적인 자기 모습에서 멀어질 것이다.

우리의 가치 직관 중 일부는 다른 사람들을 대하는 방식과 관련이 있지만, 사실 그 대부분은 우리가 때로는 '도덕적'이라고 일컫는 범주에 속하지 않는다. 그것들은 아름다움, 진실, 독창성, 능력, 신중함 등과 관련이 있다.[24] 다른 사람의 행동을 바라볼 때 당신은 감탄하면서 긍정적인 감정적 충동을 경험할 수도 있고, 뭔가가 당신의 가치관에 어긋난다는 걸 알게 해주는 부정적인 감정적 충동을 경험할 수도 있다.

우리는 살아가는 동안 많은 경험을 하면서 그 안에서 패턴을 찾을 수 있을 만큼 충분한 가치 직관을 축적한다. 자신의 가치 직관을 성찰하고 가치관을 일관된 체계로 통합하는 것은 모든 사람이 지속적으로 해야 할 삶의 과제다. 명확한 가치 체계를 만들기 위해 당신은 차분하게 앉아서 자신의 가치 직관을 지도로 만들어야 한다. 기록한 내용을 최대한 쉽게 정리하고 편집할 수 있도록 문서를 작성해라. 당신이 진정으로 존경하는 사람들의 목록을 만들어라. 이들은 당신의 주변에 있는 사람들, 역사 속의 인물들 또는 당신이 잠시 관찰했던 낯선 사람들일 수 있다. 그렇다고 이 사람들의 모든 것을 존경할 필요는 없다.[25]

아직 제목을 붙이지 말고 특정한 성향이나 예시적인 상황을 가능한 한 정확하게 기록해라. 어려운 상황을 쉽게 처리하는 누군가의 능력이나 방 안에 있는 모든 사람의 관심을 사로잡는 누군가의 기술을 존경한다고 기록해도 된다. 그 목록은 처음에는 의식의 흐름처럼 무질서할 수도 있지만, 나중에 비슷한 사례를 모아서 정돈된 카테고리로 분류하면 된다. 자신에게 중요한 것의 전체 영역을 파악했다는 걸 확인할 때까지 중단하지 마라. '친절'이나 '명예' 같은 모호한 덕목을 피하려고 노력하면서 각 카테고리에 제목을 만들어라.[26]

최종적으로 당신은 자신에게 가장 소중한 가치관들이 체계적으로 정리된 목록을 갖게 될 것이다. 몇 개의 단어로는 당신의 가치관을 완전하게 표현하지 못하는 경우가 많기 때문에 핵심적인 문장을 격언 형태로 표현하는 게 유용하다. 예를 들면 이런 식이다.

'항상 온 세상이 지켜보는 것처럼 신중하게 행동하고 솔직하게 이야기해라.'

'인생의 모든 도전을 피하지 말고 당당하게 맞서서 기회로 만들어라.'

철학 공부와 병행하면 이런 가치관 중 어떤 것이 사회·문화적 고정관념을 나타내고 어떤 것이 진정한 자신의 가치 직관을 나타내는지 구분할 수 있다. 당신의 가치 체계는 약 3년마다 업데이트할 필요가 있다. 시간이 지남에 따라 경험이 쌓이고 직관이 더욱 예리해지기 때문에 카테고리를 더 명확하고 정제된 문장으로 표현할 수 있게 된다.

당신이 구축한 가치 체계에 지나친 자신감을 가져서는 절대로 안 된다. 이 지도는 끊임없이 진화하고 발전해나가야 하는 초안일 뿐이다. 당신의 진정한 가치 직관에 더 가까이 다가가기 위해서는 계속해서 탐구하고 보완해야 한다. 존경하거나 경멸하는 대상들을 관찰하고, 존경하는 특성을 정확하게 파악하려고 노력하고, 이런 특성들을 확고한 원칙으로 만들어야 한다.

당신이 형성하는 가치 체계는 처음에는 투박하지만 관찰 데이터를 축적함에 따라 더 세련된 분별력을 갖추게 될 것이다. 예컨대 타이거 우즈를 전체적으로 이상화하거나 악마화하기보다는 그의 인내심은 존경하지만 문란함은 존경하지 않는다는 식이다. 최종적으로 이런 개별적 관찰 데이터들은 대상에 대한 통합된 이해로 연결될 것이다.

이런 가치 체계를 최대한 활용하는 방법은 그것을 이상적인 자아로 의인화하는 것이다. 이상적인 자아는 당신이 가장 고귀하게 여기는 가치관과 존경하는 특성의 집합체이며 심리건축 여정에서 북극성과 같은 역할을 한다.[27] 물론 당신의 궁극적인 목표는 자신의 실제 모습과 이상적인 자아 사이의 격차를 최대한 줄이는 것이다. 그러려면 자신의 실제 모습을 일관성 있고 객관적인 관점으로 바라보면서 경험, 특성, 가치관, 충동이 통합된 전체로 인식하는 능력을 길러야 한다. 이상적인 자아는 적합한 목표를 설정하는 데 매우 중요한 기준이 될 것이다.

■ 핵심 정리 ■

* 외부 세계에 대한 믿음과 마찬가지로 내부 세계에 대한 믿음(욕망, 목표, 가치관) 역시 왜곡될 수 있고, 이런 왜곡은 우리 삶을 혼란스럽게 할 수 있다. 우리는 무엇이 자신을 행복하게 하는지 알고 있다고 생각하지만 행복은 의도적인 노력을 통해 성취되기보다는 우연히 발견되는 경우가 많다.

* 효과적인 자기성찰을 통해 내면적 편향을 인식하고 마음을 새롭게 프로그래밍하면 더욱 바람직한 삶을 살아갈 수 있다. 당신의 인지, 감정, 행동뿐만 아니라 그것을 유발하는 실제 사건들을 메모하고 기록해라. 그것들 사이의 인과관계를 파악하도록 노력해라.

* 당신의 가치관 중 어떤 것이 진정으로 자기 것인지를 알아내려면 철학적인 강펀치를 날려도 쓰러지지 않는 신념을 찾아내야 한다. 당신이 속한 사회와 문화가 옹호하는 가치관에 대담하게 의문을 제기해라.

* 가치관을 더 명확하게 파악하기 위해서는 당신이 존경하는 사람들의 특성을 문서로 정리할 필요가 있다. 비슷한 항목을 그룹화하고, 각 그룹을 포괄하는 제목 또는 격언을 붙여라.

* 이상적인 자아는 당신이 가장 고귀하게 여기는 가치관과 존경하는 특성의 집합체이며, 심리건축 여정에서 북극성과 같은 역할을 한다. 이 여정의 궁극적인 목표는 당신의 실제 모습과 이상적인 자아 사이의 격차를 최대한 줄이는 것이다.

DESIGNING

4장

인지적 자기지배와 지혜로움

THE MIND

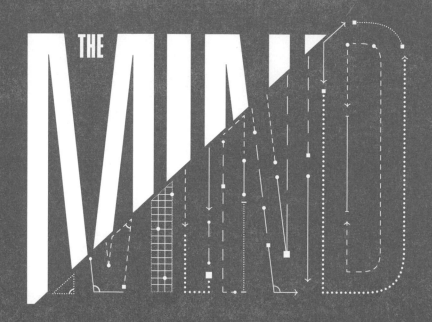

무엇이 자신에게 가장 바람직한가

> 당신이 설정한 목표는 집단의 문화가 당신에게 주입한 목표일 수도 있다. '부자 되세요! 근사한 집을 가지세요! 멋진 인생을 즐기세요!' 그런 목표를 달성하려고 애쓰는 것은 아무 문제가 없을 수도 있지만, 진정한 행복을 안겨줄 가능성이 더 큰 목표를 가려버린다. 어떤 목표가 당신을 궁극적으로 행복하게 해 줄 것인지 판단하고, 그 일을 우선순위로 두어야 한다.
>
> — 소냐 류보머스키Sonja Lyubomirsky, 『하우 투 비 해피』

지금까지 합리성과 자기인식을 발달시키는 방법을 살펴봤다. 이번 장에서는 이 두 가지 자질을 결합하여 지혜를 형성하는 방법을 다룰 것이다. 지혜는 인지적 자기지배력의 정점이며, 자기지배 3요소 중 첫 번째 기둥이다. 지혜는 일반적으로 원숙함이라는 의미를 내포하지만 노화를 위로하는 일종의 훈장은 아니다. 지혜를 얻으려는 노력을 일찍 시작할수록 삶의 만족도를 높이는 능력이 향상된다.

'지혜'는 영적인 계시, 현실에 대한 본질적 이해 그리고 심지어 수수께끼 같은 형태로 말하는 성향 등 많은 것을 의미하는 용어로 쓰여왔다. 하지만 이 책에서는 다음과 같이 매우 구체적인 뜻으로 사용한다. 『옥스퍼드 영어 사전』에서는 이렇게 나온다.

> 지혜: 삶 및 행동과 관련된 문제를 올바르게 판단하는 능력. 수단과 목적을 선택할 때 판단의 건전성.

지혜는 무엇이 자신에게 바람직한지를 파악할 줄 아는 실용적인 안목이며, 전략적인 자기 이익이다. 또한 가장 합리적이고 통찰력 있는 신념을 습득하고, 그것을 바탕으로 목표를 형성하는 것이기도 하다. 우리 문화는 목표를 최대한 효과적으로 설정하고 추구하는 걸 강조한다는 점에서 매우 목표 지향적이다. 하지만 '올바른' 목표를 설정했는지 돌아보는 것에는 별로 관심이 없다.

우리는 세상에 대한 믿음을 습득하듯이 어떤 목표가 노력할 가치가 있다는 믿음을 사회의 문화에서 자연스럽게 습득하게 된다. 모든 문화는 저마다의 성공 스토리를 가지고 있다.[1] 이 스토리는 사람들이 뭔가를 성취한 후에 그것을 '성공적'이라고 여기게 되는 자의적인 만족감을 부여한다. 아마 당신도 자신이 속한 문화의 성공 스토리를 수천 번 들어왔을 것이다.

당신이 태어나면 이름이 주어지고, 집에서 키우는 황소와 염소에게도 별명이 주어진다. 당신은 강인한 전사처럼 보이기 위해 두개골을 길쭉하게 하는 머리 마사지를 받는다. 사회의 문화는 당신에게 어릴 때부터 염소 떼를 키우라고 가르친다. 당신은 밭을 가는 방법과 벌꿀을 채취하는 방법을 배우고, 다른 집단의 가축을 훔치는 방법을 배운다.

당신이 남자라면, 머리를 부분적으로 삭발하고, 모래로 문질러 죄를 씻어내고 쇠똥을 발라야 한다. 벌거벗은 채 황소 등짝에 올라타 쇠똥이 흥건한 열다섯 마리의 황소 등짝을 차례로 뛰어넘어야 한다. 당신은 이것을 네 번 해내야 하며, 실수로 미끄러져 떨어지면 실패자가 되고 가족들에게 수치스러운 일이 될 것이다. 성공하면 당신은 한 번도 만난 적이 없는 여자와 결혼할 수 있게 된다. 하지만 그녀의 가족에게 신붓값으로 염소 30마리와 암소 20마리를 지불할 능력이 있어야 한다. 아내를 더 많이 얻을수록 사회·문화는 당신을 더 크게 '성공한 남자'로 칭송한다.

당신이 여자라면, 이런 시험을 통과한 남자를 만나서 아무런 고통도 내보이지 않고 더 잔인하게 채찍질해달라고 애원할 수 있어야 한다. 사회와 문화는 선택 없이 배정된, 나이가 당신보다 두 배나 많은 남자와 결혼하라고 명령한다. 만약 가족들이 남편감을 찾지 못한다면 당신은 친구들이 성공을 상징하는 남근 모양의 목걸이를 선물 받는 모습을 지켜봐야만 하고, 당신의 머리에는 타원형의 금속판이 씌워진다. 만약 당신이 혼외 임신을 하게 되면, 그 아기는 저주받은 씨앗으로 간주될 것이고 주변 사람들은 아기를 지우라고 강요할 것이다. 결혼을 하면 두세 명의 자녀를 낳을 때까지 남편은 아무런 이유 없이 일상적으로 당신을 때릴 것이다. 상처를 많이 받을수록 부족들은 당신을 더 '성공한 여자'라고 생각한다.

당신이 기대했던 이야기가 아니라고? 그건 당신이 에티오피아 남서부 하마르 부족의 일원이 아니기 때문이다. 이것은 하마르 공동체의 매우 표준적인 관행이며, 전 세계 문화에서 발견할 수 있는 가장 이상하고 유별난 전통이 아니다.[2] 정말로 아이러니한 것은 하마르 부족 사람들이 우리 문화의 성공에 대한 통념을 바라볼 때 우리가 그들의 문화를 바라보는 것만큼이나 괴상하고 제멋대로라고 생각할 가능성이 크다는 점이다.

서양 사회의 특이한 점은 문화와 별 관련이 없는 모든 산업이 문화의 일부를 차지하기 위해 싸우고 있다는 점이다. 우리의 문화가 우리 유전자 위에 구성되어 행복에 대한 새로운 유혹을 만드는 것처럼, 우리의 경제 시스템은 문화 위에 구성되어 더 많은 환상을 제시한다. 기업들은 삶의 화려한 겉모습을 활용한다. 이 겉모습은 문화와 산업에서 매우 바람직한 것으로 묘사되지만 반드시 좋은 선택은 아니다. 그리고 이런 환상들을 상품화하는 기업들은 '성공'하는 것이 무엇을 의미하는지 우리에게 보여주기 위해 대중문화를 형성할 방법을 찾아낸다.[3]

여기서 나의 목표는 결혼을 하거나 멋진 차를 사거나 계층의 사다리를 오르는 것이 나쁜 결정이라고 비난하는 것도 아니고, 자본주의나 소비주의 또는 대중문화를 향해 상투적인 비판을 하는 것도 아니다. 만약 내가 그렇다고 주장해도 당신은 귀 기울이지 않을 것이다.

나는 대학에 가기로 한 나의 결정을 후회하지 않는다. 나는 돈을 벌기 위해 일을 하고 휴가에 돈을 쓰고 연애를 하고 있지만, 내가 우리 문화의 성공 스토리에 부합하는 여러 가지 선택을 했다는 사실을 후회하지 않는다. 내가 사회적 관행에 맹목적으로 순응하여 이런 선택을 한 게 아니기 때문이다. 순응주의에 무조건 반대하는 것이 명예로운 훈장은 아니다. 궁극적으로 중요한 것은 당신의 열망에 기초가 되는 토대다.

원초적 목표 계층의 한계

> 우리는 어떻게 살아가야 하는지를 알고 태어나는 것이 아니라 삶이 습득해야 하는 기술이라는 것을 깨달을 때 비로소 현명해지려고 노력하기 시작한다.
>
> — 알랭 드 보통Alain de Botton, 『왜 나는 너를 사랑하는가』

여기 목표가 있다. 편의상 삼각형이라고 해보자.

목표

목표는 그 자체로는 꽤 간단하다. 그러나 목표는 다음과 같이 서로 연결되는 경향이 있다.

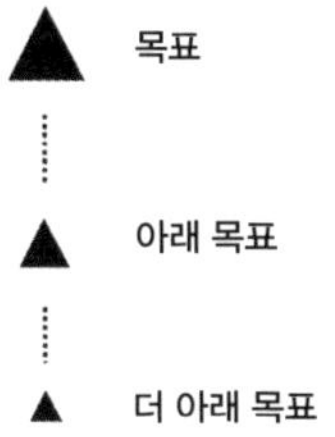

우리의 목표 중 어떤 것은 최종적인 목표이고 그 외의 것들은 최종 목표에 도달하기 위한 수단이 된다. 목표 계층은 상층에 추상적 목표, 중간층에 전략적 목표, 하층에 개별 행동이 배치되는 동기의 구조다. 예를 들면 '돈에 대해 책임감을 느끼도록 아이들을 키우기'는 추상적 목표, '비과세 개인연금에 대해 아이들에게 가르치기'는 전략적 목표, '비과세 개인연금이 무엇인지 이해하기'는 개별 행동이라고 할 수 있다.[4]

물론 현실에선 이런 목표 간 상호작용이 우리가 생각하는 것보다 훨씬 더 복잡한 계층 구조를 구성할 수도 있다. 하지만 기본적인 개념은 모두 같다.

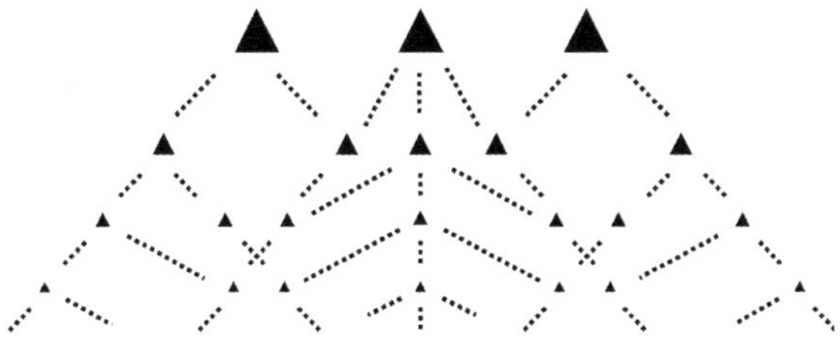

"내가 왜 이걸 해야 할까?"라고 자신에게 질문을 던짐으로써 자신의 목표 계층을 효과적으로 점검할 수 있다.[5] 그때 스스로 수긍할 만한 답이 없다면 당신의 목표 계층은 수정이 필요하다.

대부분 동물의 목표 구조는 전혀 계층적이지 않다. 동물의 모든 행동은 즉각적인 충동의 결과다.[6]

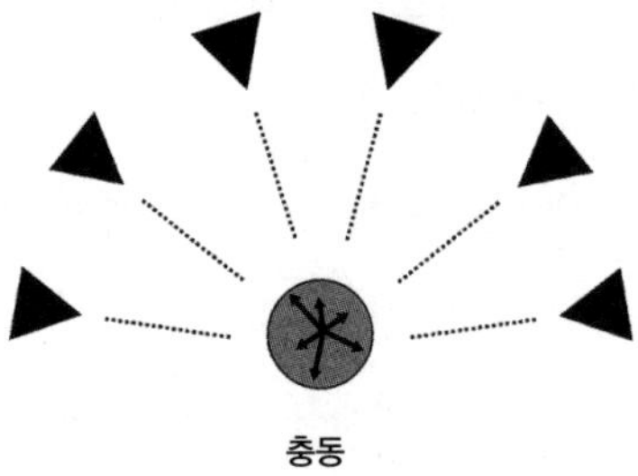

한편 인간은 욕망의 충족을 전략적으로 조정하는 놀라운 능력을 가졌기 때문에 원초적인 목표 계층이 훨씬 더 복잡하다.

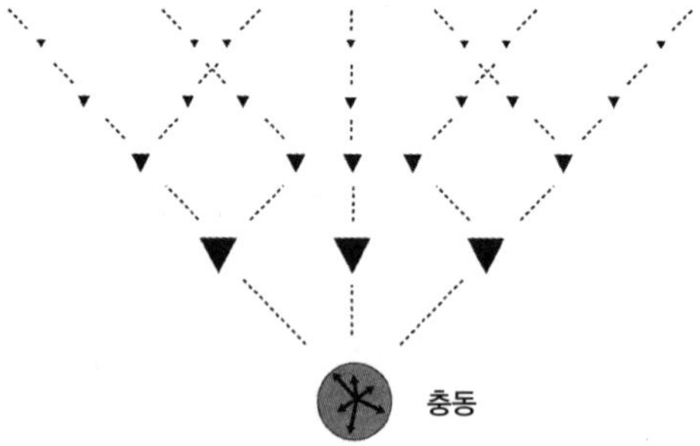

기본적 충동은 어떤 목표를 추구할지를 결정하고, 이성은 그 목표를 달성할 효과적인 방법을 결정한다. 원초적 목표는 충동에 따라 상향식으로 자동 설정되는데, 인간의 원초적 목표는 유전적인 목적에 부합하도록 설정돼 있다. 죽지 않기 위해 먹는 것에서부터 사회적 지위를 높이기 위해 남들에게 호의를 베푸는 것에 이르기까지 모든 것이 유전적 목표에 포함된다. 원초적 목표 계층은 특별히 일관성 있는 삶을 만들어내진 않으며, 생물학적 본능과 우리 사회·문화의 대중적인 의견으로 조절되는 욕망의 조각보다.[7] 작가 테드 추Ted Chu가 이와 관련된 이야기를 들려준다.

> 한 기자가 외딴 마을에 가서 삶의 의미를 주제로 젊은 목동과 인터뷰했다.
>
> 기자가 물었다. "왜 양 떼를 키우십니까?"
>
> 목동이 대답했다. "부자가 되고 싶어서요."
>
> 기자가 또 물었다. "왜 부자가 되고 싶으세요?"
>
> "그래야 결혼할 수 있으니까요."
>
> "왜 결혼하고 싶으세요?"
>
> "그래야 아들을 낳을 수 있잖아요."
>
> "왜 아들이 필요하신가요?"

목동은 한참 동안 생각하다가 대답했다. "그래야 양 떼를 계속 키울 수 있잖아요."[8]

일관성 없는 목표를 세우는 걸 좋아하는 사람은 없다. 중요하지 않은 것들을 위해 인생을 허비하는 걸 좋아하지 않기 때문이다. 대신 합리적이고 일관된 방식으로 서로 연결되는 목표를 세우는 걸 선호한다. 다행스럽게도 목표의 구성은 호흡과 비슷하다. 기본적으로는 자동으로 이루어지지만 사려 깊고 일관성 있게 진행할 수도 있다.[9] 그렇다면 바람직한 목표는 어떤 방식으로 설정할 수 있을까?

이성과 정념의 관계에 대한 논쟁은 오래전부터 있었다. 정념은 일반적으로 감정과 욕망을 포괄하는 용어다. 플라톤은 이성이란 마차를 운전하는 마부와 같고, 비이성적인 충동과 감정은 종종 반대 방향으로 달리려는 두 마리의 말과 같다고 주장했다. 부자가 되려는 욕망은 인간을 한쪽으로 끌어당길 수 있고, 사회적 지위에 대한 욕망은 인간을 또 다른 방향으로 끌어당길 수 있으며, 음식과 섹스에 대한 육체적 충동이 또 다른 방향으로 끌어당길 수 있다. 플라톤은 그 욕망을 통제하고 올바른 방향으로 인도하는 것이 바로 이성의 역할이라고 봤다.[10] 실제론 욕망의 유혹에 저항하면서 좀 더 이성적인 판단을 통해 만족을 지연시킬 수 있는 사람들이 삶에서 더 성공적이고 행복하다는 사실을 보면, 플라톤의 주장이 옳은 것 같기도 하다.[11]

이성

정념

하지만 그런 주장에 동의하지 않는 사람들도 있다. 데이비드 흄David Hume은 이성은 행동의 동기가 될 수 없으며, 모든 행동은 궁극적으로 감정에 따라 동기가 부여된다고 반박했다. 흄은 "이성은 정념의 노예이고 그래야만 한다."라는 유명한 말을 남겼다.[12] 이 말이 의미하는 바는 이성이 원하는 목적을 위한 최선의 수단을 결정하는 데 사용될 수는 있지만 그 자체로 목적을 창출하거나 사람이 행동하도록 동기를 부여할 수는 없다는 것이다. 니체와 같은 후대 철학자들은 이 논쟁에서 흄의 입장을 지지했다.

엘리엇이라는 이름의 환자는 복내측 전전두엽 피질ventromedial prefrontal cortex이 손상된 일로 유명해졌다. 이런 신경학적 장애를 겪는 사람들을 대상으로 한 연구에서는 감정과 욕망으로 동기가 부여되지 않는 삶을 조명했다. 이 사람들은 자신의 감정을 판단에 반영하지 못했고, 저녁을 먹기 위해 어느 식당에 가야 할지 같은 간단한 문제에서도 전혀 결정을 내리지 못했다.[13] 신경과학자 안토니오 다마시오Antonio Damasio는 "이성의 체계가 제대로 작동하기 위해서는 …… 올바르게 조절되고 표현되는 감정이 필요하다."라고 결론지었다.[14] 이런 연구 결과는 흄의 주장에 힘을 실어준다.

정념

이성

그렇다면 과연 어느 쪽일까? 우리는 머리(이성)를 따라야 할까, 아니면 심장(감정)을 따라야 할까?

도파민에서 해방되라

> 수많은 세대를 거치면서 인류의 생물학적 시스템은 자기의 행복이 아니라 생존과 번식의 기회를 증가시키도록 적응했다. 생화학 시스템은 생존과 번식에 도움이 되는 행동에 짜릿한 쾌감으로 보상한다. 하지만 이것은 손님을 끌어모으려는 기만적인 유인 전술일 뿐이다.
>
> — 유발 하라리, 『호모 데우스』

남미를 여행하던 중 스페인 음악에 '퀴에로quiero'라는 단어가 너무나 자주 등장하는 것에 깜짝 놀란 적이 있다. '퀴에로'는 영어로 '아이 원트I want'를 의미한다. 나는 '아이 원트'라는 표현이 미국 음악에도 그에 못지않게 많이 나온다고 생각한다. TV, 영화, 음악 등 대중매체 콘텐츠 대부분은 우리가 원하는 걸 가져야 한다고 부추긴다. 우리의 욕망은 유익한 것이며 제대로 충족되지 않는다면 뭔가 잘못된 것이라고 말한다. 진정한 성취를 위한 결정적 기회는 순간의 즐거움, 로맨틱한 열정, 물질적 소유, 권력, 명성에 있다고 강조한다. 하지만 모든 것이 정의롭고 모든 등장인물이 멋진 영화를 만들기란 거의 불가능하지 않은가.

인간의 소프트웨어는 특정한 유전적 목적을 위해 프로그래밍됐다. 인간이 자신의 욕망을 크게 의심하지 않고 따르는 것은 이런 목적을 이루는 데 매우 중요했다.[15] 욕망은 우리의 목표를 자동으로 설정해주는 편리한 기능을 하며, 편향된 인지 알고리즘은 목표를 성취하면 행복해지리라고 확신시킨다. 그러나 삶에 대한 이런 접근 방식에는 커다란 문제점이 있다. 욕망은 행복을 지향하지 않기 때문에 욕망을 만족시키는 것은 욕망을 부정하는 것만큼이나 행복으로 이어질 가능성이 작다. 욕망이 바람직한 행위의 지표가 아니라는 것이 이상하게 느껴질 수도 있지만, 그것이 사실임을 곧 알게 될 것이다.

당신은 복권 당첨자와 하반신 마비 환자가 같은 수준의 만족감을 느끼는 걸 이해할 수 없을 것이다. 복권에 당첨되는 건 누구나 원하지만 하반신이 마비되는 걸 원할 사람은 없으니 말이다. 욕망은 진정한 만족의 안내자로 위장하는 데 매우 능숙하며, 우리는 이런 별개의 현상들을 서로 연결하도록 프로그래밍돼 있다. 인간은 실질적인 만족감이 욕망의 대상과 얼마나 불일치하는지를 알아채지 못하게 돼 있다.

도파민은 욕망 및 쾌감과 밀접한 관련이 있는 신경전달물질로 널리 알려져 있다. 도파민은 뇌의 보상 시스템에서 주요 성분이기 때문에 도파민을 보상이라고 생각하는 건 이해할 수 있다. 하지만 일반적으로 통용되는 쾌감 화학물질이라는 명칭은 틀렸다. 도파민은 욕망과 기대 심리를 이끄는 주요 화학물질이지만 쾌감 화학물질은 아니다. '약속' 화학물질이라고 하는 것이 더 적합해 보인다.[16]

도파민은 쾌감에 대한 기대를 촉발하여 어떤 행동을 하게 한다. '쾌감'이라고 일컫는 감정은 주로 체내의 마약 성분과 엔도르핀으로 자극된다. 도파민은 우리가 카지노에서 한 번 더 기회를 노리거나 행운을 시험해보고 싶은 갈망과 충동이라고 할 수 있는데, 도파민은 약속을 이행할 의무가 없으며 실제로 매우 자주 약속을 어긴다.

보통의 생쥐는 설탕물을 마시려고 애를 쓰지만 도파민을 생성할 수 없도록 변형된 생쥐는 이 달콤한 음료에 대한 갈망이나 적극적인 관심을 드러내지 않는다. 흥미로운 점은 변형된 생쥐도 설탕물을 마실 때 보통 생쥐와 똑같이 즐거움과 쾌감을 경험하지만 설탕물을 빼앗더라도 저항하지 않는다는 것이다.[17] 뇌심부 자극 임플란트deep brain stimulation implant는 버튼을 누르면 도파민을 분출해주는 장치다. 이 장치를 부착한 사람들은 하루에 여러 번 버튼을 누르지만 그 느낌이 즐거움보다는 통제할 수 없는 충동에 더 가깝다고 이야기한다.[18] 이런 결과는 우리가 원하는 것과 즐기는 것은 완전히 별개의 현상이라는 결론에 이르게 한다.[19]

욕망은 쾌감으로 프로그래밍될 수 있으며, 개를 훈련시키는 것과 마찬가지로 욕망을 강화하는 것은 즉각적인 쾌감이다.[20] 사람들은 돈을 잃었다고 투덜거리면서 카지노를 떠나게 되리라는 걸 알면서도 슬롯머신을 당길 때마다 느껴지는 짜릿하고 즉각적인 쾌감이 도박을 더 하고 싶다는 욕망을 불러일으킨다. 이런 예시들은 단기적이든 장기적이든 욕망이 행복에 대한 미끼라는 사실을 보여준다.

기원전 6세기경, 싯다르타 가우타마Siddhārtha Gautama라는 남자가 풍요로운 삶을 버리고 깨달음을 얻기 위해 고행에 나섰다. 인간의 한계를 초월하는 마음의 경지에 도달한 그는 붓다(깨달음을 이룬 자)라고 알려졌으며 해방의 길을 가르치고 전파하기 시작했다.[21] 그는 평범한 인간의 삶은 본질적으로 불만족스러우며 두카dukkha(번뇌)라는 것으로 특징지어진다고 가르쳤다. 두카는 삶에서 '나쁜 것들', 즉 죽음, 질병, 이별 등 어떤 시점에 모든 사람이 직면하게 되는 피할 수 없는 고통을 의미한다. 원하는 것

을 잃거나 얻지 못하는 것은 우리에게 너무나 큰 아픔을 안겨준다.[22]

또한 그는 삶에서 '좋은 것들'은 영원하지 않다는 진리를 가르쳤다. 인간을 행복하게 하는 모든 것은 영원하지 않다. 기쁨을 주는 뭔가를 얻자마자 인간은 그것에 의존하게 된다. 그리고 필연적으로 상황이 바뀔 때, 상실과 함께 밀려오는 고통에 취약해진다. 갖지 못한 것을 갖기 위해 또는 가진 것을 잃지 않기 위해 인간은 현실 세계에서 결코 성취할 수 없는 능력과 영원성을 움켜쥐려고 집착한다.[23]

붓다는 불만족이 욕망의 구조 속에 존재한다고 강조했다. 욕망을 충족했을 때 경험하는 기쁨과 나중에 밀려오는 고통은 불가분의 관계에 있다. 인간이 갈망하는 많은 것이 영원하지 않을 뿐만 아니라 심지어 영원한 성취마저도 영원한 만족으로 이어지지 않는다.[24]

인간은 자신의 성취와 소유에 빠르게 불만을 느낌으로써 훨씬 더 많은 것을 얻을 방법을 찾기 시작하는 매우 영리한 사고방식(쾌락적 적응hedonic adaptation)을 지니고 있다.[25] 어느 시점이 되면 가장 운이 좋은 사람도 기대에 비해 내려갈 곳만 남아 있는 상태에 이르게 된다. 로버트 라이트Robert Wright는 『불교는 왜 진실인가』에서 불교의 기본 원리를 다음과 같이 요약했다.

> 인간은 실제로 할 수 있는 것보다 더 큰 목표를 추구함으로써 만족감을 지속시키는 방식으로 더 많은 것을 기대하는 성향이 있다. 환상을 영원히 갈망하는 인간의 이런 심리는 자연선택의 산물로서는 합리적이지만, 삶의 지속적인 행복에 대한 정답은 아니다.

따라서 원하는 결과를 얻지 못하거나 가진 것을 잃으면 매우 현실적인 고통이 밀려오게 된다. 그리고 원하는 결과를 얻는 데 성공하면 짧은 기쁨이 밀려오지만, 이 기쁨은 그것을 잃을 때 빠르게 고통으로 바뀐다. 그리고 반영구적인 성공을 이뤘을 때도 그 성공에 빠르게 적응하고, 새로운 기대에 부응하지 못하면 더 큰 고통이 밀려온다. 그러나 두카의 본질은 기존에 해석됐던 것처럼 삶이 고통의 연속이라는 깨달음이 아니다. 오히려 인간은 원하는 목표를 달성함으로써 진정한 만족을 얻을 수 있는 존재가 아니며, 이 사실을 눈치채지 못하게 돼 있는 존재라는 깨달음이다.

대부분 사람은 삶 자체가 고통이라고는 생각하지 않는다. 많은 이들이 삶에 비교적 만족감을 느낀다. 그래서 대니얼 길버트의 책 제목이 『행복에 걸려 비틀거리다』가 된 것이다. 행복은 욕망의 만족과는 별개로 움직이기 때문에 우리는 우연히 행복에 걸려 비틀거리게 된다. 인간은 단순히 틀린 예측을 하는 존재가 아니며, 심리적 행복이 작용하는 방식에 대한 잘못된 이론과 잘못된 구조 속에서 살아간다.

진정한 성취감을 얻으려면 무엇이 진정으로 만족을 안겨줄지를 알려주는 유효한 지표로서 자신의 욕구를 신뢰하지 않는 법을 배워야 한다. 만약 욕망을 무시하는 방법을 배울 수 있다면, 더 나아가 그것을 활용하여 만족의 진정한 의미를 이해할 수 있다면, 우리의 행복은 우연의 손에서 벗어나 극대화될 수 있을 것이다.

명확한 목표 설정하기

명확한 목표를 향해 삶을 가다듬지 않은 사람은 개별적인 행동을 적절하게 준비할 수 없다. 전체에 대한 생각이 머릿속에 없다면 조각들을 조립하기란 불가능하다. …… 궁수는 먼저 자신이 목표로 하는 과녁이 무엇인지 알아야 한다. 그다음에 손, 활, 활줄, 화살을 준비하고 그 과녁을 명중하기 위해 훈련해야 한다. 우리의 계획이 길을 잃고 헤매게 되는 이유는 지향하는 목표가 없기 때문이다. 미리 정해둔 항로가 없는 선장에게는 어떤 순풍도 쓸모가 없다.

— 미셸 드 몽테뉴, 『완전한 에세이The Complete Essays』

두 번째 유형의 목표 구조는 명확한 목표 계층이라고 불린다. 이는 성찰하는 마음이 목표를 결정하는 하향식 구조로 의식적으로 통합된 목적을 단호하고 일관되게 추구하게끔 발전한다.

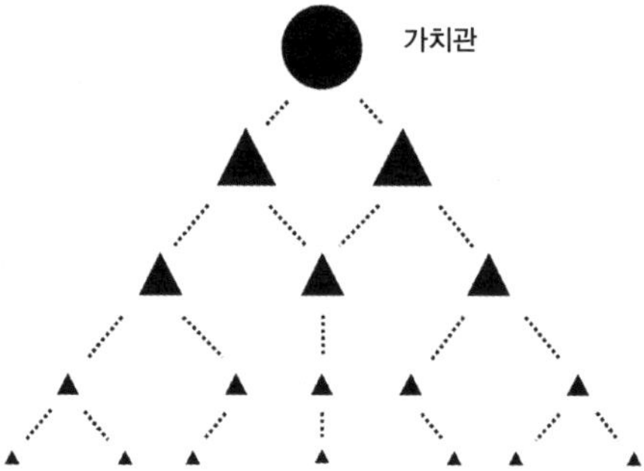

맨 위에 있는 동그라미는 가치관의 우세를 나타내며, 그런 이상이 다른 모든 목표를 결정하는 요인이 된다. 하지만 실제 당신의 목표 계층은 한 유형의 목표 구조로 표현되지 않고, 아마 다음과 같을 것이다.

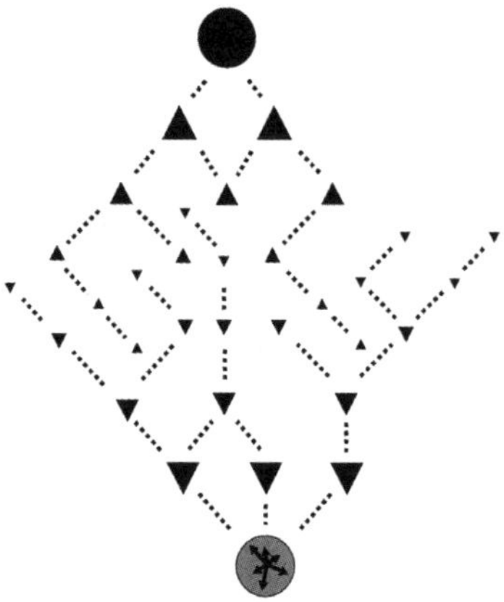

목표가 혼란스럽게 뒤섞인 모습이다. 어떤 목표는 진지하게 설정돼 있고 어떤 목표는 충동적으로 설정돼 있다. 이럴 땐 "내가 왜 이걸 하려는 걸까?"라고 자문함으로써 더 바람직한 목표 계층 구조를 만들기 위해 한 걸음 내디딜 수 있다. 또한 그동안 명확한 기준도 근거도 없이 뭔가를 목표로 삼았다거나 내면의 충동 또는 동료나 부모가 가치 있다고 하는 목표를 맹목적으로 추구해왔다면, 이번 기회에 잘못된 점을 깨닫고 고치면 된다.

플라톤-흄 논쟁의 문제점은 정념을 너무 단순화한다는 점이다. 충동, 즉 우리가 행동하도록 이끄는 '뜨거운' 동기부여의 힘과 가치 직관, 즉 자신에게 실제로 중요한 게 무엇인지 말해주는 직관적 이상은 둘 다 '정념'이라고 할 수 있지만 두 감각질qualia을 분리하는 것은 유용하고 또 중요하다.

가치 직관과 욕망은 쉽게 혼동된다. 둘 다 정서적인 선호도로 표현할 수 있지만 유의미한 차이가 있다. 당신은 자신의 가치관을 투영할 때 갈망, 즉 대상을 향해 당신을 끌어당기는 동기부여의 힘을 느끼지 않는다. 가치관은 항상 자기 내면에 있지만, 욕망과 달리 당신이 원한다면 무시할 수 있다. 욕망은 무시할 수 없는 외침이지만 가치관은 종종 감지하기 어려운 속삭임이다.[26]

이상적인 마음에서 욕망은 의지에 따라 조절되어 가치를 실현하는 데 기여할 수 있다(5장 참조). 따라서 가치는 쉽게 발견하기 어렵더라도 반드시 찾아내야 하는 것, 지향하려고 노력해야 하는 것, 구체적으로 실현되어야 하는 것이다.

이 지점에서 이성을 다시 도입함으로써 철학자들이 주장하는 두 가지 관점을 조화시킬 수 있다. 우리의 가치관은 가장 위에 있다. 이성은 중간에 있으며, 그 가치관에 가장 효과적으로 기여할 수 있는 목표를 결정하는 데 사용된다. 그리고 가장 아래에 있는 충동은 우리를 그곳으로 데려가는 데 사용된다.

가치관

이성

충동

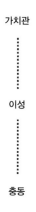

욕망은 자동차의 연료와 같다. 우리를 움직이게 하지만 항상 이성에 종속되어야 한다. 이성은 종종 목적 없이 갈등하는 충동의 바다를 전략적이고 일관성 있는 방향으로 항해하게 해주는 핸들이지만, 항상 가치관에 종속되어야 한다. 합리적인 목표를 설정하려면 이성을 사용해야 하지만, 그 목표들은 가치 있는 목적이 되기 위해 가치관으로 인도되어야 한다. 가치관은 나침반이며, 방향을 조정하는 GPS 좌표다. 우리의 이상이 방향을 결정하고, 이성과 욕망이 함께 작용하여 우리를 목표에 도달하게 한다.

이런 관계를 혼동하면 재앙을 맞이할 수 있다. 가치관은 무엇이 중요한지를 결정하는 일에는 뛰어나지만 당신을 목적지로 데려가지는 않을 것이다. 그러면 가치관을 실현하는 일에 매진하지 않고 이상만 꿈꾸면서 인생을 낭비할 수도 있다. 마찬가지로 목표를 결정하거나 달성하도록 동기를 부여하기 위해 순수한 이성을 사용하는 건 주차된 자동차에 앉아서 핸들을 돌리는 것과 같다. 그러면 앞서 얘기한 엘리엇처럼 어떤 일에도 동기부여가 불가능하고 완전히 정체된 상태로 살아갈 것이다.

그런 한편으로, 핸들을 잡지 않고 액셀러레이터를 밟는다면 가로수를 들이받게 될 것이다. 충동을 목표에 도달하는 데 가장 효과적인 전략으로 여기거나 삶의 방향에 대한 나침반으로 사용한다면, 치명적인 실수로 가득 찬 인생을 살아가게 된다.

강한 욕망은 위험할 수 있다.[27] 강력한 엔진을 가진 자동차는 그 힘을 제대로 사용할 수 있는 기술과 통제력이 없다면 사고만 일으킬 뿐이다.

누구나 바람직한 목표와 기준을 설정하기 위해 자신의 감정을 중시하지만, 이성 없이 감정만으로 결정을 내린다면 치명적인 실수를 초래할 수 있다. 이것을 감정 휴리스틱affect heuristic이라고 한다.[28] 어떤 사람들은 머리로 내려야 하는 결정과 마음으로 내려야 하는 결정이 따로 있다고 주장한다. 그러나 이런 이분법은 문제가 있다. 모든 결정은 머리와 마음을 함께 써서 내려야 하지만 각각에는 매우 구체적인 영역이 있다.[29] 에니어그램Enneagram(성격 진단 테스트)이 말해주는 것과는 달리 항상 이성적인 사람이나 항상 감정적인 사람은 없다. 명확하게 생각하고 가치관에 부합하는 방향으로 욕망을 조정하는 일을 더 잘하는 사람과 더 못하는 사람이 있을 뿐이다.

> 명확한 목적에 따라 자기 자신과 자기 일을 통제하는 사람은 소수에 불과하다. 나머지는 그러지 못하며, 강물에 표류하는 물체처럼 떠내려갈 뿐이다.
>
> — 세네카, 『스토아철학자의 편지Letters from a Stoic』

우리의 목표는 가치관과 인지적 합리성에 좌우된다. 우리는 가치관을 성찰하고 자문함으로써 삶에서 최상의 목적을 결정하고, 세상에 대한 가장 정확한 관점을 갖추고 전략을 세우기 위해 이성을 사용하여 최선의 수단을 결정한다. 이 두 가지 능력이 합쳐져서 지혜를 형성한다. 만약 당신에게 이성적인 이해나 자기성찰적인 질문을 왜곡하는 편향이 있다면 당신의 목표도 왜곡될 것이다. 그러므로 막연한 목표를 제거하고 그 자리에 현명한 목표를 세우는 것은 심리건축에서 복잡하지만 중요한 과정이다.

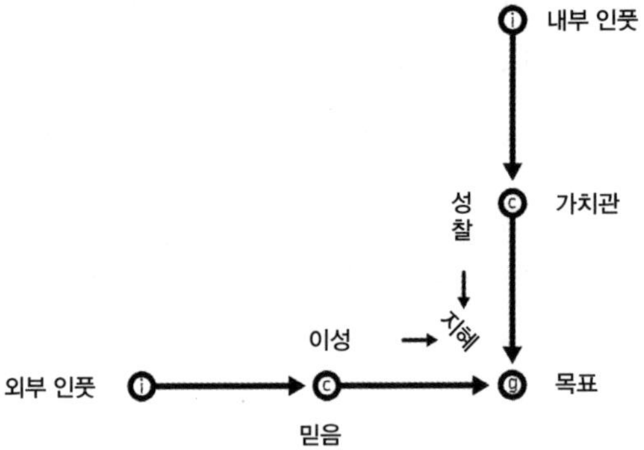

지금까지의 삶을 돌아보면서 당신이 정말로 그런 삶을 선택했는지 자문해봐라. 당신은 진정 본인의 가치관에 부합하는 곳에서 살고 있는가? 소위 부동산 전문가라고 하는 사람들이 좋다

고 말한 곳이라서 살고 있지는 않은가? 성공적인 법조인이 되겠다는 건 당신이 정말로 원하는 것인가? 아니면 당신의 부모가 오랫동안 설득한 결과인가? 자기 자신의 이상적인 목표를 의식하면서 이를 달성하기 위해 결정들을 내렸으며 그 산물이 지금 인생이라면, 당신에겐 전혀 문제 없다. 하지만 주위를 둘러볼 때 자기 삶에서 틀에 박힌 듯한 (예컨대 하마르 부족이 외면적인 '성공' 기준에 맹목적으로 순응했듯이) 답답함이 느껴진다면, 잠시 멈춰서 성찰하고 지혜를 활용할 때일지도 모른다.

> 욕망이나 행동에서 긍정적인 것과 부정적인 것은 그것이 당신에게 즉각적인 만족감을 주느냐 아니냐가 아니라 궁극적으로 어떤 결과를 만드느냐로 구별된다.
>
> – 달라이 라마Dalai Lama, 『달라이 라마의 행복론』

억만장자가 되려면 복권에 투자하는 것보다 교육에 투자하는 것이 더 좋은 방법임을 아는 것이 지혜다. 하지만 훨씬 더 본질적으로 지혜는 억만장자가 되는 것이 애초에 가치 있는 목적인지 질문할 수 있게 해준다. 지혜를 추구하는 핵심적인 이유는 자신의 행복을 쉽게 착각하지 않기 위해서다.

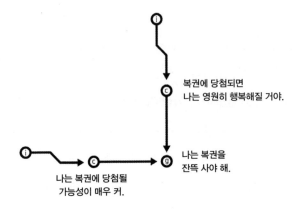

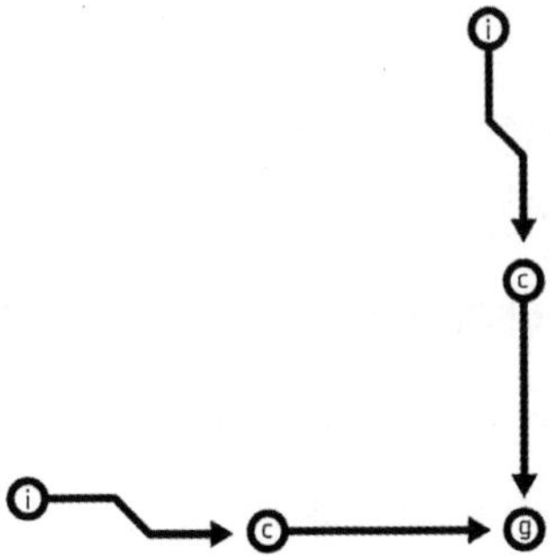
복권에 당첨되면
나는 영원히 행복해질 거야.
나는 복권을
잔뜩 사야 해.
나는 복권에 당첨될
가능성이 매우 커.

지혜는 단편적인 규범의 집합이 아니라 당신의 모든 행동을 일관된 이성의 계층 구조로 만드는 것이다. 대부분 사람은 상황과는 무관하게 옳은 것과 잘못된 것이 있다는 사실을 배웠다. 이는 실제적인 관심사와 별개로 도덕적으로 주의를 기울여야 하는 일이 있음을 의미한다. 아직 적절한 지혜를 갖추지 못한 사람들에게 도덕적 규범은 아이들의 자전거에 부착하는 보조 바퀴와 같은 역할을 하게 된다.[30]

지혜를 길렀다면 거짓말을 자제할 수 있다. 거짓말이 단순히 '잘못된 것'이기 때문이 아니라 거짓말을 하면 언제나 더 많은 문제를 일으키고 관계를 망치고 더 나쁜 결과를 초래한다는 사실을 알기 때문이다.[31] 아마도 당신은 다른 사람들에게 상처를 주지 않으려고 노력할 것이다. 그런 행동이 단순히 '잘못된 것'이기 때문이 아니라 더 나쁜 자기감정을 느끼게 된다는 내면적 성찰을 했기 때문이다.

어떤 행동을 취할 때는 그것이 가져오는 만족감과 그 만족감이 얼마나 오래 지속되는지를 주의 깊게 관찰해야 한다. 인지적 혼란의 느낌이 당신 마음에서 경고의 깃발을 펄럭이는 것처럼, 예상하는 감정적 결과와 실제 결과 사이의 불협화음에 주의를 기울여야 한다. 지속적으로 엄청난 만족감을 안겨줄 거라고 기대하면서 새로 나온 전동 킥보드를 구입했다고 가정해보자. 그러나 며칠 동안만 흥분했을 뿐 킥보드를 사려고 실내 자전거를 헐값에 팔아버린 걸 후회하게 된다면, 반드시 돌아보고 반성해야 한다. 다음에 중요한 물건을 구매하려고 할 때는 이 예상치 못했던 경험을 반드시 상기해야 한다.

복수에 대한 욕망은 공격적인 행동으로 반응하도록 당신을 이끌겠지만, 결국 자신에게 죄책감을 유발할 뿐이다. 열정을 쏟아온 어떤 일이 막상 성취된 후에는 삶에 더는 만족감을 안겨주지 않을 수도 있다. 현명한 사람들이 현명한 이유는 이런 경험을 통해 미래의 목표를 수정하기 때문이다. 잘못된 결정으로 이끄는 알고리즘을 조정하지 않고는 삶을 주도해나갈 수 없다. 같은 실수를 끝도 없이 반복하지 않으려면 행복에 대한 관점을 고쳐나가야 한다.[32]

현명한 사람들은 감정적 예측의 함정을 주의 깊게 관찰하고 배우며, 자신이 행복해지는 길을 깊이 이해한다. 그들은 자기 경험과 다른 사람들의 경험 그리고 반성을 통해 가장 좋은 생각처럼 보이는 것이 환상일 수 있음을 배운다. 또한 자신의 행복을 인식하고 객관적으로 관찰할 뿐만 아니라 미래에 비슷한 상황이 벌어질 때 어떻게 행동할지를 '규범'으로 만든다. 그러면서 반직관적인 실체적 진실을 확인하고, 더는 같은 실수를 반복하지 않기 위해 진실의 목소리에 귀를 기울인다.

인지 알고리즘을 조정하고 개선할수록 인지적 자기지배력의 수준이 높아진다. 이를 통해 사회·문화가 강요하는 혼란스러운 삶에서 자신을 해방하고 이상적인 자아의 관점을 정립하여 본질적으로 가치 있는 삶의 방향을 설정하고 진정한 성취감을 느낄 수 있다.

■ 핵심 정리 ■

* 지혜는 삶 및 행동과 관련된 문제를 올바르게 판단하는 능력이며, 수단과 목적을 건전하게 선택하는 능력이다.

* 욕망은 행복을 지향하지 않기 때문에 욕망을 만족시키는 것은 욕망을 부정하는 것만큼이나 행복으로 이어질 가능성이 작다. 하지만 인간은 이 사실을 알아채지 못하게 돼 있다. 진정한 성취감을 얻으려면 무엇이 진정으로 만족감을 주는지를 알려주는 유효한 지표로서 자신의 욕구를 신뢰하지 않는 법을 배워야 한다.

* 올바르고 명확한 목표를 설정하고 추구하는 핵심적인 이유는 가치관을 사용하여 목적을 결정하고, 이성을 사용하여 그 목적에 도달할 최선의 수단을 결정하고, 그 목적으로 이끄는 욕망을 활용하는 것이다. 현명하고 일관성 있는 삶은 자신의 이상을 지향하여 결정을 내리는 하향식 목표 전략의 산물이다.

* 어떤 행동을 취할 때는 그것이 가져다주는 만족감과 그 만족감이 얼마나 오래 지속되는지를 주의 깊게 관찰해야 하며, 미래에 비슷

한 결정을 내릴 때 이를 상기해야 한다.

* 현명한 사람들은 감정적 예측의 함정을 주의 깊게 관찰하고 배우며, 자신이 행복해지는 길을 깊이 이해한다. 그들은 자기 경험과 다른 사람들의 경험 그리고 반성을 통해 가장 좋은 생각처럼 보이는 것이 환상일 수 있음을 배운다.

DESIGNING THE MIND

5장

감정 알고리즘과 재구성

인간은 감정을 통제할 수 있는가

인간은 사물 때문에 동요되는 것이 아니라 사물을 바라보는 관점 때문에 동요된다.

— 에픽테토스, 『엥케이리디온Enchiridion』

심리건축의 두 번째 영역은 감정이다. 이 장에서는 인지와 감정의 관계를 살펴봄으로써 인지와 감정의 간격을 메운다. 감정적 자기지배력이란 말 그대로 자신의 감정적 경험을 통제하는 능력이다.

어떤 사람들에게는 감정적 자기지배가 판타지 소설처럼 보일 수도 있다. 감정을 통제할 수 없다는 생각은 대중문화에서 꽤 유행하고 있다. 음악은 우리에게 자신이 느끼는 감정을 어찌할 수 없다고 말한다. 대중심리학과 자기계발 이론들은 감정을 통제하려고 하는 것은 그것들에서 도망치는 것과 같다고 강조한다. 인기 있는 자기계발 작가 마크 맨슨Mark Manson은 이렇게 말했다. "감정이 인생의 전부라고 믿는 사람들은 종종 감정을 '통제'할 방법을 찾는다. 하지만 통제는 불가능하다. 반응만 할 수 있을 뿐이다."[1]

이런 주장은 전형적으로 감정이 우리에게 뭔가를 가르쳐주기 위한 것임을 의미한다. 예컨대 아이스크림을 폭식하면서 보내는 자기연민self-compassion의 시간은 삶에서 당신을 매우 특별한 곳으로 안내한다. 분명히 당신이 '느끼게 될' 어떤 감정을 느끼지 않으려고 애쓰는 건 운명에서 도망치는 것과 같고, 당신을 위해 준비돼 있는 모든 귀중한 교훈을 외면하는 것과 같다. 만약 불안, 분노, 절망을 동반하지 않고 삶에서 교훈을 얻으려 한다면 겁쟁이가 분명하다.

이런 주장들은 매우 원숙하고 합리적으로 보인다. 하지만 완전히 틀렸다. 감정을 조절할 수 있다는 것은 분명히 입증된 심리학적 사실이다.[2] 인간은 단순히 자신의 감정을 다루고 표현하고 반응하는 방법만 배우는 게 아니다. 바꾸고 조절하고 통제하는 방법도 배운다. 만약 어린 시절부터 성인이 될 때까지 감정을 조절하는 법을 전혀 배우지 못했다면, 틀림없이 심각한 발달 장애를 겪고 있을 것이다.[3]

물론 이 견해에 반대하는 사람들의 얘기를 인정해줄 만한 몇 가지 사실이 있긴 하다. 먼저 자연스러운 감정이 때로는 목표에 도움을 줄 수 있다는 건 어느 정도 맞는 말이다. 예를 들면 감정의 도움 없이 사회적 관계를 형성하는 건 불가능하다.[4] 그러나 인간의 감정은 현재 우리가 사는 세계가 아니라 과거 조상들이 살던 세계에서 우리의 이익이 아닌 유전자의 이익을 위해 형성됐다. 따라서 현재 우리에게 최선이라는 보장은 없다.[5] 감정은 종종 우리를 최상의 목표에 반대되는 방향으로 이끌고, 나중에 후회할 행동을 하게 하고, 전혀 그럴 필요가 없을 때조차 고통을 강요한다. 이것이 바로 우리가 감정을 통제하는 방법을 배울 수 있다는 이유일 뿐만 아니라 바람직한 삶을 살고 싶다면 반드시 배워야 하는 이유다.

> 감정의 문제점은 그것이 원시 시대 인류의 야만적인 힘이나 흔적이기 때문이 아니라 행복, 지혜, 도덕적 가치를 증진하기보다는 인간의 유전자를 복제하고 전파하는 일에 집중하도록 설계됐기 때문이다.
>
> – 스티븐 핑커, 『마음은 어떻게 작동하는가』

또한 반대론자들은 감정을 강제로 억누르는 것이 바람직하지 않고 종종 역효과를 낸다고 지적한다.[6] 맞는 말이다. 나 역시 당신의 나쁜 감정을 부정하거나 다른 사람들에게 감정을 숨기라고 말하고 싶지 않다. 그러나 이것이 감정이라는 확장적인 기술을 다루는 유일한 방법은 아니다. 동의하지 않는 사람들에게 감정조절 분야의 선도적 연구자 중 한 명인 제임스 그로스James Gross는 그의 책 『감정조절 핸드북Handbook of Emotion Regulation』에서 이렇게 설명한다.

> 감정을 조절하려면 우리가 어떤 감정을 갖게 되는지, 언제 갖게 되는지, 어떻게 그것을 경험하거나 표현하는지를 이해해야 한다.

제임스 그로스에 따르면, 감정을 효과적으로 조절할 수 있는 다섯 가지 방법이 있다. 그중 세 가지는 매우 분명하다. 우리는 자신이 처하게 되는 상황을 선택할 수도 있고(상황 선택), 처한 상황 자체를 바꿀 수도 있고(상황 수정), 자신이 원하는 방식으로 느끼게 하는 대상에게만 관심을 기울이는 선택을 할 수도 있다(관심 전환). 네 번째 방법도 꽤 간단하다. 음악을 듣거나 술을 마시거나 잠을 잠으로써 감정적 반응을 바꾸고자 할 수 있다(반응 조절). 다섯 번째 방법은 인식 변화cognitive change로, 우리가 가장 관심을 둬야 하는 것이다. 다시 말해서 우리는 자기 마음을 변화시킬 수 있다. 단순한 변화가 아니라 완벽히 건강하게 변화시킬 수 있으며, 이 변화는 우리의 감정적 경험을 내면에서 결정할 수 있게 해준다.[7]

인식 변화를 연습하면 좌절 때문에 화를 내는 일이 점차 줄어들 것이다. 나아가 인식 변화를 체득하면 감정적인 경험을 거의 완전하게 자기 손에 넣을 수 있을 것이다. 인식 변화에 관심을 기울이면 당신은 어려운 상황에서 얼마나 침착해질 수 있는지 알게 될 것이다. 하지만 우리가 추구하는 심리건축 습관은 이런 수준을 뛰어넘는다. 당신은 실시간으로 감정을 다시 연결하는 방법을 배울 것이고, 부정적인 감정을 조정하고 빠르게 반전시킬 수 있을 것이다.

물론 감정을 100퍼센트 완벽하게 통제할 수는 없다.[8] 그러나 몇 가지 강력한 심리건축 기술을 체득하면 정말 놀랍고 광범위한 통제력을 개발할 수 있다. 배우는 데 평생이 걸리는 어려운 기술도 아니고 신비롭거나 영적인 비술도 아니다. 자신의 감정을 통제하여 더 오랫동안 자신이 원하는 방식으로 느낄 수 있게 되는 마음의 변화를 만들 수 있다.

인식이 감정을 매개한다

내가 무엇을 두려워하든 또는 무엇이 나를 두려워하든, 그것 자체에 좋고 나쁨은 없으며 내 마음이 그것에 영향을 받을 뿐이다.

— 바뤼흐 스피노자Baruch Spinoza, 『에티카』

감정 알고리즘을 살펴보자. 이때 우리는 '신호등에 막히면 짜증이 난다.'처럼 단순하게 'X면 Y다.'로 표현하고 싶은 유혹을 느낀다.

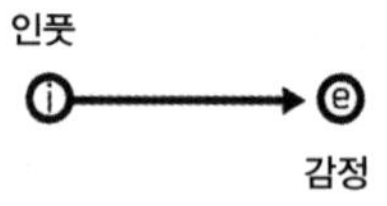

이 표현에서 감정을 다루는 원초적 알고리즘은 매우 타당해

보인다. 외부 환경을 바꾸려고 하는 것 말고 어떻게 자신의 감정 상태를 통제할 수 있을까? 하지만 마음의 내면적 작용과 가장 위대한 심리건축가들의 지혜를 연구하면서 당신은 감정 알고리즘의 실제 구조가 그리 간단하지 않다는 걸 알게 될 것이다.

앞서 언급했듯이 관심은 감정적 반응에 중요한 역할을 한다. 부정적인 감정을 없애는 가장 좋은 방법은 어떤 문제에 대해 생각하는 걸 멈추고 관심을 다른 활동으로 돌리는 것이다. 취미 활동에 몰입하거나 친구와 이야기하는 것은 감정의 소용돌이가 몰아치기 전에 차단하는 빠른 방법이 될 수 있다.[9]

마음챙김의 널리 알려진 장점 중 하나는 바람직하지 않은 감정에서 벗어나게 해준다는 것이다. 마음챙김을 높은 수준으로 함양한 사람은 감정적 경험을 구성하는 느낌들에 집중할 수 있으며, 그 영향의 상당 부분을 제거할 수 있다.[10] 그러나 마음챙김이 원하지 않는 감정에 대한 최선의 해결책은 아니다. 당신이 마음챙김을 통해 감정을 우회할 때도 원래의 감정 알고리즘은 변하지 않고, 비슷한 상황이 계속해서 그 감정을 촉발할 것이다.

이런 알고리즘을 영원히 바꾸는 방법을 이해하려면 더 깊이 들어가야 한다.

길을 가다가 뱀처럼 생긴 막대기를 발견하면 사실을 파악하기도 전에 비명을 지르게 된다. 왜 그럴까? 시각적 자극을 처리하는 시각피질과 공포심 같은 정서적 반응을 활성화하는 편도체를 직접 연결하는 것이 원시 인류의 두뇌에 유리했기 때문이다.[11] 하지만 오늘날 우리를 괴롭히는 대부분의 해로운 감정에서 사건에 대한 우리의 인식은 감정 영역을 주관하는 변연계에 도달하기 전에 이성적인 판단에 관여하는 전두엽 피질을 거친다.[12] 이런 자극에 대해 마음이 형성하는 인지적 해석을 평가appraisal라고 하며, 어떤 상황에 대한 평가가 감정적 반응을 결정한다.[13]

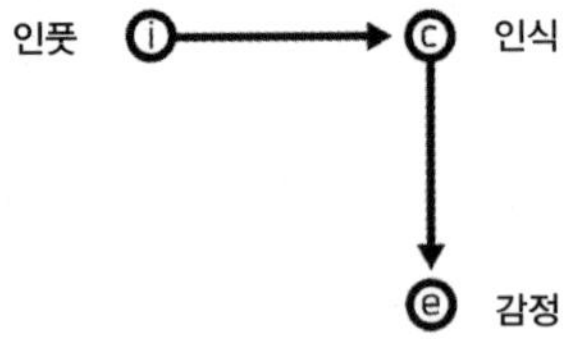

감정 알고리즘은 인지 알고리즘 위에 구성되는 것으로 표현할 수 있다. 감정은 원하는 목표와 그것에 관련된 우리의 현재

상태에 대한 인식의 불일치에서 발생한다. 우리는 원하는 모습에서 멀어지는 현실을 인식할 때 고통을 받고, 현실이 원하는 모습에 가까워질 때 긍정적인 감정을 경험한다.[14] 이 모델을 이해하면 감정을 통제하는 두 가지 중요한 원리를 파악할 수 있다. 바로 '인식을 바꾸는 것'과 '욕망을 바꾸는 것'이다. 이번 장에서는 '인식을 바꾸는 것'에 대해 이야기하고자 한다.

스토아철학은 기원전 3세기에 고대 그리스 철학자인 키프로스의 제논Zeno이 창시했고 이후 로마로 전파되어 에픽테토스, 세네카, 로마 황제 마르쿠스 아우렐리우스 등 후기 철학자들이 더욱 발전시켰다.[15] 스토아철학은 욕망의 충족이 아니라 욕망의 포기를 통해 삶의 만족을 추구하라고 주장했다. 에피쿠로스와 달리 스토아학파는 쾌락을 완전히 거부했고, 감정과 욕망을 일종의 질병이라고 생각했다. 또한 개인이 통제할 수 있는 상황과 통제할 수 없는 상황의 명확한 구별을 매우 강조했다.[16]

> 존재하는 모든 것 중에서 어떤 것에는 우리의 힘이 미치고 어떤 것에는 미치지 않는다. 우리의 힘이란 생각, 충동, 택할 의지와 피할 의지 등 한마디로 우리가 행하는 모든 것이다. 우리의 힘에 속하지 않는 것들은 신체, 재산, 평판, 건물 등 한마디로 우리 자신이 행하지 않는 모든 것이다. 우리의 힘이 미치는 것

들은 본질적으로 자유롭고 방해받지 않으며 짓밟히지 않는다. 그러나 우리의 힘이 미치지 못하는 것들은 약하고 비굴하며 방해를 받고 다른 사람에게 의존한다.

— 에픽테토스, 『엥케이리디온』

이상적인 스토아철학자는 어떤 사건이나 상황에 대해 정성적 판단을 자제하고 완전히 객관적으로 대상을 바라볼 것이다. 행운이나 모욕 그리고 인간관계에 이르기까지 모든 것을 무심하게 바라봐야 한다.[17] 스토아철학은 겉보기에는 가혹하지만 어떤 측면에서는 고통에 대한 강력한 해독제임이 입증됐으며, 현대 정신의학에까지 영향을 미쳤다.[18] 스토아철학은 환경적 자극이 인간의 감정적 경험을 직접적으로 통제하지 못한다고 강조했고, 모든 감정적 반응에는 우리의 생각이 개입돼 있다고 강조했다. 에픽테토스는 같은 책에서 이렇게 말했다.

명심하라. 얻어맞거나 욕설을 듣는 것만으로는 피해를 당했다고 할 수 없다. 당신 자신이 피해를 당했다고 믿어야 한다. 만약 누군가가 당신을 자극하는 데 성공했다면 당신의 마음이 도발에 가담한 것이다.

이 관점은 20세기 후반에 재검토됐고 현대 심리학을 이해하는 핵심 원리가 됐다. 인식이 감정을 매개한다는 생각은 사람들에게서 관찰되는 감정적 반응의 변화를 설명하는 데 중요한 역할을 한다. 이 인지 모델은 지금까지 개발된 것 중 가장 효과적인 치료 방법인 인지행동치료cognitive behavioral therapy, CBT의 토대가 되는 기본 전제다.[19]

에런 벡은 인지치료의 아버지로 알려졌고, 앨버트 엘리스Albert Ellis의 이성적 감정행동치료와 함께 현대 CBT의 발전을 이끌었다. 벡은 정신분석학에서 행동학에 이르기까지 중요한 심리치료 방법을 모두 연구했고, 신경증이 개인의 인식이나 통제 밖에 있는 불가침의 힘을 통해 발생한다는 가설을 제시했다. 이런 힘이 화학적인 것이든 역사적인 것이든, 그 증상을 해결하려면 훈련된 치료사가 필요했다. 벡이 제안한 아이디어는 전혀 새로운 게 아니었지만, 당시에는 심리치료가 일반적이지 않았다.

> 인간의 의식 속에는 감정적 혼란과 흐릿한 생각을 유발하는 요소들이 포함돼 있다고 추측해보자. 그리고 적절한 지시를 통해 의식에서 이런 방해 요소들을 통제할 수 있는 여러 가지 합리적인 기술을 환자가 마음속에 지니고 있다고 가정해보자.
>
> — 에런 벡, 『인지치료와 정서장애』

사람들은 삶에서 일어나는 사건들에 대한 반응으로 어떤 부정적인 감정을 습관적으로 경험할 가능성이 매우 크다. 하지만 성찰을 통해 이런 반복적인 감정들이 항상 생각보다 앞서거나 생각에 동반된다는 사실을 발견할 수 있다. 어떤 사건을 좋게 해석하는 생각은 긍정적인 감정을 낳고, 나쁘게 해석하는 생각은 부정적인 감정을 낳는다. 다시 말해서 (정확하든 그렇지 않든) 인식이 욕망과 충돌하면 불행해지고, 인식과 욕망이 부합하면 행복해진다. 벡은 같은 책에서 이렇게 덧붙였다.

> 어떤 자극을 개인적인 영역에 유익한 것으로 평가하느냐 해로운 것으로 평가하느냐에 따라 인간은 긍정적 반응 또는 부정적 반응을 경험한다.

어쩌면 당신은 자신이 겪은 사건들에 대해 어떤 해석을 할지 선택할 힘을 지녔다는 사실을 잘 모를 것이다. 인지치료에서는 자신의 감정 반응에 대한 인지적 촉매를 '자동으로 떠오르는 부정적인 생각'이라고 일컫는다.[20] 이런 인식은 우리의 경험에서 비롯되는 패턴에 대한 습관적 해석이다. 이 설명을 들으면서 혹시 뭔가가 생각났는가? 앞 장에서 살펴본 여러 가지 편향과 마찬가지로 이런 자동적 생각은 우리의 목표를 방해하는 해로운 알고리즘이다. 이 경우에 우리의 목표는 행복이다.

인식은 현실 세계의 사건으로 촉발될 수 있지만, 그 사건들은 궁극적으로 우리의 믿음과 욕망의 산물이다. 감정 알고리즘은 (현실의 정확한 표현일 수도 있고 아닐 수도 있는) 인지 습관으로 촉발된다. 그리고 벡은 그런 습관들이 전혀 정확하지 않다는 걸 매우 빈번하게 발견했다.

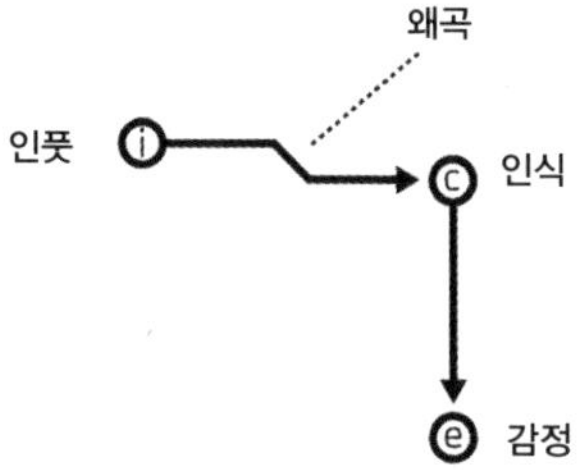

벡은 연구에서 우울증과 불안감에 시달리는 사람들이 예측 가능한 인지 왜곡을 경험한다는 사실을 알게 됐다. 가벼운 신경증 환자들은 미묘하게 오해하기 쉬운 성향이었고, 심각한 신경증 환자들은 엄청나게 왜곡된 세계관을 지니고 있었다. 이런 오류는 심각성과 관계없이 모두 수정할 수 있다.

오늘날 CBT는 여러 가지 형태의 불안감, 우울증, 강박장애, 외상후스트레스장애PTSD 등 대부분의 감정 질환을 치료하는 데 사용된다. 몇몇 질환에서는 최고의 항우울제 약물을 능가하는 치료 방법이며, 지금까지 개발된 것 중 경험적으로 가장 효과적인 치료 방법이다. 더욱 인상적인 것은 CBT의 개념을 설명한 데이비드 번즈David Burns의 책 『필링 굿』을 읽는 것만으로도 우울증 치료에 항우울제 약물을 투입한 것만큼이나 효과가 있다는 연구 결과가 나왔다는 점이다.[21] 한 연구에 따르면 『필링 굿』을 읽고 그 내용 중 일부를 실천한 우울증 환자의 75퍼센트가 더는 우울증을 겪지 않게 됐다.[22]

> 우리의 연구는 예상치 못한 결과를 보여준다. 우울증은 감정의 문제가 전혀 아니라는 것이다! 당신이 느끼는 갑작스러운 변화는 감기에 걸렸을 때 콧물이 흐르는 것과 같은 인과관계가 없다. 당신이 느끼는 모든 나쁜 감정은 당신의 왜곡된 부정적인 생각의 결과다. 논리적이지 못한 비관적 태도는 당신의 모든 증상이 발현되고 지속되는 데 중심적인 역할을 한다. 강렬한 부정적 생각은 우울한 사건이나 문제에 대한 고통스러운 감정을 항상 동반한다.
>
> — 데이비드 번즈, 『필링 굿』

물론 모든 우울증이 이렇게 단순화한 사례에 들어맞는 건 아니지만, 왜곡된 생각이 일반적으로 장애에서 차지하는 중심적인 역할을 지적한 번즈 박사의 말은 일리가 있다. 내가 볼 때 CBT(인지행동치료)의 가장 큰 문제점은 T, 즉 치료에 있다. 사람들은 대체로 자신에게 '치료'가 필요하다고 생각하지 않는다. 그중 일부는 자존심이나 두려움 탓에 실제로 필요한 치료를 받지 않는 이들이지만, 대부분은 자신이 비교적 건강하고 정상적인 상태라고 느끼며 이는 올바른 판단이다.

하지만 앞서 살펴봤듯이, 건강하고 정상적인 사람들도 수많은 편향으로 고통받는다. 이런 편향 중 일부는 감정적인 상황에서 자동으로 떠오르는 부정적인 생각의 형태로 나타나는데, 이는 자신의 감정을 통제할 수 없다는 믿음이 사람들에게 왜 그렇게 널리 퍼져 있는지를 설명해준다. 자신의 감정을 통제할 수 없다고 믿기 때문에 사람들은 감정을 통제하는 방법을 배우려 하지 않는다.

> 치료와 향상을 구분하는 명확한 경계선은 없다. 거의 언제나 의학은 건강이 표준 이하로 나빠진 사람들을 구하는 것으로 시작하지만, 그다음에는 같은 도구와 방법을 사용하여 표준을 뛰어넘을 수 있다.
>
> — 유발 하라리, 『호모 데우스』

당신이 우울증 진단을 받지 않았다면 치료 목적으로 개발된 방법들이 있다고 하더라도 자신과는 무관하다고 생각할 것이다. 하지만 이렇게 물어보겠다. 당신이 원치 않는 감정을 마지막으로 경험한 것은 솔직하게 언제인가? 지난주? 어제? 한 시간 전? 아마도 당신은 경험하고 싶지 않은 감정을 수시로 경험할 것이다. 만약 이런 감정의 뿌리를 확인하고 영원히 플러그를 뽑을 수 있다면 어떻게 될까? 인지치료는 감정을 다스릴 기본적 도구를 갖추지 못한 사람들에게 그 도구를 제공한다. 그리고 이런 방법을 적극적으로 활용하면 '표준을 뛰어넘을' 수 있다.

감정의 연금술

실제로 인간의 인지 장치는 다른 동물들과 공유하는 '각인된' 감정적 성향을 크게 축소하거나 확장하거나 조정할 수 있다.

—야크 팬크세프Jaak Panksepp, 『감성신경과학Affective Neuroscience』

감정적으로 반응한 직후에 우리의 이성적인 마음은 정보가 감정에 피드백되기 전에 그것을 숙고하고 재해석할 기회를 얻는다. 재평가reappraisal 또는 재구성reframing은 감정적 자극의 의미를 재해석하여 결과적인 감정의 궤적을 바꾸는 행위다. 즉 부정적인 감정을 경험할 때마다 우리에게는 재해석이라는 선물이 주어지는데, 재해석은 감정을 조절하는 데 핵심적인 도구다.[23]

실험 보고서와 기능 영상functional imaging 연구에 따르면 재평가는 긍정적인 감정을 안정적으로 증가시키고 부정적인 감정을 감소시키는 것으로 확인됐다.[24] 또한 재평가의 사용은 기억력

향상, 긴밀한 대인관계, 전반적인 정신건강과도 상관관계가 있다. 재평가는 요즈음 자기계발 코너에서 매우 인기 있는 긍정적 사고와는 분명히 다르다. 긍정적인 생각을 한다고 해서 부정적인 생각이 떨쳐지지는 않을 것이고, 폭력적인 힘이 억제되지도 않을 것이다. 폭력적인 힘을 억제하는 것은 오히려 고통스러운 감정과 우울증을 증가시키는 것으로 나타났다.[25]

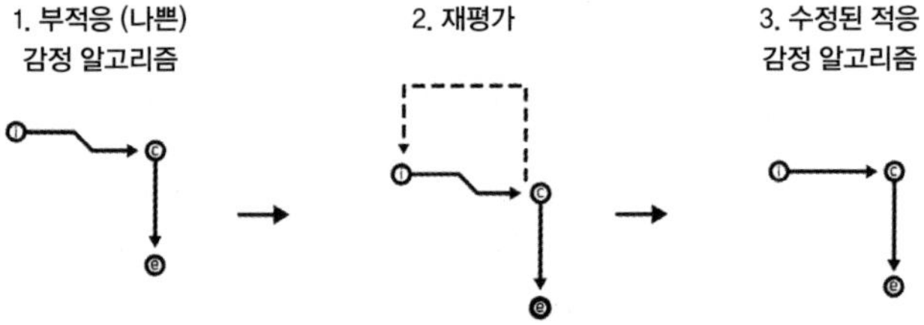

재평가는 기존의 추론 경로를 새롭고 더 정확한 것으로 대체하는 능동적인 과정이다. 감정적 고통에 대한 해독제 정도로 여겨지는 경우가 많지만, 재평가 기술은 전문가 수준으로 발전할 수 있다. 나는 이 기술을 연습할수록 상황에 대한 적응적 해석을 점점 더 빨리 찾게 된다는 사실을 확인했다.

실제로 상황을 매우 빠르게 재평가하여 부정적인 감정을 완전히 차단할 수 있다.[26] 예를 들어 당신은 잠시 분노를 멈추고 교통 체증을 일으킨 사람이 사실은 당신을 짜증 나게 하려는 게 아니라 그저 최선을 다하고 있을 뿐이라는 걸 자신에게 상기시킨다. 직업을 잃는다고 해서 완전히 실패하는 건 아니며 오히려 더 나은 결과를 가져올 수도 있음을 자신에게 상기시킨다. 또한 질투나[27] 자책[28] 같은 감정적 범주 전체를 점진적으로 제거할 수 있고, 그런 감정들이 당신을 괴롭히지 않도록 차단할 수 있다.

재평가는 원하지 않는 감정을 다스릴 때 언제든지 사용할 수 있는 신속한 전략이다. 하지만 정말로 더욱 바람직한 마음을 구성하려면 감정 영역에서 심리건축의 핵심으로 더 깊이 들어가야 한다. 아마도 당신은 단순히 자신의 해로운 감정적 반응을 인식하거나 그 감정을 일시적으로 가라앉히거나 변화시키길 원하는 게 아닐 것이다. 자신이 원하지 않는 감정들을 근본적으로 제거하기를 원할 것이다. 그러려면 그런 감정들을 발생시키는 인지 알고리즘을 새롭게 프로그래밍해야 한다.

인지 재구성의 기술

정말로 행복한 사람들은 행복을 지속하는 방향으로 삶과 일상의 사건 및 상황을 해석하는 반면, 불행한 사람들은 불행을 강조하는 방향으로 경험을 해석한다.

— 소냐 류보미르스키Sonja Lyubomirsky[29]

어떤 사건이 발생하자마자 자동으로 적응적 해석을 선택할 수 있다면 얼마나 좋을까? 나쁜 감정 알고리즘을 다시 프로그래밍하려면, 그 감정의 뿌리에 있는 믿음을 살펴보고 왜곡을 식별하고 내면화될 때까지 합리적인 반론을 제기해야 한다. 나쁜 감정 알고리즘을 제거하여 적응형 알고리즘으로 대체하는 방법을 인지 재구성cognitive restructuring이라고 한다.

재구성된 감정 알고리즘

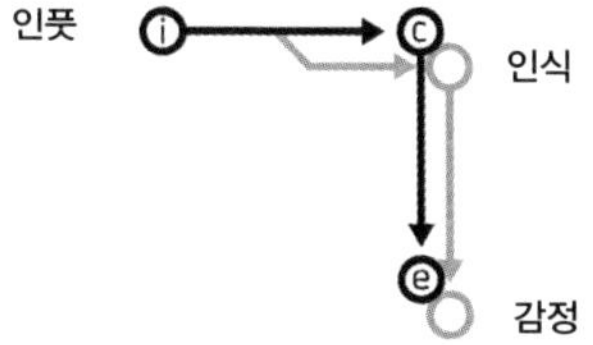

인지 재구성은 심리건축의 토대가 되는 도구이며, 심리학 연구에 따르면 부정적인 감정반응을 제거하는 데 매우 효과적인 것으로 나타났다.[30] 첫 번째 단계는 수첩이나 스마트폰 앱으로 메모를 작성하는 것이다.[31] 사소한 짜증에서 심각한 불안에 이르기까지 당신이 느끼는 바람직하지 않은 모든 감정을 기록해 두자. 상황을 메모하는 일은 단순한 행동이지만 당신이 평소에 느끼는 것보다 더 많은 감정이 존재한다는 사실을 파악하게 해 줄 것이다. 자신의 감정을 메모할 때마다 그것을 촉발한 상황과 그 직전에 떠올렸던 일련의 생각을 함께 기록하면 더욱 좋다.

시간이 흐를수록 당신은 패턴과 추세를 파악하기 시작할 것이고, 특정한 추론 방식이 당신의 감정적인 경험을 지배한다는 사실을 발견할 것이다. 그런 유형의 잘못된 추론이 일상적인 갈등을 매우 자주 유발한다는 사실을 발견할 수도 있다. 이렇게 잘못된 추론을 수정함으로써 알고리즘을 영구적으로 새롭게 프로그래밍하고 원하지 않는 감정을 제거할 수 있다.

결함 있는 알고리즘을 다시 프로그래밍하려면 인지 영역과 마찬가지로 가장 보편적으로 문제를 일으키는 알고리즘을 파악해야 한다. 인지치료가 필요한 환자들에게 가장 자주 나타나는 문제점 열 가지는 다음과 같다.

1. 이분법적 사고All or Nothing Thinking: 미묘한 중간 수준을 고려하지 않고 '항상 그래.'나 '절대로 안 돼.'와 같이 극단적으로 생각하는 성향. '남자친구와 또 헤어졌어. 나는 항상 인간관계를 망쳐.'

2. 과잉 일반화Overgeneralization: 제한된 의견을 근거로 광범위한 가정을 하는 성향. '팀장이 나를 멍청하다고 생각하면 동료들도 그렇게 생각할 거야.'

3. 정신적 여과Mental Filter: 큰 그림을 외면한 채 부정적인 세부 사항에 초점을 맞추는 성향. '평균 성적 A+는 중요하지 않아. 이 과제에서 C 학점을 받다니 망했어.'

4. 긍정 격하Disqualifying the Positive: 비이성적인 이유로 경험의 긍

정적인 측면을 무시하는 성향. '걔는 단지 동정심 때문에 나를 칭찬했을 거야.'

5. 속단Jumping to Conclusions: 종종 마음을 읽으려 하거나 점을 치는 식으로 근거 없이 부정적인 가정을 하는 성향. '오늘 그 남자가 문자를 보내지 않는다면 나한테 관심이 없다는 뜻이야.'

6. 파국화Catastrophizing: 특정한 세부 사항을 확대하거나 축소하면서 상황을 실제보다 더 나쁘거나 더 심각하게 덧칠하는 성향. '만약 아내가 떠난다면 나는 평생 불행하게 살 거야.'

7. 정서적 추론Emotional Reasoning: 자신의 감정을 객관적 진실의 증거로 내세우는 성향. '내 기분이 이렇게 나쁜 걸 보면 그 녀석이 뭔가 잘못한 게 분명해.'

8. 당위적 진술Should Statements: '반드시', '절대로' 등 단정적인 단어를 사용하여 행동을 규정하는 성향. '나를 비난하다니, 그건 친구라면 절대로 해서는 안 되는 행동이야.'

9. 잘못된 오명Labeling: 절대적인 낙인을 찍으면서 자신을 묘사하

는 성향. '이 문제를 못 푼다면 난 완전히 바보가 되는 거야.'

10. 개인화Personalization: 부정적인 결과의 책임을 근거 없이 자신에게 돌리는 성향. '아내의 기분이 나쁜 걸 보니 내가 화날 만한 행동을 한 게 틀림없어.'[32]

이런 성향 중 어떤 것이 자신의 문제점에 해당하는지 확인하고 메모에 추가해라. 그다음 단계는 소크라테스식 질문법이라는 방법을 사용하여 왜곡된 인식에 맞서는 것이다. 긍정심리학 연구자인 코트니 애커먼Courtney Ackerman은 다음과 같은 몇 가지 기본적인 질문을 제시한다.

> 이 생각이 현실적인가?
> 내 생각은 사실에 근거한 것인가, 아니면 감정에 근거한 것인가?
> 이 생각의 증거는 무엇인가?
> 내가 근거를 잘못 해석한 건 아닐까?
> 내가 복잡한 상황을 흑백논리로 바라보는 건 아닐까?
> 내가 습관적으로 이런 생각을 하는 걸까, 아니면 사실이 그 생각을 뒷받침하는 걸까?[33]

자동적 생각을 뒷받침하거나 반박하는 증거를 검토하고, 당신의 자동적 생각이 합리적인지 아닌지를 판단해라. 예를 들면 약속을 기억하지 못한 일 때문에 '나는 정말 멍청해.'라는 생각이 들면서 슬프고 비참해졌다고 가정해보자. 이럴 땐 자신이 정말로 멍청하다는 주장을 뒷받침하는 증거를 찾아라. 또 자신이 현명하다는 걸 보여주는 상반된 증거를 찾아라.

당신은 처음부터 그 생각을 실제로 믿지 않았다고 주장하고 싶을지도 모른다. 하지만 그런 생각이 당신의 의식 속에 들어와 있다는 사실은 당신의 내면이 그 생각이 비합리적이라는 점을 확신하지 못했다는 신호다.[34] 예를 들어 당신이 꿈꾸던 직장에 들어가기 위해 면접을 본다고 가정해보자. 당신은 많은 시간을 쏟아 면접을 준비하면서 카페 매니저라는 새로운 역할을 상상한다. 하지만 면접을 보고 며칠이 지난 후 그 자리에 다른 사람이 채용됐다는 이메일을 받게 된다.

이때 당신은 두 가지 방법으로 반응할 수 있다.

1. 몇 주 동안 우울증에 시달린다. 왜 합격하지 못했는지 곱씹으며 실패에 대해 자신을 비난한다. 그러다가 나는 결코 좋은 직장에 들어가지 못할 거라고, 더 나아가 나는 근본적으로 무능하다고 결론지으며 절망 속에서 시간을 허비한다.

2. 바로 다른 직장을 준비한다. 면접관에게 피드백을 요청하고, 면접에서 답변하는 방법이나 포트폴리오에 필요한 개선 사항을 찾기 위해 노력한다. 좌절하며 시간을 낭비하지 않는다.

당신은 2번을 선택하는 사람이 되고 싶겠지만, 그런 선택을 누구나 쉽게 할 수 있는 건 아니다. 사람들은 올바른 행동을 하는 것이 성숙한 판단력과 책임감의 문제라고 단순하게 생각하는 경향이 있다. 그러나 1번과 2번을 선택하는 것의 차이는 근본적으로 심리적 알고리즘의 복잡한 연쇄작용에서 비롯되며, 이런 연쇄작용을 이해해야만 알고리즘을 새롭게 프로그래밍할 수 있다.

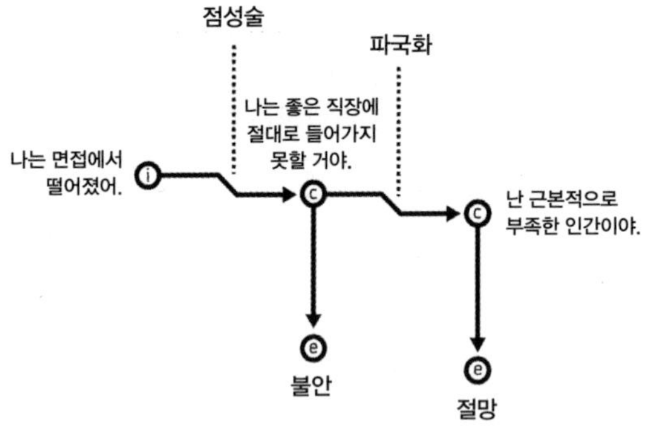

당신은 불합격 통보를 받은 후 좋은 직장을 얻지 못할 거라고

결론짓는다. 이 한 번의 실패를 훨씬 더 크고 영구적인 문제로 과대 해석한 것이다. 그러다 근본적으로 부족한 인간이라는 생각에 다다르면 절망의 늪에 빠진다. 이를 글로 써서 분석해보면 추론의 허점이 명백해진다. 그러나 이런 생각들은 종종 자기도 모르는 사이에 우리의 믿음 체계로 스며든다.

자신의 감정을 조정하는 몇 가지 방법을 살펴보자. 당신은 상황을 선택할 수 있다. 탈락할 위험을 피하려고 면접에 지원하지 않을 수 있다. 또는 불합격 통지서를 내려놓고 다른 곳으로 관심을 돌리면서 다시는 그 일을 생각하지 않으려고 노력할 수도 있다. 나는 이런 전략 중 어느 것도 추천하지 않는다. 그보다는 부정적인 감정을 잠시 멈추고 그 감정이 과연 무엇인지 성찰하기 위해 마음챙김을 실천하거나 인지 재구성을 실행하길 권한다 (두 가지를 결합하면 더욱 바람직하다).

자신의 고통스러운 감정이 왜곡된 생각의 결과라는 사실을 이해하면 알고리즘의 재구성을 시작할 수 있다. 이때 당신은 파국화라는 왜곡을 파악할 수 있다. 파국화란 자신이 결코 좋은 직장을 얻지 못할 거라고 믿게 하거나 자신이 근본적으로 무능하다고 믿게 하는 왜곡을 의미한다. X가 Y를 의미한다는 핵심적 믿음을 재구성하면, 당신의 뇌는 다음에 비슷한 상황이 발생할 때 그런 추론이 틀리다는 걸 인식하게 될 것이다.

이런 편향을 빠르게 깨닫고 반박하는 법을 배우면 그 성향을 자동으로 차단하여 영원히 제거하는 습관을 형성할 수 있다. 왜곡된 인식을 파악하고 재평가하고 나면 부정적인 감정을 없앨 수 있으며, 새로운 목표를 세우고 행동을 취하는 데 집중할 수 있다.

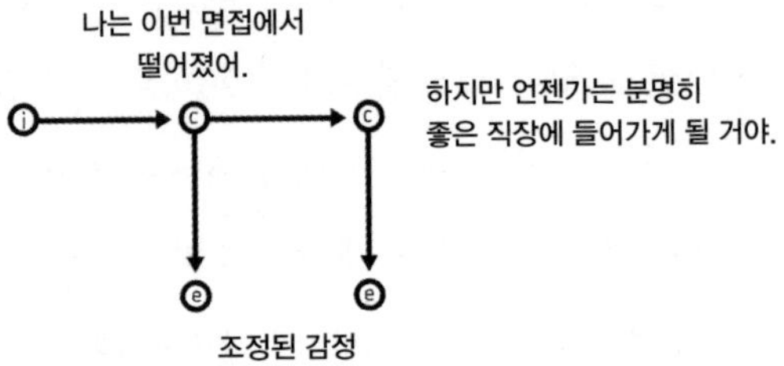
나는 이번 면접에서
떨어졌어.
하지만 언젠가는 분명히
좋은 직장에 들어가게 될 거야.
i
c
c
e
e
조정된 감정

인지 재구성 기술을 실행할 때 당신은 왜곡이 만들어내는 어리석은 생각에서 당신의 뇌를 불러내기 시작한다. 이 연습을 통해 당신의 뇌는 애초에 이런 생각을 하지 않도록 점진적으로 변화할 수 있다. 나는 당신이 인지 재구성 기술을 완벽하게 체득할 수 있다는 걸 강조하고 싶다. 끊임없는 내면적 갈등을 겪든 단순히 가끔 짜증 나는 감정을 느끼든, 당신은 감정의 흐름을 수동적으로 따라가기보다는 자기 경험을 능동적으로 설계하면서 진행 중인 삶의 이야기를 펼쳐나갈 수 있다.

뇌가 애초에 왜 그런 터무니없는 생각을 하는지 궁금한가?

당신은 아마 다른 사람이 약속을 한 번 까먹었다고 해서 그가 무능하다고 생각하진 않을 것이다. 그런데 왜 자신에게는 과도한 비난을 퍼붓는 걸까? 완전히 의식하든 아니든 우리는 비이성적인 해석을 선택한다. 그리고 직관에는 어긋나지만, 그런 선택을 하는 이유는 그래야 기분이 나아지기 때문이다.[35]

당신은 고통스러운 감정의 희생자가 아니다. 오히려 그 고통을 탐닉한다. 변태처럼 보일 수도 있지만, 파국을 선택하는 이유는 자기연민이 자신을 더 초라하게 만들지언정 잠깐은 일종의 해방감을 안겨주기 때문이다. 왜곡되고 자기비하적인 생각으로 마음이 도피하는 걸 허용할 때마다 우리의 보상 시스템은 점점 더 그렇게 하도록 훈련된다.[36] 장기적인 행복을 선택하고자 한다면 자신의 고통을 탐닉하고 싶다는 충동을 이겨내야 한다.

> 어떤 것에 대해 편향을 갖지 않는 것 그리고 영혼이 흔들리지 않는 것이 우리의 힘이다. 사물 자체에는 우리의 판단을 형성할 수 있는 자연적인 힘이 없기 때문이다.
>
> — 마르쿠스 아우렐리우스, 『명상록』

무적의 전사가 되는 것이 얼마나 재미있을지 상상해보자. 그는 무장하지 않은 채 칼싸움에 참가하고 상처 없이 퇴장하여 상대를 좌절시키고 지치게 한다. 마찬가지로 당신이 감정적으로 흔들림 없는 무적이 됐을 때 좌절시키는 상대방은 모욕을 퍼붓는 다른 사람일 수도 있고, 당신 내면의 비평가일 수도 있고, 인생이 가하는 예기치 못한 타격일 수도 있다.

그들의 전략을 알아차린다면, 당신을 무너뜨리려는 이런 사소한 시도들은 당신을 낙담시키기보다는 오히려 흥미를 북돋울 것이다. 당신은 어떤 주정뱅이가 튼튼한 성벽을 막대기로 때리는 걸 보고 우스꽝스러운 구경거리로 생각하지 이를 공격이라고 생각하지 않는다! 누군가가 당신을 모욕할 때 그들은 당신의 마음속에 선택권을 부여한다. 무기력하게 그 제안을 받아들일 것인지 거부할 것인지는 당신의 인지 도구가 얼마나 발달해 있느냐에 달렸다.

충분한 연습을 통해 당신은 자신을 고통스럽게 하는 비이성적인 생각들을 즉각적으로 파악하는 방법을 배울 수 있다. 또한 자기 뇌에서 진행 중인 편향을 통제할 수 있는 지혜와 기술을 개발할 수 있다. 하지만 그러려면 자신의 의식 속으로 들어오는 모든 왜곡을 알아차리고, 그것을 탐닉하려는 충동을 억누르고, 그것이 감정의 성벽을 무너뜨리기 전에 하나하나 제거하는 습관을 길러야 한다.

■ 핵심 정리 ■

* 심리건축의 두 번째 영역은 감정이며, 감정적 자기지배의 궁극적인 목표는 자신의 감정적 경험을 통제하는 것이다.

* 감정이 우리 삶의 노련한 안내자라는 통념이 있지만, 감정은 우리의 장기적인 이익을 위해 존재하지 않으며 현대인의 삶에 적합하지도 않다.

* 상황 선택, 상황 수정, 관심 전환, 반응 조절, 인식 변화라고 알려진 다섯 가지 방법을 통해 자신의 감정을 설계할 수 있다. 인식 변화는 이 중 가장 효과적인 방법이며, 심리건축과 가장 밀접하게 관련돼 있다.

* 스토아철학은 감정은 삶에서 일어나는 사건으로 직접 촉발되지 않으며, 대부분의 감정은 사건에 대한 인지적 해석의 반응이라고 강조한다. 인지행동치료는 세상과 자신에 대한 믿음을 변화시킴으로써 우리가 이런 해석이나 평가에 개입할 수 있다는 사실에 기반을 둔다.

* 인지 재구성은 반복적으로 고통을 안기는 믿음을 영구적으로 변화시킴으로써 재평가를 더 높은 수준으로 이끈다. 인지 재구성을 실행하려면 수첩이나 스마트폰 앱으로 메모를 작성하고, 자신이 느끼는 바람직하지 않은 모든 감정, 그 감정을 촉발한 상황 그리고 직전에 떠올렸던 일련의 생각을 함께 기록한다.

DESIGNING THE MIND

6장

욕망을 조절하는 열쇠

욕망은 언제 문제가 되는가

누군가를 행복하게 하려면 그 사람의 재산을 늘리지 말고 그 사람의 욕망을 없애라.

— 에피쿠로스, 『주요 가르침Principal Doctrines』

앞서 살펴봤듯이 욕망을 충족시키기 위해 살아가는 것은 지속적인 행복의 열쇠와는 거리가 멀다. 욕망은 행복의 신기루라는 역할을 뛰어넘는다. 욕망은 적극적으로 우리를 고통스럽게 한다. 충족되지 않은 욕망은 고통과 좌절을 안기기 때문에 우리가 품고 있는 모든 욕망은 만족감과 정서적 안정에 잠재적인 위협이 된다.[1]

명확한 목표를 설정하는 것만으로 욕망을 없앨 수는 없다. 목표를 설정한 후에도 욕망은 여전히 존재하며, 우리를 목표로 이끌거나 목표에서 멀어지게 하는 역할을 한다. 우리를 목표에서 멀어지게 하는 욕망을 유혹이라고 하고, 우리를 목표로 이끄는 욕망은 연료라고 하는데, 다음 장에서는 둘 다 살펴볼 것이다. 어떤 욕망은 매우 유익하므로, 이를 제대로 활용하고 증폭하고 확장하려고 노력해야 한다.

그러나 우리가 목표를 달성하지 못하고 존재하지 않는 현실에 대한 욕망이 계속 몸부림치며 고통을 안길 때, 목표로 이끄는 욕망의 성향은 문제가 된다.[2] 이런 경우에는 고통이 목표에 전혀 도움이 되지 않기 때문에 예전에는 유익했던 욕망이라도 골칫거리가 되어버린다.

대중적인 통념은 이런 해결책을 제시한다. "실패하지 말라. 목표를 달성하기 위해 최선을 다하라. 그러면 아마 그렇게 많은 고통을 겪지 않을 것이다." 그러나 역사 속에서 몇몇 현명한 사상가는 다른 접근법을 제시했다. 이들은 상황을 통제하려고 노력하는 것보다 욕망을 직접적으로 통제하는 것이 현명하다고 생각했다. 그러면서 욕망이 촉발하는 부정적인 감정을 없앨 수 있다고 주장했다. 욕망을 조절하는 법을 배움으로써 유혹을 줄이고 목표로 향하는 에너지를 증가시킬 수 있을 뿐만 아니라 고통의 주요 원인도 제거할 수 있다.

앞 장에서는 감정을 바꾸기 위해 인식을 어떻게 수정할 수 있는지 살펴봤다. 하지만 원하지 않는 감정이 인지적 왜곡으로 일어난 경우가 아니라면 감정을 조절하는 다른 길을 추구해야 한다. 감정을 아웃풋하는 알고리즘은 인식과 욕망의 인풋을 받아들인다. 따라서 인식이 문제가 아니라면 욕망을 바꿔야 한다.

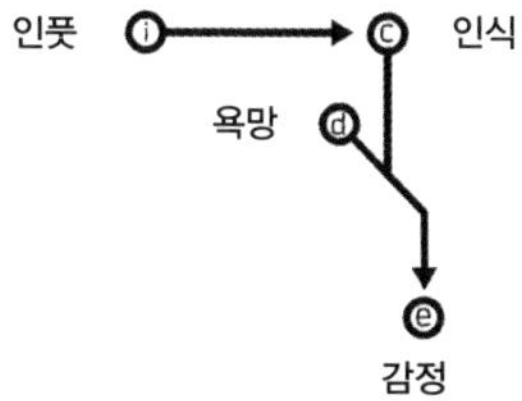

욕망을 조절함으로써 감정을 변화시키는 행위에 대한 연구가 부족한 것으로 보이지만, 이 방법은 수천 년 동안 성공적으로 사용돼왔다. 그리고 지금까지 대부분 실용철학의 주요 초점이었다.

대부분 사람은 갈망의 문제에 대한 불교의 해결책에 익숙하다. 붓다의 가르침에 대한 일반적인 해석에 따르면 마음챙김, 윤리적 삶, 지혜의 조화를 통해 갈망의 악순환에서 해방될 수 있다.[3] 만약 이 길을 제대로 따른다면 그런지 음악grunge music을 대중화할 수 있을 만큼 충분히 강력한 심리적 경지에 도달할 수 있다. 실제로 그런지 음악의 대표적인 밴드인 너바나Nirvana는 '열반'을 뜻하는 이름 그대로 갈망과 욕망의 불길이 꺼진 초월적인

상태, 선호하는 것과 결과에서 완전히 분리된 상태를 보여줬다.[4]

욕망에 주목한 또 다른 현명한 사상가는 에피쿠로스였다. 에피쿠로스는 행복해지기 위해 필요한 것은 거의 없으며 가능한 한 욕망을 줄이기 위해 노력해야 한다고 주장했다. 그는 음식과 물처럼 자연스럽고 필수적인 욕구는 충족해야 한다고 생각했다. 대신 사치스러운 음식, 섹스, 권력, 인스타그램 팔로워(그가 이걸 콕 집어 말한 건 아니다) 등과 같이 부자연스럽고 불필요한 것들을 만족시키려고 노력해서는 안 된다고 주장했다.[5] 그의 생각은 붓다의 생각보다 덜 극단적이고 더 현실적이라는 인상을 주는데, 욕망에 대한 이런 최소주의적 접근법을 그 밖의 수많은 사상가에게서도 발견할 수 있다.

> 현명한 자는 욕망을 없애려고 갈망한다.
>
> — 노자, 『도덕경』

> 나는 항상 운명보다는 나 자신을 지배하려고 노력하고, 세상의 질서보다는 나의 욕망을 바꾸려고 노력한다.
>
> — 르네 데카르트, 『방법서설』

> 자유는 욕망을 충족함으로써 얻어지는 것이 아니라 욕망을 제

거함으로써 얻어진다.

— 에픽테토스, 『담화록Discourses』

통제할 수 없는 것을 갈망해서는 안 된다는 스토아철학의 개념도 이와 관련돼 있다. 통제할 수 없는 상황에서 뭔가 달라지기를 바라는 욕망은 불필요한 고통을 일으킨다. 그런데도 오늘날 사람들은 손이 닿지 않아서 통제할 수 없는 것들을 종종 갈망한다. 이런 잘못된 갈망은 자신이 얼마나 많은 통제력을 갖추고 있는가에 대한 혼란에서 비롯된다.[6] 어른들은 새처럼 하늘을 날 수 없다는 사실에 고통받지 않는다. 명백하게 손에 닿지 않기 때문이다.

환자가 의식은 뚜렷하지만 완전히 마비되어 말도 할 수 없으며 컴퓨터를 사용하여 간단하게 '예 또는 아니요'로만 의사소통을 해야 하는 상태를 잠금 증후군locked-in syndrome이라고 한다. 대부분 사람은 이런 식으로 살아가느니 차라리 죽는 편이 낫다고 생각할 것이다. 하지만 흥미롭게도 이 환자들이 느끼는 평균적인 삶의 질은 매우 높다. 그뿐만이 아니라 그들의 뇌는 자기 상태를 억지로 개선하려는 시도를 멈추는 법을 매우 빠르게, 때로는 몇 시간 만에 배운다. 외부 세계를 통제하는 것이 명백하게 불가능하다는 사실을 알기 때문에 모든 욕망과 집착을 내려놓

는 것이다.[7]

> 욕망의 목표는 자신이 원하는 것을 확보하는 것이다. …… 사람은 욕망을 성취하지 못하면 불행해지고, 피하고 싶은 것을 경험하면 불쾌해진다. …… 지금 당장 욕망을 완전히 버려라. 자신이 통제할 수 없는 것을 원하면 결국 실망하게 되기 때문이다. 그리고 다른 상황이라면 통제하고 갈망할 수 있는 것마저도 아직은 우리의 능력 밖에 있다. 선택과 거부로 자신을 제한하라. 그리고 규율과 초연함을 유지하면서 신중하게 그 선택을 실천하라.
>
> — 에픽테토스, 『엥케이리디온』

불교의 해결책은 모든 욕망을 없애는 것이고, 에피쿠로스의 해결책은 욕망을 꼭 필요한 만큼 최소한으로 줄이는 것이며, 스토아철학의 해결책은 통제할 수 없는 것을 갈망하지 않는 것이다. 당신은 각각의 관점이 욕망의 지배에 대한 서로 다른 열쇠를 쥐고 있다는 사실을 곧 알게 될 것이다.

우리는 상황에 따라 욕망을 조절하여 고통을 차단할 수 있다. 하지만 더 나아가 합리적인 목표를 달성하기 위해 자신에게 강력한 동기를 부여하는 데 욕망을 활용할 수도 있다. 욕망을 완전

히 포기할 필요는 없으며, 다만 욕망의 능숙한 조정자가 돼야 한다.[8]

자신의 욕망을 길들이고 조정하는 민첩성을 갖출 수 있다면, 욕망을 강화하여 최대한 효과적으로 목표를 추구하도록 자신을 이끌 수 있다. 더 나아가 욕망을 활용하여 자신을 바람직한 방향으로 이끌 수도 있다(7장 참조). 하지만 그러기에 앞서 사상가들이 마음의 평화를 증진하기 위해 개발한 욕망의 조절 방법을 배우고 실천할 필요가 있다.

날뛰는 욕망 길들이기

지향하는 목표는 서로 달랐겠지만 위대한 심리건축가 다수는 욕망을 상황에 맞게 변화시킬 수 있도록 욕망 조절 근육을 강화하는 방법을 개발했다. 이 중 여러 가지의 효과가 현대 연구로 입증됐다. 이런 각각의 방법은 욕망으로 인한 감정적 마찰을 해소하기 위해 내면화할 수 있는 대응 알고리즘이다.

가장 먼저 익혀야 하는 기본적인 기술은 특정한 욕망의 힘을 증가(상향 조절)시키거나 감소(하향 조절)시키는 능력이다. 앞 장에서 설명한 바와 같이 우리의 인식은 감정과 깊이 관련돼 있으며, 욕망과도 얽혀 있다. 욕망의 강렬한 감정은 일반적으로 인지적 시뮬레이션과 환상을 동반하거나 선행한다.[9]

> 욕망을 추구하는 과정은 또 다른 갈망과 동기부여의 힘을 증가시키는 반복과 집착의 악순환에 빠질 수 있다.
>
> — 빌헬름 호프만Wilhelm Hofmann,『욕망의 심리학The Psychology of Desire』

인지적으로 까다로운 과제를 받아 든 실험 참가자들은 자극에 의욕적으로 반응할 가능성이 작다.[10] 다시 말해서 우리의 마음이 다른 것에 몰두하거나 집중하면, 욕망을 고조시키는 생각의 순환을 시작할 수 없다. 즉 기본적인 욕망 조절의 핵심은 자극에 대한 정신적 친밀감이나 거리감과 관련이 있다.

이런 사실은 우리에게 도움이 되는 욕망의 강도를 높이거나 낮출 기회를 제공한다. 욕망을 상향 조절하려면 원하는 자극의 가장 긍정적인 측면과 흥미로운 세부 사항에 순수하게 집중해야 한다. 예를 들면 학교 강의나 장거리 운전 또는 고기보다 샐

러드를 선택하고자 할 때가 그렇다.

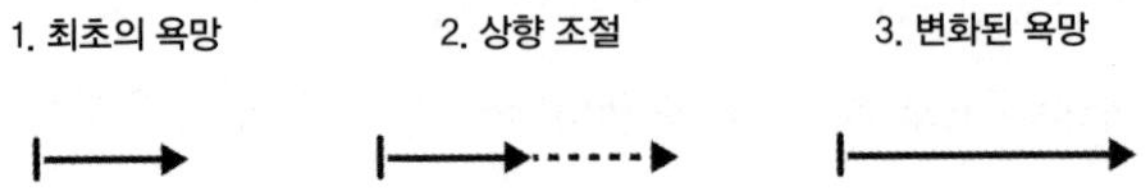

또한 욕망을 하향 조절할 수도 있다. 그러려면 원하는 자극에서 주의를 딴 데로 돌리고, 순수하게 객관적이고 심지어 초연한 태도로 그것에 집중하고, 욕망과 관련된 감정에 집착하지 말아야 한다.

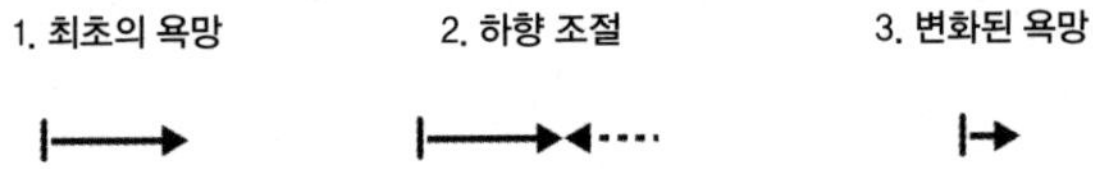

마르쿠스 아우렐리우스는 하향 조절의 몇 가지 예를 다음과 같이 제시했다.

> 고기와 음식이 눈앞에 있을 때 자신에게 이렇게 말해야 한다. "이것은 물고기의 사체고 저것은 닭과 돼지의 사체다. 팔레르

노 와인은 포도즙일 뿐이고 화려한 자줏빛 예복은 조개의 피로 염색한 양털일 뿐이다." …… 우리는 평생 이렇게 생각해야 한다. 겉으로는 아무리 훌륭해 보일지라도 그것의 벌거벗은 본질을 꿰뚫어 봐야 한다. 사물의 겉모습은 이성의 놀라운 왜곡이며, 뭔가를 애써 추구할 가치가 있다고 확신할 때가 바로 자기 자신을 가장 잘 속일 때다.

— 마르쿠스 아우렐리우스, 『명상록』

불교에서는 원치 않는 성욕의 마법에 걸린 사람들에게 이와 비슷한 방법을 제시한다. 다시 말해서 "…… 연료를 차단하여 욕정의 불길을 끄기 위해" 내장, 뼈, 혈액 같은 인체의 혐오스러운 측면을 강조하는 것이다.[11] 일반적으로 마음챙김 명상의 불교적 실천은 우리의 인식에서 주관성과 정념을 제거하고 욕망의 대상을 냉정하게 바라보는 데 유용한 방법이 될 수 있다.

자신이 갖지 못한 것을 가지려는 꿈에 빠져들지 말고 자신이 가지고 있는 축복의 선물을 감사하게 생각하라. 그리고 그 선물이 자신의 것이 아니었다면 그것을 얼마나 갈망했을지 깨달으라.

— 마르쿠스 아우렐리우스, 『명상록』

욕망을 조절하는 방법에는 여러 가지가 있다. 감사함을 실천하는 것은 매우 간단한 한 가지 방법이다. 우리의 마음은 환경에 적응하면서 부정적인 것을 확대하여 시야를 완전히 채우도록 구성돼 있다. 이런 성향은 계속해서 더 많은 것을 추구하게 하므로 생물학적으로 유용할 수 있지만, 만족감을 파괴하고 삶을 거대한 장애물과 고난의 연속처럼 보이게 할 수도 있다.

감사함은 이미 가지고 있는 것에 대한 욕망을 상향 조절하는 동시에 부족한 것에 대한 욕망을 하향 조절하는 방법으로 사용할 수 있다. 감사함은 감정적 투자를 새로운 이익이 아니라 사랑하는 사람, 성취한 목표, 행복한 생활 환경 등 이미 가지고 있는 것에 집중함으로써 실패의 실망감에 대응하는 훌륭한 전략이다. 평정심의 가장 큰 장애물은 갖지 못한 것에 대한 너무 큰 욕망과 이미 가진 것에 대한 너무 작은 욕망이다.

감사함을 지속적으로 표현하는 사람들이 자기 삶에 더 만족하고 긍정적인 감정을 더 자주 경험한다는 사실이 많은 연구를 통해 밝혀졌다. 또한 그들은 우울증, 불안감, 외로움, 짜증을 더 적게 경험한다.[12] 감사함이 매우 효과적인 이유는 사람들이 긍정적인 삶의 경험을 음미하고, 부정적인 경험을 재해석하고, 더 친밀한 대인관계를 형성하고, 끊임없는 질투와 갈망을 피하게 해주기 때문이다.[13]

감사함

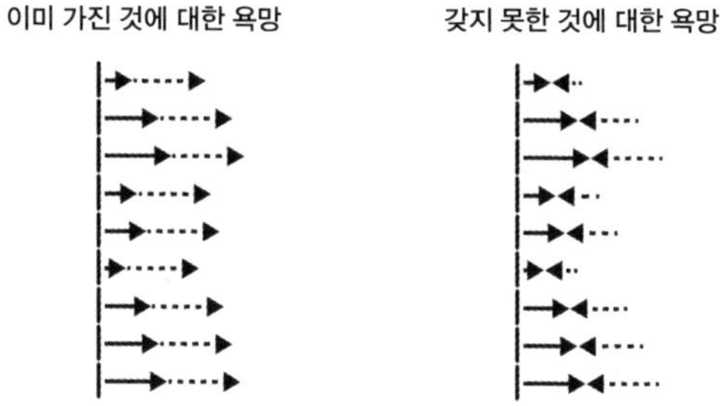

스토아철학은 부정적 시각화negative visualization 또는 사전 점검premortem이라고 불리는 방법을 개발했다. 이 방법은 덧없음에 대한 불교의 성찰과 밀접한 관련이 있으며, 달라이 라마는 이를 '고통 보험pain insurance'이라고 불렀다. 부정적 시각화를 시작할 때는 자신이 가지고 있는 것을 잃을 가능성을 생각해야 한다. 모든 계획이 실패할 수도 있고, 모든 소유물이 사라질 수도 있고, (자신을 포함하여) 사랑하는 모든 사람이 죽을 수도 있고 결국은 죽게 되리라고 생각해야 한다.

이런 생각이 암울해 보일 수도 있지만, 부정적 시각화는 실제로는 감사와 함께 실행된다. 뭔가를 영구적으로 소유하고 유지하려는 욕구를 하향 조절하는 동시에 현재 가진 것에 대한 만족감과 감사함을 상향 조절한다. 부정적 시각화 기술은 상실감에 대한 예방접종이 될 수 있고, 일이 계획대로 진행되지 않을 때

부정적 시각화

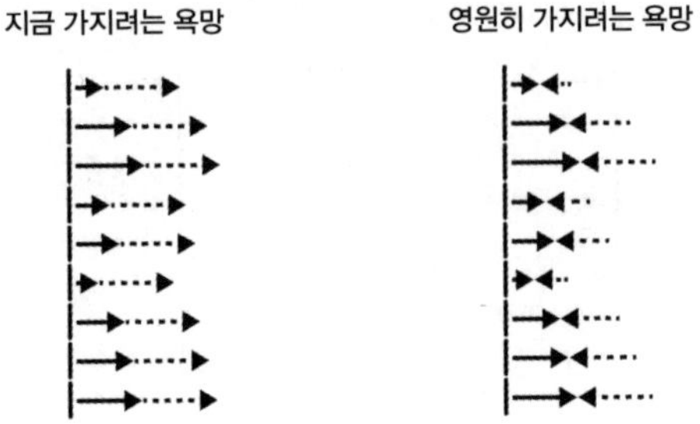

겪어야 하는 감정적 충격을 줄이거나 없앨 수 있다.

불행한 사건을 예상하는 이런 방법은 실제로 사람들이 받는 정서적 충격을 최소화하는 것으로 밝혀졌다. 한 연구에서 참가자들은 다양한 강도의 전기 충격을 받았다. 전기 충격의 강도를 미리 알고 있었던 사람들은 몰랐던 사람들보다 더 강한 강도의 충격에도 고통과 두려움을 덜 경험했다.[14] 이런 통찰을 적용하여 기대를 조정하면, 예상치 못한 충격에도 전혀 당황하지 않을 수 있다.

무아nonself라고 불리는 불교의 교리는 자아라는 개념이 완전히 환상이라고 강조한다. 당신이 현재 자신이라고 생각하는 존재는 10년 전 또는 심지어 10초 전의 당신과는 다른 존재라는 것이다. 불교의 가르침에 따르면 인간은 통제할 수 없는 자각과 인식의 집합이며, 계속해서 끊임없이 진화하는 존재다. 우리는 다른 모든 것에서 분리된 별개의 존재가 아니라 지각 있는 모든 존재의 집합에 불가분하게 묶여 있다.

우리가 경험하는 고통의 많은 부분은 피하고 싶어 하는 사건들이 아니라 갖고 싶어 하는 정체성 때문에 일어난다. 예를 들어 고통스러운 모욕을 당했을 때는 유능하고 사랑스럽고 가치 있는 사람이 되고 싶다는 욕망 때문에 고통을 느끼게 된다. 그러나 무아를 추구하면 정체성에 근거한 모든 욕망을 하향 조절할 수 있다. 인기 있고 인정받고 존중받으려는 욕망과 현실적 상황이 충돌할 때 전체 자기구성의 결점을 자신에게 상기시킬 수 있다.

실제로 한 심리학 연구에 따르면 나라는 정체성을 구성하는 개인적인 삶의 이야기, 즉 서사적 자아narrative-self에 대한 집착을 줄이면 부정적 감정과 혼란스러운 감정이 줄어들어 더 큰 행복을 가져오는 것으로 밝혀졌다.[15] 자아에 대한 집착을 줄이는 일은 종종 마음챙김 명상으로 성취된다. 몇몇 심리학자는 마음챙김이 기본 모드 네트워크default mode network를 감소시킴으로써 이런 효과를 낸다고 추정한다.[16] 기본 모드 네트워크는 뇌가 휴식 상태일 때 활성화되는 네트워크로, 이때 의식의 초점이 외부에서 내부로 옮겨지면서 서사적 자아를 형성하는 것과 관련된 성찰, 기억 등의 활동이 이뤄진다.[17]

무아

정체성에 근거한 욕망

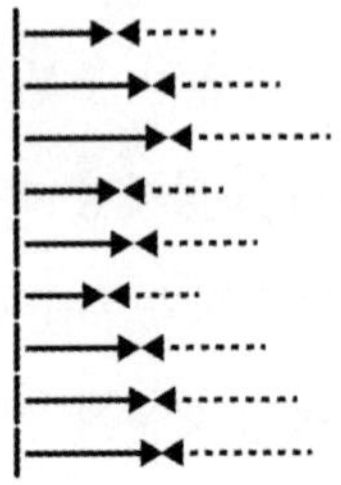

또한 스토아철학은 위에서 내려다보기view from above라고 알려진 방법을 사용했다. 위에서 내려다보기는 우주의 광대함과 인간의 모든 이기적 관심사의 사소함을 비교하고 성찰하는 것으로 구성돼 있다. 이 방법은 욕망에 과도하게 집착할 때 그리고 특히 삶이 불안정해질 때 자신의 모든 욕망을 하향 조절하는 데 사용할 수 있다.

> 위에서 세상을 내려다보라. 수천 마리 동물 무리의 의식, 고요하거나 폭풍이 몰아치는 바다에서의 항해, 사람들이 세상에 와서 공유하고 떠나는 다양한 방식. 오래전에 다른 사람들이 살아갔던 삶, 당신이 죽고 나서 다른 사람들이 살아가게 될 삶, 지금도 낯선 땅에서 이루어지는 삶을 생각해보라. 얼마나 많은 사람이 당신의 이름 석 자를 알고 있는가. 얼마나 많은 사람

이 곧 그 이름을 잊을 것인가. 지금 당신은 얼마나 많은 것을 찬양하고 있으며 내일은 경멸할 것인가.

– 마르쿠스 아우렐리우스, 『명상록』

이 인용문을 읽노라면 우리의 걱정이 너무나도 사소하다는 데 겸손한 안도감을 느끼게 된다. 스토아철학에서는 인간이 괴로움을 겪는 주된 이유가 자연 전체를 이해하고 사랑할 수 없기 때문이라고 생각했다. 일어나는 모든 일이 인과적으로 결정된다는 사실을 이해할 때 우리는 자신과 다른 사람들의 비난과 원망 그리고 운명을 통제하려는 불안에서 벗어난다. 우리가 자연스럽게 나쁘게 보는 것이 제한된 관점에서 비롯된 것임을 알게 될 때 슬픔에 한계를 둘 수 있다. 그리고 우리가 갈망하는 물질적 풍요, 관계, 영혼의 영원함이 불가능하다는 걸 이해할 때 끊임없이 변화하는 현실을 사랑하는 법을 배울 수 있다.

위에서 내려다보기

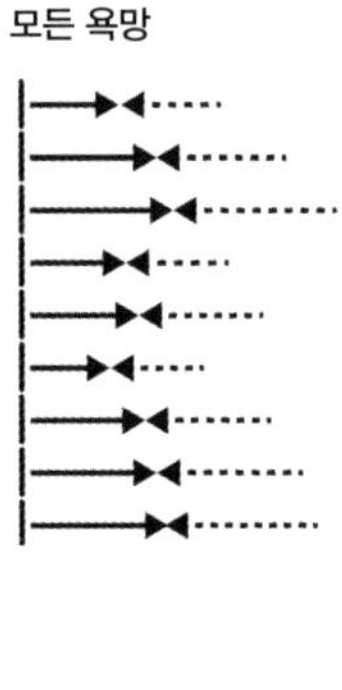

홀로코스트 기간에 참혹한 나치 수용소에서 겪은 일을 분석한 것으로 유명한 20세기 정신과 의사 빅터 프랭클은 거리 두기 전술의 유용성에 주목한다.

> 그 순간 나를 억압하던 모든 것이 객관화됐고, 과학의 관점에서 바라보면서 이해됐다. 이 방법으로 나는 어떻게든 상황을 뛰어넘어 현실의 고통을 극복하는 데 성공했고 그것들을 이미 과거의 일처럼 관찰했다. 나의 고통은 모두 심리학 연구의 흥미로운 대상이 됐다.
>
> — 빅터 프랭클, 『빅터 프랭클의 죽음의 수용소에서』[18]

도널드 로버트슨Donald Robertson은 『인지행동치료의 철학The Philosophy of Cognitive Behavioural Therapy』에서 이런 인식 실험이 현대 심리치료서에도 자리를 잡고 있다고 강조했다.[19] 에런 벡은 우울증 환자들이 자신의 문제를 과장하고 자신의 상황을 '벌레의 관점'으로 바라보는 성향을 지적했다. 그리고 이를 극복하기 위해 자신의 현재 상황과 거리를 둔 채 더 넓고 객관적인 시각으로 바라보고 더 큰 시간과 공간 속에서 고민하는 '확대된 관점'을 가지라고 환자들에게 권유했다.[20]

앞 장에서 언급한 카페 매니저 면접 실패 사례로 돌아가 보

자. 당신이 인지 재구성 기술을 익혔고 이 실패에 대한 추론에 왜곡이 없다고 가정해보자. 하지만 어찌 된 일인지 실패는 여전히 당신을 고통스럽게 한다.

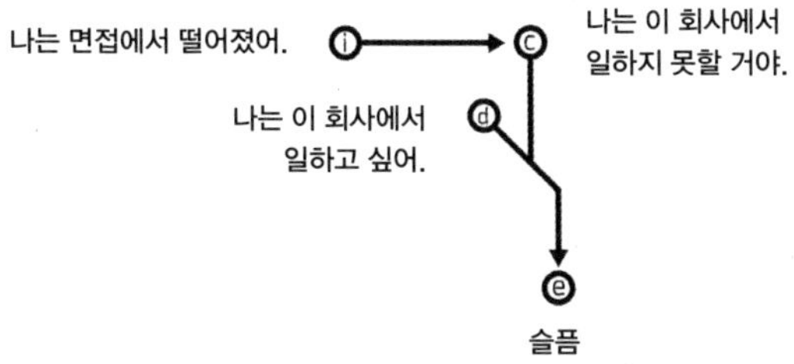

취업에 대한 당신의 열망과 현실 사이의 갈등은 슬픔을 낳는다. 당신은 이 일이 이미 당신 손을 떠났다는 걸 알고 있다. 하지만 당신 안의 사악한 욕망은 당신에게 도움이 되지 않는 감정들을 경험하게 한다. 당신의 욕망이 불필요한 고통을 안기는 대신 현실에 완전히 적응하여 더 나은 결과를 향해 당신을 이끌 수 있다면 훨씬 더 바람직할 것이다.

그러니 쓸모없는 욕망을 버리자. 욕망 조절 기술들을 활용하여 욕망의 다이얼을 돌리고 현실에 맞게 조정할 수 있다. 이번 취업에는 실패했더라도 당신은 자신이 가진 모든 훌륭한 자질에 대한 욕망을 상향 조절하면서 감사함을 느낄 수 있다. 또한 출퇴근에 한 시간 반이나 걸린다는 점, 카페 매니저가 지금 당장 경력을 쌓기에는 좋은 직장이 아니라는 점, 자신이 통계학 석사 학위를 보유하고 있다는 점 등을 자신에게 상기시킴으로써 고통을 유발하는 특정 욕망을 하향 조절할 수도 있다.

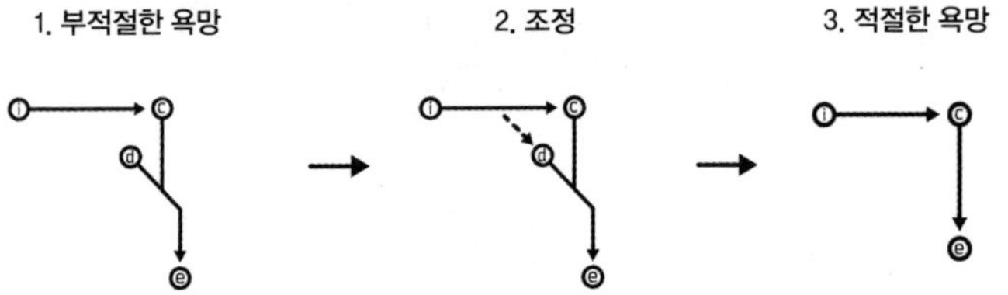

이런 전술을 배우고 사용하는 능력을 강화하면 욕망을 마음대로 조정할 수 있고, 충족되지 않은 갈망으로 고통받는 성향을 대부분 없앨 수 있다.

작용과 반작용

탐욕과 혐오는 생각의 형태로 표면화되기 때문에 이와 반대되는 생각으로 대체하는 '생각의 치환' 과정을 통해 약화할 수 있다.

— 빅쿠 보디Bhikkhu Bodhi, 『팔정도』

내가 반작용counteraction이라고 부르는 방법은 상향 조절과 하향 조절의 기본 기술을 바탕으로 하는 강력한 전술이다. 앞서 잠깐 언급했듯이 반작용은 동등하고 반대되는 욕망을 '상쇄'하도록 위 또는 아래로 조절함으로써 욕망의 균형을 맞추는 것이다.

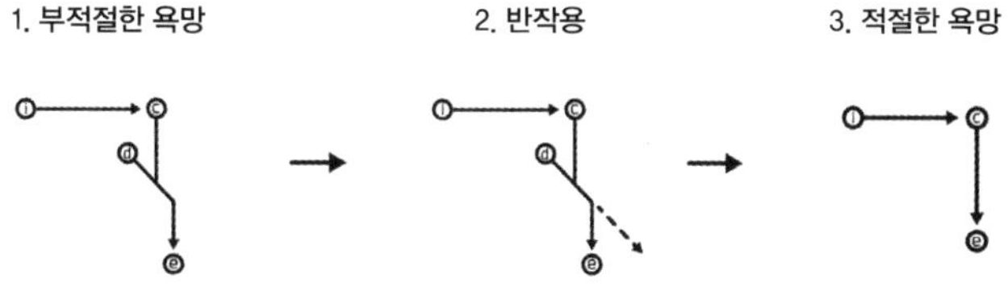

빨간색 신호등이 너무 오래 걸린다고 짜증을 내면서 기다린 적이 있는가? 물론 그런 경험이 있을 것이다. 반면 빨간색 신호등이 너무 빨리 녹색으로 바뀐 걸 아쉬워한 적이 있다면, 아마도 운전 중에 샌드위치를 먹거나 면도를 하는 걸 방해했기 때문이 아닐까? 이런 갈등 속에 기회가 있다. 다음번에 빨간색 신호등을 만나거든 최대한 오랫동안 바뀌지 않았으면 좋겠다는 욕망을 키워보자. 앞에서 살펴본 상향 조절 기술을 사용하여 당신을 짜증 나게 하는 것과 반대되는 욕망을 가지는 것이다.

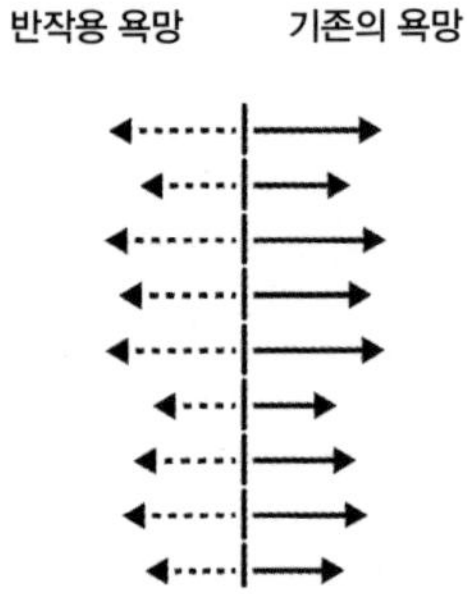

상반된 욕망을 만들어내면 원치 않는 결과에 대한 위험을 회피하고 모든 결과를 원하는 방향으로 이끌 수 있다. 하나의 결과가 실현됐을 때 반작용 욕망을 버리면 된다. 자신의 모든 욕망이 서로 맞대응하게 할 능력을 개발할 수 있다면 당신은 이상과 일치하는 목표를 달성하기 위해 그 욕망을 정확하게 상향 조절하거나 하향 조절할 수 있다. 자동차의 속도를 조절하는 것처럼 특정한 욕망을 부드럽게 키우고 상충하는 욕망을 줄이는 것이다. 마침내 당신은 습관처럼 내면적으로 반작용 기법을 실천하게 될 것이다. 즉 마음속 마찰을 즉시 파악하고 자동으로 반작용 욕구를 만들게 된다.

행동 영역에서 자세히 살펴보겠지만 욕망은 알고리즘 형태로도 작동한다. 이는 욕망이 습관에 기초하여 프로그래밍되거나 삭제될 수 있음을 의미한다.[21] 식사 후에 아이스크림을 먹는 습관이 있다면, 식사 후에 항상 디저트를 갈망하게 할 것이다. 퇴근 후에 TV를 보는 습관은 퇴근 후 당신이 소파에 앉도록 이끌 것이다. 또 현실이 갑자기 달라지기를 바라면서 삶의 모든 문제와 씨름하는 습관은 당신을 계속 힘들게 할 것이다.

우리의 욕망 중 어떤 것들은 별개의 대상에 대한 욕망이 아니라 벗어나기를 열망하는 습관이다. 인간은 습관의 동물이기 때문에 우리의 행동은 우리의 성향에 강한 영향을 미친다. 은행 계좌의 금액이 인간의 생물학적 욕구를 불러일으키는 건 아니지만 대부분 사람은 돈을 갈망하도록 습관화돼 있다. 이상하게 들릴 수도 있지만 우리는 종종 자신의 행동을 관찰함으로써 자신에 대해 배우게 된다. 예를 들어 만약 당신의 모든 행동이 돈이

최고의 선이라고 암시한다면, 당신은 돈이 최고라고 배울 것이다.[22]

잘 알려지지는 않았지만 시노페의 디오게네스는 매력적인 고대 그리스 철학자 중 한 명이었다. 그는 아테네에서 벌거벗은 채 포도주 통 속에서 살았으며 사람들이 들여다보는 걸 편안해하고 즐거워했다. 전해지는 이야기에 따르면, 알렉산더 대왕은 디오게네스가 다른 많은 사람처럼 자신을 찾아와서 칭송하지 않는 것에 실망했다고 한다. 그래서 그는 왕의 도착을 알리는 나팔 소리와 함께 많은 군중을 동반하고 디오게네스를 방문했다. 알렉산더는 디오게네스에게 인사를 하고 칭찬을 하면서 이렇게 말했다. "나에게 바라는 게 있다면 무엇이든 말해보시오." 몸을 약간 구부리고 군중을 바라본 후에 디오게네스가 제국의 지배자에게 대답했다. "내가 좋아하는 햇빛을 가리지 않도록 조금만 비켜주시오."[23]

디오게네스는 늙은 노숙자처럼 보일지 모르지만, 사실 매우 존경받는 철학자였고 견유학파犬儒學派의 창시자였다. 그는 지혜와 자유분방함으로 존경을 받았다. 그리고 비록 괴팍하기는 하지만 그의 행동에는 놀라울 정도로 뚜렷한 일관성이 있었다. 그가 공공장소에서 부적절한 행동을 하는 이유는 자연스럽고 사적으로 용인될 수 있는 행동이라면 공공장소에서도 용인되어야 한다고 믿었기 때문이다. 그는 부유함과 사회적 지위 그리고 모든 문화적 가치를 경멸했기 때문에 가난하게 살아가는 것을 선택했고 칭찬과 호의를 거부했다.[24]

그는 현대 미니멀리스트의 선구자로, 불필요한 것은 무엇이든 거부했다. 부끄러움을 모르는 그의 파격은 자연과 이성이 사회적 관습보다 우월하다는 걸 보여주기 위한 행동이었고, 여러 면에서 동물들의 단순한 삶이 문명사회가 요구하는 지나치게 복잡한 삶보다 더 바람직하다는 걸 보여주기 위한 행동이었다. 디오게네스는 자제와 자족의 미덕을 강조했으며 올바른 인격이 바람직한 삶을 사는 데 필요한 전부라고 주장했다. 그는 강물을 마시기 위해 손을 오므리는 소년을 보고 "어린아이가 삶의 평범함에서 나를 일깨웠다."라고 말한 뒤 자신의 유일한 소유물인 나무 그릇을 던져버리기도 했다.[25]

아마도 당신은 디오게네스의 삶을 본받고 싶다고 생각하진 않을 것이다. 그가 위대한 철학자였다는 사실이 위생이나 사회적 예절을 무시하는 합당한 이유인 것도 아니다. 하지만 디오게네스의 삶은 행복을 위해 필수적이라고 생각할 수 있는 많은 것을 버리더라도 자신의 평온함이나 목표를 잃지 않을 수 있다는 점을 상기시켜준다. 그는 삶에서 불필요한 모든 형태의 욕구를 배척함으로써 소유해야 할 것들의 수와 잃을 수 있는 것들의 수를 줄이고 일상을 만끽했다.

만약 특정한 욕망에 대한 의존성이 부적절한 행동이나 자신의 가치관에 반하는 행동을 유발한다면 금욕주의asceticism를 실천할 수도 있다. 금욕주의는 자발적인 불편함이며, 자신이 원하고 가질 수 있는 대상을 의도적으로 멀리하는 것이다. 어떤 사람들은 욕망을 빠르게 없애기 위해 이런 행동을 자기체벌로 활용하기도 한다.

그러나 금욕주의의 유용한 목적은 외부적인 대상에 대한 영원한 욕망을 하향 조절하는 것이다. 금욕주의를 실천함으로써 의존성을 극복하고 자신을 감정적으로 더 강하게 할 수 있다. 당신이 지나치게 의존적이라고 느끼는 대상을 선택하고, 그 대상과 관련된 욕망의 만족을 의도적으로 제한하거나 차단해라. 이런 행동이 자기체벌처럼 느껴질 수 있겠지만, 경미하고 일시적인 자기부정 행위는 전적으로 자기연민에 근거하기도 한다.[26]

비행기 이코노미 좌석을 견디지 못하거나, 캠핑을 싫어하거나, 온도조절기가 완벽한 온도로 설정되지 않을 때마다 불만을 느낀다면 당신은 안락함에 지나치게 의존하는 것이다. 완벽한 환경은 매우 드물게 만날 수 있을 뿐이기에, 이런 의존성은 그 외 대부분 환경에 적응하고 만족할 수 있는 당신의 능력을 제한한다. 이럴 때는 고통이나 불편함을 견디도록 주기적으로 자신을 압박하여 안락함에 대한 욕망을 하향 조절할 수 있다. 마룻바닥에서 하룻밤을 자거나 맨발로 자갈길을 걷는 식으로 당신의 의존성에 대항해라.[27] 만약 이를 극한까지 추구하기 위해 애팔래치아산맥을 등반한다면 당신과 안락함의 관계는 완전히 달라질 것이다.

음식, 섹스, 약물 같은 인간이 갈망하는 즐거움을 일시적으로 차단하면 욕망을 하향 조절할 수 있다. 그리고 자신의 긍정적인 면을 내세우지 않는 것과 같은 사소한 희생 행위는 인정받고 확인받으려는 욕망을 감소시킬 수 있다. 또한 미니멀리즘 정신에 입각해 가장 필요한 소유물을 제외한 모든 것을 내주는 행동은 축적하고 쌓아두려는 인간의 원초적 욕망을 하향 조절할 수 있다. 심지어는 금욕주의의 정신을 극한까지 추구하기 위해 어떤 형태의 욕망을 완전히 포기할 수도 있다. 예컨대 당신은 새로 나온 게임을 거부할 수 있고, 모든 소셜 미디어를 차단할 수 있다. 지속 가능한 생활 방식에 필요한 것 이외의 모든 여윳돈을 기부하겠다고 약속할 수도 있다. 포기할 수 있는 모든 종류의 영구적인 욕망을 하향 조절함으로써 삶에서 복잡함을 제거할 수 있다.[28]

적당한 금욕주의를 자주 실천하는 것은 욕망이 가치 있는 선택의 좋은 지표가 아니라는 사실을 자기 마음에 심어준다. 욕망과 반대로 행동할 때 당신의 마음은 당신의 행동에서 배울 것이고, 결국 그런 욕망이 별로 바람직하지 않다는 결론을 내릴 것이다. 쾌락이 궁극의 선이라고 생각하는 사람이 일부러 자신을 불편한 환경에 처하게 할까? 사회적 명성이 최고의 선이라고 생각하는 사람이 소셜 미디어를 무시할 수 있을까? 돈이 최고의 가치라고 생각하는 사람이 거액의 돈을 거절하거나 기부할 수 있을까? 행동을 통해 무엇이 중요한 것인지를 자신에게 가르치게 되므로 우리는 현명하게 행동해야 한다.

자신의 욕망을 파악하고 조절하는 기술을 배우려면 인내심이 필요하지만, 배우고 나면 실시간으로 사용할 수 있다. 장애물이 앞을 가로막을 때 감정적인 마찰을 피하도록 즉각적으로 욕망을 통제하면서 장애물에 대응하는 데 주의를 집중할 수 있게 된다.

욕망 조절의 원리

더 넓은 범위에서 불필요한 고통을 피하고 자신과 욕망의 관계를 더 효과적으로 만드는 원리들이 있다. 그러려면 자신이 뭔가를 매우 강하게 원할 때(어떤 대상이나 결과에 대한 대안이 거의 없을 때)를 감지할 필요가 있다. 자신에게 이렇게 물어보자. "만약 내가 그걸 성취하지 못하거나 잃게 되면 무엇이 나를 고통스럽게 할까?" 예를 들어 대학을 졸업하지 못하거나 사랑하는 반려동물을 잃는다면 큰 충격을 받을 것이다. 미리 준비해야 그런 상황이 발생했을 때 당황하지 않는다.

앞에서 설명했던 목표 계층 구조를 다시 살펴보자. 명확한 목표 설정이 자신의 가치관을 실현하고 고통을 줄이는 열쇠이며, 내면적인 본질을 추구하면 고통받을 가능성이 훨씬 줄어든다. 어떤 것도 우리의 최종 목표를 방해할 수 없기 때문이다.[29] 현대 스토아철학자 윌리엄 어빈William Irvine은 테니스 선수의 목표라는 비유를 통해 이 개념을 설명했다.

> 따라서 그의 목표는 테니스 경기에서 이기는 것(그가 부분적으로만 좌우할 수 있는 외부적인 것)이 아니라 경기에서 능력을 최대한 발휘하는 것(그가 완전히 좌우할 수 있는 내부적인 것)이 돼야 한다. 이 목표를 선택하면 그는 경기에서 지더라도 좌절하거나 실망하지 않게 될 것이다. 경기에서 이기는 것이 목표가 아니었으니 최선을 다했다면 목표를 달성한 것이다. 따라서 그는 평온함을 유지할 수 있다.[30]

내면적인 목표는 실패하는 것이 불가능하기 때문에 부정적인 감정을 낳지 않으며, 내면적인 목표로 충만한 삶을 실현하는 것은 끊임없는 감정적 고통을 예방하는 좋은 방법이다. 그러나 가장 높은 목표와 그 궁극적인 목적이 내면적일 때도, 성취되지 않으면 고통을 가져올 하위 목표를 가질 수밖에 없다. 이런 고통을 막으려면 목표 계층을 제대로 형성해야 한다. 폭풍이 몰아칠 때 당신은 다음 두 건물 중 어디에 들어가고 싶은가?

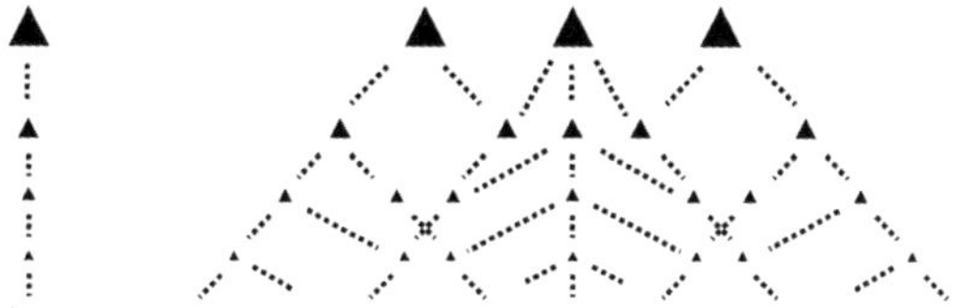

왼쪽에 있는 건물은 너무나 취약해서 작은 돌풍에도 쉽게 파괴될 것이다. 여기서 작은 돌풍은 계획대로 되지 않는 상황이 일상적으로 발생하는 것을 의미한다. 사슬의 고리 한 개가 부러지는 순간 건물 전체가 무너져 감정적 자멸을 초래한다. 그러나 오른쪽의 건물은 매우 견고하며, 이런 목표 구조를 가진 사람은 감정적으로 훨씬 더 튼튼할 것이다. A라는 목표가 실패하더라도 B라는 목표로 전환할 수 있기 때문이다. 그리고 전환을 더 빨리 실행할수록 고통에 소모되는 시간이 줄어들고 자신의 목적을 추구하는 목표로 신속하게 돌아갈 수 있다.

그러므로 자신이 추구하는 목표의 대안을 마련해야 한다. 더 높은 목표를 위해 여러 가지 대안적인 경로를 최대한 많이 개척해라.

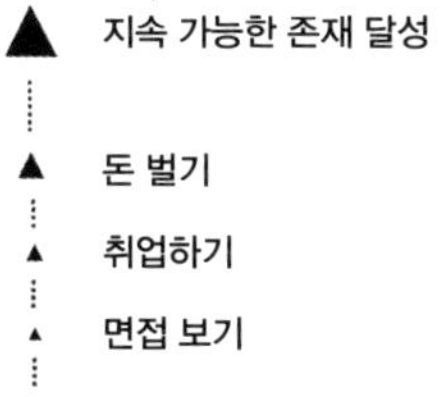

특정한 시기에 특정한 직장을 간절히 원한다면, 그 직장에 들어가지 못했을 때 당신은 무너질 것이다. 성취감 있는 직업을 추구하는 과정에서 다른 시기에 다른 직장을 찾아내도록 노력해라. 더 높은 단계에서는 창업이라는 대체 목표를 추가할 수도 있다. 아주 높은 곳까지 가보는 건 어떨까? 지속 가능한 삶을 추구하기 위해 수도원으로 들어가는 건 어떨까? 큰 손실 후에는 새로운 성장의 기회를 찾고 새로운 삶을 구성할 가능성을 모색해라.

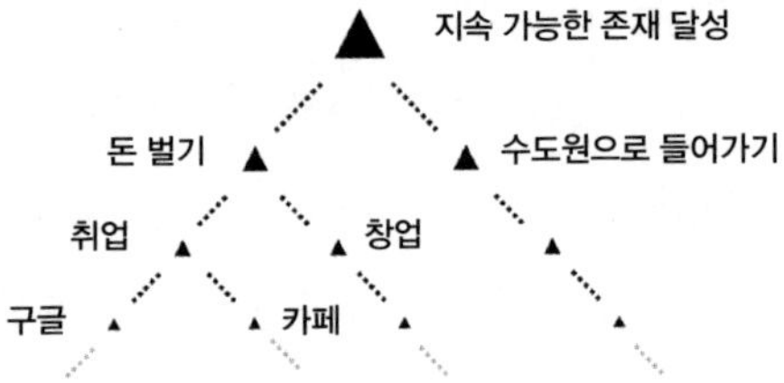

욕망은 본질적으로 감정에 투자하는 것이며, 바람직한 투자의 원칙은 바람직한 욕망을 선택하는 것이다. 분산투자는 특정 종목에 지나치게 의존하지 않기 위해 투자 대상을 다양화하는 행위다.[31] 주식시장에서도 한 종목에 모든 자금을 투자하면 변동성에 취약해지듯이, 특정한 목표나 결과에 전부 투자하면 정서적으로 취약해진다. 신념, 직업관, 토요일을 보내는 방법, 남은 인생을 함께 보낼 사람 등 당신이 애착을 느끼는 어떤 대상에 대하여 긍정적인 대안을 준비하지 못하면 일이 계획대로 진행되지 않을 때 좌절하게 될 것이다. 당신은 가능한 한 모든 결과에서 투자 수익을 낼 수 있도록 욕망을 설정해야 한다.[32] 한 계단 오를 때마다 발전할 수 있도록 자신에게 적합한 성공의 디딤돌을 촘촘하게 설계해라.

앞에서 설명한 전술을 사용하여 모든 결과가 적절하게 균형을 이룰 때까지 욕망을 상향 조절하거나 하향 조절해라. 가장 높은 감정적 수익을 낼 수 있는 목표를 향해 욕망을 투자해라. 어떤 목표가 달성될 확률이 낮아 보이고 그 결과를 감당할 수 없을 것 같다면, 욕망을 하향 조절하거나 반대되는 욕망으로 그것을 상쇄해라. 어떤 사람이 당신의 삶에 전반적으로 부정적인 영향을 끼친다고 생각된다면, 그 관계에 대한 투자를 줄이고 더 바람직한 다른 사람과의 관계에 더 투자해라. 만약 당신이 인간관계에 지나치게 투자한다고 느끼거나 사회불안장애와 같이 인간관계를 어려워하는 성향이라면, 감정적 투자의 상당 부분을 창의적인 작업이나 예술 등 다른 쪽으로 옮기는 게 바람직할 것이다.

유동성 투자 원리는 욕망 설계와도 깊은 관련이 깊다. 한 가지 투자 형태에서 다른 투자 형태로 자금을 신속하게 옮길 수 있어야 새로운 상황에 민첩하게 대응할 수 있다.[33] 그리고 자신의 욕망을 빠르게 조절할 수 있어야 이미 실현 가능성의 영역을 벗어난 것에 집착하지 않게 된다. 욕망 조절의 근육을 단련함으로써 감정적 민첩성을 키울 수 있다. 상대적으로 약한 욕망을 파악하여 강한 욕구로 발전시키도록 노력하고, 간절한 희망을 파악하여 무심한 수준으로 줄이려고 노력해라.

마지막으로, 가능성의 영역 밖에 있는 것에 대한 욕망은 가능한 한 빨리 제거해라. 망하기 직전인 회사의 주식에 투자하는 것이 말이 안 되는 것처럼, 막다른 골목에서 욕망에 감정적으로 투자하는 것도 말이 안 된다. 통제할 수 있는 상황과 통제할 수 없는 상황을 구별하라는 스토아철학의 가르침은 이와 매우 큰 관련성이 있으며, 특히 과거에 일어난 일은 절대로 통제할 수 없다.

욕망 조절이 점점 더 빨라질수록 새로 고침 빈도refresh rate, 즉 상황을 받아들이고 적응할 수 있는 속도도 빨라진다. 당신은 욕망의 다이얼을 자신의 목표에 유익하게 조절하는 능력을 갖추게 된다. 그 목표가 행동이든 감정이든 상관없다. 5장에서 설명한 재평가 방법과 마찬가지로 이런 조절은 순간적으로 이루어질 수 있다. 새로운 상황이 발생하는 즉시 적응하여 부정적인 감정을 완전히 건너뛸 수 있다.

욕망이 당신을 찾아오게 하는 능력을 갖췄다면 욕망을 정복한 것이다. 예를 들어 자동차의 배터리가 방전돼 도로에 멈춰 선다면, 지루한 날들이 이어지던 도중에 예상치 못한 경험을 해본다고 생각해보라. 인생에서 환경의 변화는 배우고 성장할 기회가 된다. 어떤 사람들은 욕망이 없다면 현실에 무관심해질 거라고 지적한다. 수동적인 관찰자가 되어 목표를 달성할 동기를 찾지 못할 거라고 지적하기도 한다. 맞는 말이다. 그러므로 욕망을 없애기보다는 욕망의 구조를 신중하게 설계할 필요가 있다. 연습을 통해 당신은 미래가 달라지기를 갈망하는 동시에 현재가 있는 그대로이기를 갈망하는 방법을 배울 수 있다.

효과적인 동기부여에 앞서 평정심을 유지하기 위해 욕망을 조절하는 방법을 이야기한 것은 우연이 아니다. 어려운 상황에 직면했을 때 감정을 안정시키고 차분함을 유지하는 능력이 부족하다면, 그 감정은 더 큰 목표를 성취하려는 계획을 가로막을 것이다. 실용철학의 창시자들은 감정의 통제와 안정을 인간이 추구할 수 있는 가장 수준 높은 목표로 설정했다. 어떤 상황에서도 평온함을 유지하고 만족하는 능력은 가치관에 충실하고 보람 있는 삶을 살아가는 데 꼭 필요하다.[34]

■ 핵심 정리 ■

* 욕망을 조절하는 법을 배움으로써 유혹을 줄이고 우리를 목표로 이끄는 에너지를 증가시킬 수 있을 뿐만 아니라 고통의 주요 원인을 제거할 수 있다.

* 욕망을 상향 조절하려면 원하는 자극의 가장 긍정적인 측면과 흥미로운 세부 사항에 집중해야 한다. 욕망을 하향 조절하려면 원하는 자극에서 한 걸음 물러나 온전히 객관적인 태도로 그 자극에 집중하고, 욕망과 관련된 감정에 집착하지 말아야 한다.

* 반작용은 서로 반대되는 욕망을 상향 조절하거나 하향 조절함으로써 욕망의 균형을 맞추는 것을 의미한다.

* 내면의 본질적 목표를 추구하는 것은 실패의 고통을 없애는 훌륭한 방법이다. 예를 들면 테니스 경기에서 이기는 것보다 최선을 다하는 것을 본질적 목표로 삼아라.

* 과거의 일 또는 이미 가능성의 영역에서 벗어난 것에 대한 갈망을

멈추려면 현실을 받아들이는 속도를 높여야 한다. 당신은 미래가 달라지기를 갈망하는 동시에 현재가 있는 그대로이기를 갈망하는 방법을 배울 수 있다.

DESIGNING

7장

감정적 자기지배와 평정심

THE MIND

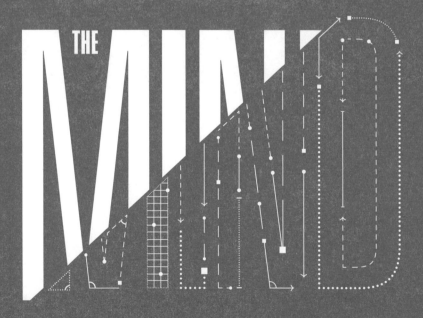

고통을 이상화하는 철학의 병폐

> 화를 내는 건 누구나 할 수 있는 쉬운 일이다. 하지만 적절한 사람에게, 적절한 정도로, 적절한 시기에, 올바른 목적을 위해, 올바른 방법으로 화를 내는 것은 누구나 갖출 수 있는 능력이 아니기에 쉽지 않은 일이다.
>
> – 아리스토텔레스, 『니코마코스 윤리학』

지금까지 인식을 재구성하고 욕망을 조절하는 법을 설명했다. 합리성과 자기성찰이 인지적 자기지배를 위한 구성 요소로 합쳐진 것처럼, 재구성과 조절의 도구들은 감정적 자기지배를 위한 구성 요소로 합쳐진다. 자기지배력은 감정 조절 기술의 절정을 나타내며, 충만한 평정 상태를 특징으로 한다. 평정심은 여러 시대에 걸쳐 많은 철학자의 찬사를 받아왔고, 어떤 철학자들은 그것이 인생에서 최고선이라고 주장하기도 했다.

하지만 누구에게나 평정심이 칭송받는 건 아니다. 고통을 이상화하는 것처럼 보이는 사람들 중에는 19세기 철학자 프리드리히 니체가 있다. 그는 감정적 자기지배에 관해 매우 제한적인 관점을 보여준다.[1]

> 사람들의 방식은 여기서 갈린다. 영혼의 평화와 행복을 지키고 싶다면 믿어라. 진리의 제자가 되고 싶다면 의심해라.
>
> — 프리드리히 니체, 「동생 엘리자베스에게 보내는 편지」

이 인용문은 지적인 용기에 대해 영감을 불러일으키는 외침이지만 맹목적인 믿음과 심리적 행복을 동일시하는 불행한 실수를 범한다. 니체가 의미하는 바는 진실은 고통스러울 수밖에 없고, 진실을 정확히 인식하는 사람은 불행할 수밖에 없다는 것이다. 이는 진실을 추구하는 비관적인 사람 그리고 의심하지 않는 삶을 사는 낙천적인 맹신자에 대한 우리의 고정관념과 일치한다. 하지만 이 고정관념이 실제로 가리키는 건 한 가지 유형의 자기지배력을 갖추고 있지만 다른 유형의 자기지배력이 부족한 사람들이다. 이 경우에는 인지적 자기지배력을 갖추고 있지만 감정적 자기지배력이 부족하거나 그 반대인 사람들을 의미한다.

그러나 두 마리 토끼를 잡지 못할 이유가 없다. 두 가지 자기 지배력을 모두 가진 사람은 겉보기에 가혹한 진실을 받아들이면서도 행복할 수 있을 것이고, 오히려 그래서 더 행복할 수도 있을 것이다.[2] 나는 (물론 극소수지만) 날카로운 믿음이 꼭 냉소적인 태도와 함께일 필요가 없음을 증명하는 사람들을 개인적으로 알고 있다. 당신이 이 세상의 씁쓸한 진실을 과감하게 마주하고 고통과 비관으로 가득 찬 삶을 살아가려 한다면, 고정관념을 버릴 수 있어야 한다. 한 영역에서는 강점일 수 있는 자질이 다른 영역에서는 약점이 될 수 있음을 명심하면서 지적인 성숙과 감정적인 성숙을 동시에 추구해야 한다.

예컨대 '낙관주의'라는 단어에는 매우 다른 두 가지 의미가 담겨 있다. 인지적 낙관주의는 진실의 왜곡이며, 결과를 원하는 대로 믿으려는 의지가 반대 증거가 제시하는 진실보다 더 강력하다. 반면 감정적 낙관주의는 우리 삶의 특정한 진실이나 결과와는 아무런 관련이 없으며, 결과와 상관없이 모든 것이 잘될 거라는 매우 유연한 태도다. 당신은 인지적 현실주의자이면서 감정적 낙관주의자가 되는 것을 목표로 해야 한다.

니체의 또 다른 웅변적인 문장도 비슷한 오류를 보여준다.

> 고통스러운 단련, 엄청나게 고통스러운 단련, 이것만이 지금까

지 인간의 모든 향상을 만들어냈다는 것을 그대는 모르는가?

— 프리드리히 니체, 『선악의 저편』

여기서 니체는 감정적 자기지배를 희생해야 행동적 자기지배(다음 장부터 다룬다)가 가능하다는 주장을 펼친다. 자족할 줄 아는 사람이 굳이 소파에서 내려오거나 수도원에 들어갈 이유가 없다는 건 맞다. 그러나 오직 고통만이 우리에게 위대한 동기를 부여할 수 있다는 생각은 잘못된 것이다. 고뇌하는 위대한 예술가의 신화는 현실에 근거하지 않은 또 다른 고정관념일 뿐이다.[3] 감정적인 자기지배와 행동적인 자기지배를 동시에 추구하지 못할 이유가 없다. 아침에 침대에서 일어날 의욕이 없는 사람들을 실제로 연구한다면, 평온함이 아니라 우울함이라는 정신상태가 관찰된다.[4]

삶에 대해 긍정적인 감정이나 만족감을 느끼는 것이 세상에서 발전할 기회를 추구하는 능력을 약화하지는 않는다. 가장 행복한 사람들이 반드시 가장 안락하지는 않지만 가장 생산적이고 의욕적이며,[5] 우울한 사람들보다 세상에 훨씬 더 긍정적인 영향을 미칠 가능성이 크다.[6] 낙천주의와 마찬가지로 '행복'이라는 단어의 매우 다른 두 가지 의미를 결합함으로써 만족감을 비판하는 사람들은 (감정적으로) 행복한 사람이 상황을 변화시키기 위해 행동할 이유는 없으며 지금 그대로의 상황에 (행동적으로) '행복'해야 한다고 주장한다. 현재가 달라지기를 바라는 것은 고통을 유발하지만, 미래가 달라지기를 바라는 것은 행동을 유발한다.[7]

니체는 낙관적인 관점을 자주 칭송했지만, 위대한 사람들이 감정적으로 더 연약하며 '보통 사람들'보다 더 많은 고통을 받아야 한다고 주장하기도 했다. 니체의 철학은 억압받은 집단이 자기 약점을 이상화하는 것에서 이른바 '노예의 도덕'이라는 윤리 체계가 시작됐다고 주장한다.[8] 그러나 니체 또한 노예의 도덕을 창조하고 고통을 이상화한 이유는 그것이 그에게 유일한 선택지였기 때문은 아닐까?[9] 니체마저도 자신의 비자발적인 고통을 위대함으로 포장함으로써 나약함에 대한 방어 기제를 작동시킨 것 아닐까?

시대를 통틀어 많은 사상가가 비슷한 방식으로 고통을 옹호했지만, 나는 그들이 정말로 고통받는 사람인 것처럼 군다고 생각한다. 당신이 감정을 고도로 통제하는 방법을 배워갈수록 불행, 비관, 감정적 무력감에 대한 주장들이 점점 더 당신을 당혹스럽게 할 것이다.

강한 사람만이 가장 필요한 고통을 견딜 수 있도록 고통을 구분하는 방법을 안다.

— 에밀 도리언Emil Dorian, 『목격자의 자질The Quality of Witness』

감정이 행복한 삶에서 중심적인 역할을 하고 가치관을 정립하는 데 큰 영향을 미친다는 사실에는 의심의 여지가 없다. 해야 할 일의 목록에 고통을 올리는 사람은 없는 반면, 대부분 사람은 자신의 목표에 긍정적인 감정을 포함한다. 하지만 긍정적인 감정은 부정적인 감정과 마찬가지로 종종 우리의 목표를 방해하고 때로는 파괴하기까지 한다.

아리스토텔레스는 인간의 감정에 대해 많은 것을 말했지만 그의 접근 방식은 후기 그리스 사상가들의 접근 방식과는 다르다. 아리스토텔레스에 따르면, 행복이란 단순히 가장 긍정적이거나 평화로운 감정을 경험하는 것이 아니라 긍정적이든 부정적이든 올바른 감정을 경험하는 것이다.[10] 감정은 강력한 동기부여가 될 수 있고, 우리가 자신을 바라보는 방식에서 중요한 역할을 한다.

아리스토텔레스는 모든 부정적인 감정을 없애려 애쓰지 말고 적절한 비율로 적절한 감정을 경험하도록 노력해야 한다는 개념을 제시했다. 도덕적인 사람들은 자신의 감정을 파악하고 적절한 균형 속에서 그 감정을 적절하게 경험하는 법을 배워야

했다. 이런 균형은 두 극단 사이의 평균으로 정의됐으며, 따라서 상황에 따라 달라졌다. 용기는 비겁함과 경솔함 사이의 이상적인 평균이었고, 자존심은 겸손과 허영심 사이의 평균이었다. 이런 의미에서 윤리학은 아름다움, 비례, 조화를 향해 노력하는 미학과 비교될 수 있다.[11]

아리스토텔레스와 달리 나는 적절한 감정의 결합 비율을 결정하는 기준을 보편적인 황금률이 아니라 개인의 주관적인 가치 직관으로 본다. 이럴 때 우리가 어떤 감정을 경험해야 하는가의 문제는 '나의 이상적인 자아는 무엇을 느낄 것인가'의 문제가 된다. 모욕을 당했을 때 나의 이상적인 자아는 화를 낼 것인가, 아니면 그냥 웃어넘기고 필요에 따라 상황을 처리할 것인가? 나의 이상적인 자아는 부모님의 장례식에서 완벽하게 평정심을 유지할 것인가, 아니면 한동안 슬퍼할 것인가? 어떤 반응이 나의 명확한 목표에 가장 합당할까? 이 질문들에 각자가 대답해야 한다.

감정에 대한 아리스토텔레스의 접근 방식이 삶의 전반적인 행복으로 이어진다는 증거가 실제로 존재한다. 한 문화비교 연구에서는 사람들이 경험한 감정, 원하는 감정, 행복과 우울증의 수준을 측정했다.[12]

> 대부분의 문화에서, 행복한 사람들은 유쾌함이든(예: 사랑) 불쾌함이든(예: 증오) 자신이 경험하고 싶어 하는 감정을 더 자주 경험하는 사람들이었다. 심지어 이 패턴은 자신이 실제로 느끼는 것보다 덜 유쾌하거나 더 불쾌한 감정을 느끼고 싶어 하는 사람들에게도 적용됐다. 경험한 감정과 원하는 감정의 차이를 조절해도 그 패턴은 바뀌지 않았다. 이런 결과는 기분이 좋든 나쁘든 간에 행복이 올바른 감정을 경험하는 것과 관련돼 있음을 보여준다.

이런 연구 결과는 스토아철학, 에피쿠로스철학, 불교에서 말하는 평정심의 목적에 부합하지는 않지만 감정적 자제력의 강력한 근거를 제공한다. 감정적 자기지배력이 강해질수록 자신의 목표와 이상에 일치하는 감정을 더 많이 경험할 수 있다.

나는 부정적인 감정이 결코 우리의 이상과 일치하지 않는다고 주장하지는 않겠다. 그러나 부정적인 감정이 바람직한 상황은 생각보다 많지 않다. 철학자들과 대중문화는 고통을 이상화함으로써 바람직하지 않은 경험을 일반화하고 영구화하여 사람들에게 큰 폐해를 끼쳤다.[13] 그러나 올바른 방법으로 노력한다면 누구나 이런 해로운 감정을 점진적으로 제거할 수 있다.

감정 알고리즘의 버그를 수정하라

> 인간에게는 내가 '속박'이라고 부르는 감정을 조절하고 억제할 힘이 없다. 그런 감정에 좌우되는 사람은 자신이 아니라 운의 지배하에 있기 때문이다. 그는 자신에게 더 나은 상황을 바라보기는 하지만 그 감정이 너무나 강력하기 때문에 여전히 최악의 상황을 따를 수밖에 없다.
>
> — 스피노자, 『에티카』

감정은 적응적 행동을 유발하기 위해 존재한다. 감정은 우리 조상들이 갈등을 극복하고, 새로운 이웃들과 교류하고, 동맹과 협력하게 해줬다. 그리고 삶에 대한 잠재적인 위협에서 도망치게 하고, 아이들을 돌보고 키우게 하고, 공동체의 구성원들을 소외시키는 행동을 자제하게 했다. 모든 감정의 존재 이유는 직접적인 적응이거나, 다른 적응의 부산물이거나, 때로는 유용한 안

전장치를 제공하는 것이다. 그러나 앞에서 살펴본 것처럼 유전적 관심사와 인간적 관심사의 결정적인 차이가 여기서도 문제를 일으킨다.[14]

원시 시대 인류의 원초적 감정은 유전자를 전파하도록 이끌기 위해 존재했다. 우리가 물려받은 감정이 현대적이고 개인적인 목적에 부합할 수도 있지만, 반드시 그럴 거라는 보장은 없다. 감정은 우리의 개인적인 목표에 도움이 될 때만 유용한 것으로 간주해야 한다. 감정은 본질적으로 유용하지도 않고 반드시 유익하지도 않다. 감정이 우리를 긍정적인 방향으로 이끌고 우리에게 가치 있는 것을 가르칠 수도 있지만, 항상 그러리라고 생각하는 건 원초적 감정이 존재하는 이유를 오해하는 것이다. 원초적 감정은 우리의 목표와 가치에 역효과를 가져 수 있으며, 이럴 때는 인지적 편향과 마찬가지로 그 감정을 오류라고 판단해야 한다.[15]

> 감정이 항상 '옳은' 건 아니다. 왜냐하면 감정은 광범위한 상황에서 인류의 생존을 보장하기 위해 진화한 확률적 시스템에 기초하기 때문이다.
>
> — 제임스 그로스, 『감정조절 핸드북』

몇몇 철학자는 추종자들에게 정념을 완전히 무시하거나 포기하라고 강조했다. 그러나 심리건축에서는 감정적 반응을 사람마다 다르게 바라본다. 어떤 감정이 어떤 상황에서 우리에게 도움이 되는지 사례별로 판단해야 한다. 기쁨도 광분으로 변하면 부적응 상태가 되지만, 통제할 수 없는 기쁨으로 힘들어하는 사람은 거의 없다.[16] 하지만 대부분 사람이 공유하는 감정적 반응 중에는 문제만 일으키는 것들이 너무 많다.

부정적인 감정 알고리즘을 제거하려면 감정마다 개별적인 전략을 세워야 한다. 어떤 인식은 불안·질투·분노에 대항하는 알고리즘의 역할을 할 수 있으며, 이런 인식 중에서 가장 바람직한 것들이 계승돼왔다. 우리는 위대한 심리건축가들의 지혜로운 치유의 언어들을 성문화할 수 있다. 이 교훈을 당신의 소프트웨어에 포함할 수 있다면 그 소프트웨어는 분노, 부러움, 슬픔을 유발하는 생각이 떠올랐을 때 자동으로 실행되어 고통스러운 반응을 무력화할 것이다.

지금부터 특정 감정을 다루도록 재설계된 알고리즘 중 몇 가지를 간략히 살펴볼 것이다. 감정의 종류는 너무나 다양하며, 각각의 감정을 다루기 위해 소개하는 알고리즘은 수백 가지 가능성 중 하나다. 모든 것은 단지 제안일 뿐이고, 어떤 감정이 언제 당신에게 도움이 되는지는 스스로 판단해야 한다.

분노와 증오

자신의 전략적 목표가 다른 사람의 잘못으로 방해받았다는 걸 인식할 때 분노가 발생한다. 분노는 타인에게 피해를 주거나 수치심을 안기거나 물건을 훔치는 것 등 규율을 위반하는 여러 가지 행동을 차단하기 위해 진화한 사회적 감정이다.[17] 언뜻 이 억제력이 오늘날에도 유용한 기능처럼 보일 수도 있다. 하지만 대개 분노는 상황이나 무생물을 향해 표출된다. 의식적인 비난의 대상이 없음을 자신에게 일깨운 후에야 분노가 가라앉고, 분노와 증오가 자기 자신 말고는 누구에게도 고통을 주지 않았다는 사실이 분명해진다.

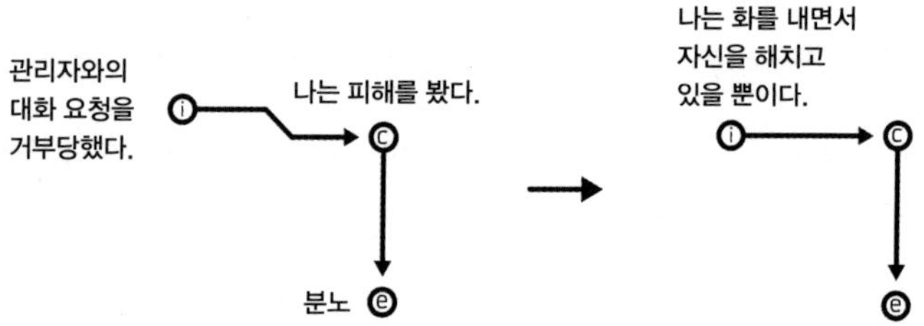

분노가 다른 사람들을 향하더라도 상황을 다루는 가장 효과적인 전략인 경우는 거의 없다. 노자의 『도덕경』은 최고의 싸움꾼은 결코 화를 내지 않는다고 일깨워준다. 싸움꾼조차 화를 내지 않는 것이 더 효과적이라면 분노가 우리에게 이익이 되는 경우는 상상하기 어렵다. 상대방이 그렇게 행동한 진정한 원인과 동기를 이해할수록 어떤 것에 책임을 전가하는 일이 점점 더 불합리해진다. 위대한 사람들은 장애물, 위협, 공격에 대응하기 위한 탁월한 전략을 개발한다.[18] 공격자들에게 공감과 유머, 합리적인 배려로 반응하면서 자기 입장을 고수할 수 있는 사람은 분노하는 사람보다 더 많은 전투에서 승리할 것이다.[19]

스토아철학자 세네카는 『분노에 대하여On Anger』라는 책에서 분노의 본질과 분노를 다루는 방법에 대하여 훌륭한 통찰을 보여준다. 세네카가 제시하는 대응 알고리즘은 다음과 같다.

> 분노를 가라앉히는 특효약은 잠시 멈추기다. 죄를 용서하기 위해서가 아니라 죄에 대해 올바른 판단을 내릴 수 있도록 잠깐 멈추라고 자신에게 요청해라. 만약 분노가 지연된다면 결국에는 사라질 것이다. 분노는 처음 충동이 격렬하니 한꺼번에 잠재우려고 하지 마라. 조금씩 잘라내면서 전체를 제거해라.

여기서 세네카는 명확하게 판단할 수 있을 때까지 반응을 잠시 늦추고 분노의 충동을 조금씩 잘라내라는 대응책을 제시했다.

> 마음속 가장 깊은 곳에 분노를 숨겨둬라. 분노에 끌려다니지

> 말고 분노를 이끌어라. 또한 분노의 모든 표현을 반대로 바꿔라. 표정을 이완시키고 목소리를 부드럽게 하고 걸음걸이를 더욱 차분하게 해라. 그러면 내면의 감정이 서서히 바뀐다.

세네카는 분노의 표현을 바꿈으로써 감정을 억제하고 그것이 해를 끼치는 일을 방지할 수 있으며, 마음을 차분히 가라앉힐 수 있다고 말했다.[20] 만약 분노를 느낄 때 이런 알고리즘이 자동으로 실행되도록 프로그래밍할 수 있다면, 점진적으로 자신의 감정을 지배할 수 있을 것이다. 당신이 마주치는 모든 역경을 정신력 시험으로 받아들이는 법을 배워라. 그러면 인내심과 차분함을 유지하는 능력이 점점 더 발전할 것이다.

당혹감과 수치심

수치심은 사회적 지위, 규범 준수와 관련된 사회적 감정이다. 자신을 당황하게 하거나, 다른 사람의 기분을 상하게 하거나, 다른 누군가가 자신을 무시한다고 여길 때 수치심을 느낀다. 수치심은 사회적 지위나 인간관계를 위험에 빠뜨리지 않게 하는 것을 목적으로 하지만, 일반적으로 득보다 실이 많다.[21] 대중 앞에서 연설할 때 아무리 준비를 많이 했더라도 혹시 창피당할까 봐 두려워하기 마련이다. 다른 사람에게 모욕을 당하면 아무리 그 내용이 틀렸거나 자신의 실제 가치와 무관하더라도 며칠 동안 낯이 화끈거린다.

앞서 사회적 지위에 감정적 투자를 줄이는 일이 얼마나 가치 있는지 이야기했다. 다른 사람들에게 인정받는 것보다 자신에게 인정받기 위해 살아가는 것, 인생을 어떻게 살아가야 하는지에 대해 잘못된 통념을 거부하는 것의 가치에 대해서도 이야기했다. 이는 수치심에 대처하고 사회적 비준에 대한 욕망을 다루는 긍정적인 방법이 될 수 있다. 요가 지도자인 요기 바잔Yogi Bhajan은 모욕의 고통을 약화하거나 제거할 수 있는 강력한 대응 알고리즘 중 한 가지를 제시했다.

> 만약 당신에 대한 다른 사람의 모욕적 행위를 인간적 가치에 대한 평가라기보다 그들과의 관계를 반영한 것으로 바라본다면, 당신은 한동안 전혀 반응하지 않을 수 있을 것이다.

다른 사람들의 의견과 평가는 종종 당신에 대한 어떤 의미 있는 이야기라기보다는 그들 자신의 불안과 더 관련이 있다.[22] 다른 사람들의 모욕에서 뭔가를 배울 수 있는 드문 경우에도 당신은 단지 행동을 바꾸는 일만 하면 되지, 이런 변화에 고통을 느낄 필요는 없다.

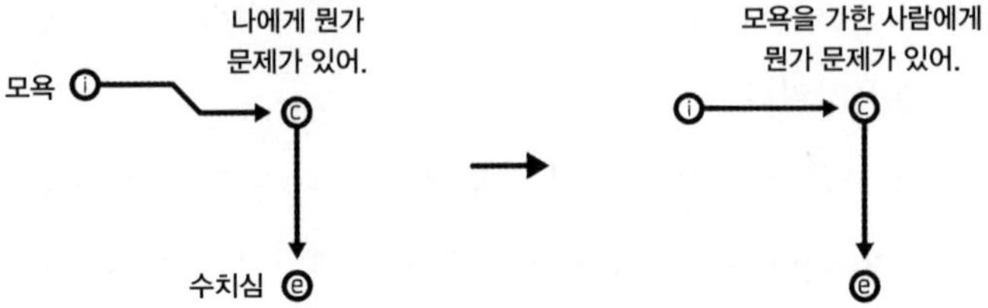
나에게 뭔가
문제가 있어.
모욕
수치심
모욕을 가한 사람에게
뭔가 문제가 있어.

부러움과 샤덴프로이데

부러움은 자신을 다른 사람과 비교하고 내가 원하거나 가질 자격이 있다고 느끼는 것을 타인이 가지고 있다고 생각하는 데서 생겨나는 감정이다. 부러움은 더 많은 재산, 더 높은 지위, 더 멋진 애인을 갖기 위해 싸우라고 부추긴다.[23] 그러나 누군가를 부러워할 때 당신은 자신이 가진 것에 감사하지 못하고, 결코 만족감을 주지 못할 비교의 악순환에 자신을 빠뜨린다.[24]

> 갖지 못한 것을 탐내면서 이미 가진 것을 소홀히 여기지 말라. 지금 가지고 있는 것 역시 한때 당신이 너무나 가지고 싶어 했던 것이었음을 명심하라.
>
> — 에피쿠로스, 『주요 가르침』

부러움과 비교는 개인이나 집단의 생활 수준이 아무리 높아도 만족감을 느끼는 걸 방해할 수 있다.[25] 그런 감정에 맞서기 위해 당신은 자신에게 중요한 것을 소프트웨어에 포함시키고, 그 것을 주변 상황과 절대 비교해서는 안 된다.[26]

최고가 되지 말라. 유일한 사람이 되라.

— 케빈 켈리Kevin Kelly[27]

부러움에 대응하는 가장 좋은 방법은 오직 자신과 경쟁하고 있다는 걸 상기하면서 관점을 내부로 돌리는 것이다.[28] 일차원적인 평가 대신 당신의 자질과 강점의 독특한 조합으로 자신을 평가한다면, 당신이 부러워할 만한 가치가 있는 사람은 거의 없을 것이다.

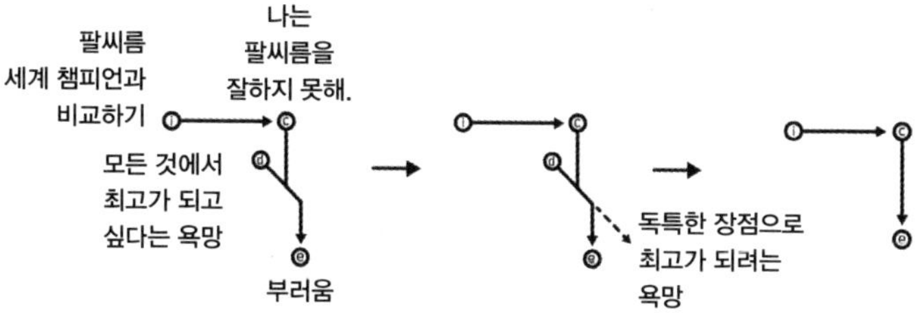

샤덴프로이데Schadenfreude는 '다른 사람들의 불행을 즐거워함'을 뜻하는 독일어다. 많은 사람은 타인의 실패를 즐거워하고 타인의 성공을 싫어한다. 때로는 자기가 아끼는 사람들도 타인에 포함된다.[29] 진정한 친구는 친구의 성공을 진심으로 기뻐하는 사람이다. 자신의 가치관이 행복의 기준이 될 때 당신이 부러워해야 할 유일한 사람은 현재의 자신보다 더 나은 자신이다. 그럴 때 당신은 무엇을 실천해야 할지 알게 될 것이다.

두려움, 걱정 그리고 불안

두려움은 심각한 위협에 처했을 때 도움이 되는 유용한 반응일 수 있지만, 미래의 목표를 위해 여러 가지 결정을 내려야 하는 오늘날에는 너무나 많은 사람이 불안을 경험한다. 불안은 미래로 확장되는 두려움이다. 불안은 종종 먼 장래까지 고민하게 하며, 마감일을 맞추는 것에 대한 걱정에서부터 머리카락에 대한 강렬한 공포(털 공포증Chaetophobia)에 이르기까지 다양하다. 불안은 유전자에 대한 위협을 피하도록 알려주는 일종의 경고신호로 작동하지만, 오늘날에는 쓸데없이 부정적인 감정을 초래하는 경우가 더 많다.[30]

『불교는 왜 진실인가』의 저자 로버트 라이트와의 영상 대담에서 진화의학 창시자 랜돌프 네스Randolph Nesse는 만성 불안의 원인을 설명했다. 그는 인간의 위협 감지 시스템이 다른 많은 신체 반응과 같이 자연선택으로 과민하게 형성되어서 자주 오류를 일으킨다고 말했다. 그는 이렇게 덧붙였다.

> 이것이 우리가 화재감지기를 무시하는 이유입니다. 일생에 한 번 정도 발생하는 진짜 화재가 아니라 매주 태워 먹는 토스트에 대해 경고하니까요.[31]

네스의 화재감지기 비유는 특히 불안이 오류에서 비롯될 때 우리가 느끼는 고통의 많은 부분을 설명해준다. 우리가 살아가는 세상이 조상들의 세상과 점점 더 달라지면서 잘못된 부정적 감정을 느낄 가능성이 점점 더 커졌다는 뜻이다. 불안은 주로 부적합한 반응을 부르는데, 현대인들은 위험을 피하고 마감일을 맞추기 위해 마음속에서 수시로 알람이 울리게 할 필요가 없다.

원치 않는 두려움은 '불 끄기'라고 불리는 과정을 통해 서서히 극복할 수 있다. 불 끄기는 뇌가 자극을 위험과 연관시키지 않도록 노출 강도를 단계적으로 높이는 훈련 방법이다.[32] 그러나 장기적인 불안은 이것만으로 극복하기가 어려울 수 있다.

불교는 이런 불안을 해소하는 데 특히 유용하다.[33] 붓다는 우리의 걱정과 근심 자체가 위협에 대한 경고보다 훨씬 더 많은 고통을 부른다고 강조했다.

> 자기 생각을 경계하지 않는 것만큼 위험한 일은 없다.
>
> — 붓다, 『앙구타라 니카야Anguttara Nikaya』

불교 승려 산티데바Shantideva가 제시한 간단한 알고리즘을 내면화하는 것도 도움이 된다.

> 문제가 해결될 수 있다면 왜 걱정하는가? 문제가 해결되지 않는다면 왜 걱정하는가? 어떤 경우든 걱정은 우리에게 아무런 도움이 되지 않는다.
>
> — 산티데바, 『입보리행론』

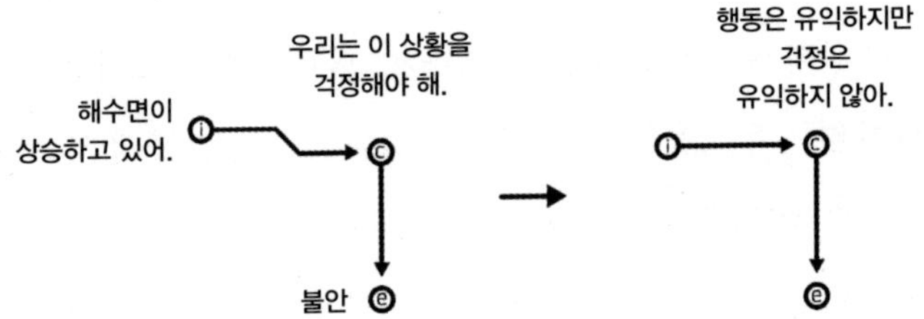

걱정이 생기는 순간 걱정의 무의미함을 기억하도록 마음의 소프트웨어를 프로그래밍하면, 걱정을 감정 목록에서 서서히 제거할 수 있다. 이런 변화는 당신의 정신적인 대역폭이 패닉으로 마비되지 않고 최상의 대응 방법을 찾는 일에 집중하게 해줄 것이다.

그 밖의 예상치 못한 버그들

슬픔과 우울증

목표를 성취할 기회, 소중한 대상, 친밀한 관계 등 자신에게 중요한 뭔가를 잃었다고 느낄 때 사람들은 슬픔과 우울증을 경험한다. 어떤 슬픔은 나쁜 결과를 피하거나 다른 사람들과 교감하는 방법을 가르쳐줄 수도 있지만, 사람들이 경험하는 상실과 슬픔의 많은 부분은 설명되지 않은 채로 남아 있다. 우리는 사랑하는 사람이 죽었을 때 왜 그렇게 큰 고통을 느끼는지 완전히 이해하지 못하며, 다른 감정적 구조의 불행한 부산물이라고 믿는 이들도 있다.[34] 원인이 무엇이든 슬픔은 가장 극심하고 흔한 고통이다.

네스는 상실 후에 슬픔을 거의 경험하지 않는 사람들이 다른 방식으로 큰 상처를 받으리라고 예상했다. 그런데 이들이 깊은 슬픔을 느끼는 사람들만큼이나 삶과 사회적 관계에서 건강해

보인다는 사실에 매우 놀랐다고 한다.[35]

슬픔을 다루는 붓다의 알고리즘은 다음과 같다.

> 세상은 죽음과 부패로 고통받고 있다. 그러나 지혜로운 사람은 세상의 본성을 깨닫고 슬퍼하지 않는다.
>
> — 붓다, 『숫타니파타Sutta Nipata』

불교는 성공과 재산, 심지어 사랑하는 사람들과의 관계를 다른 방식으로 발전시키라고 강조한다.[36] 모든 것에는 끝이 있음을 깨달을 때, 거듭되는 유한함의 비극을 슬퍼하기보다는 다른 사람들과 함께하는 소중한 시간을 감사할 수 있고 이별을 받아들이는 방법을 배울 수 있다.

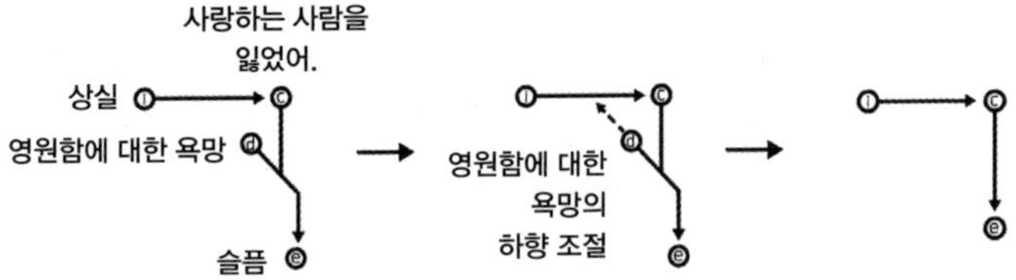

슬픔은 너무나 강렬해서 대부분 사람은 슬픔을 완전히 없앨 수 있다고 기대하지 않으며, 그러길 원하지 않기도 한다. 어떤

이들은 상실을 겪은 후에 바로 일어서려고 하지만, 또 어떤 이들은 이런 반응이 자신의 가치관에 맞지 않는다고 생각한다. 나는 사랑하는 사람을 잃었을 때 매우 슬퍼했고, 앞으로도 틀림없이 그럴 것이다. 그러나 죽음과 상실의 불가피성을 이해한다면, 슬픔에 잠식되는 대신 시간이 어느 정도 흐르면 슬픔을 이겨내는 법을 배울 수 있다.

죄책감과 후회

자신의 가치관에 반하는 행동을 할 때면 죄책감이나 후회를 느끼게 된다.[37] 이런 감정은 자신의 가치관을 강화하는 유용한 기능을 할 수 있기 때문에 완전히 제거할 필요는 없다. 다만 적절한 시점에 활성화되도록 양심을 보정해야 한다. 당신이 어려운 상황에 처해서 어떤 결정을 내려야 한다고 가정해보자. 지난날을 돌이켜보면서 당신은 잘못된 일을 저질렀다는 걸 깨닫는다. 당신은 죄책감과 후회의 물결을 경험하게 되고, 그 감정은 몇 달 심지어 몇 년 동안 지속된다.

당신은 이런 감정이 합당하다고 생각하겠지만, 나는 당신의 충동적인 후회가 적절하게 훈련되지 않았다고 주장하고 싶다. 만약 당신이 활용할 수 있는 모든 정보를 통해 최선의 결정을 내렸는데도 고통스러운 감정이 활성화된다면 무슨 도움이 되겠는가.

> 후회에 절대 굴복하지 말고 즉시 자신에게 말하라. 후회는 첫 번째 어리석음에 두 번째 어리석음을 더하는 것일 뿐이라고. 만약 당신이 해를 끼쳤다면 어떻게 선을 행할 수 있을지를 고민하라.
>
> — 프리드리히 니체, 『방랑자와 그 그림자』

네이트 소아리스Nate Soares가 『죄책을 대신하다Replacing Guilt』에서 제시한 대응 알고리즘 중 하나는 우리의 의무에 대해 자신에게 이야기하는 방법과 관련돼 있다.

> 해야 한다는 이유로 뭔가를 하는 걸 멈춰라. 그것이 뭔가를 해야 하는 이유처럼 느껴지게 해서는 안 된다. …… 심사숙고할 때 당신의 유일한 의무는 주어진 시간과 정보를 통해 어떤 행동이 최선인지를 알아내는 것이다.
>
> — 네이트 소아리스, 『죄책을 대신하다』

만약 무엇이 최선일지 확인할 수 없다면, 어떤 선택을 했든 자신을 탓하는 건 아무 소용이 없다. 그리고 주어진 시간에 자신이 할 수 있는 최선의 결정을 내렸다면, 그 결과를 두고 자신을 비난하는 건 합리적이지 못하다.[38] 당신의 양심은 하나의 도구다. 당신은 자신의 가치관이나 이익에 반하는 행동을 할 때만 후회가 활성화되기를 원하고, 이상과 일치하도록 자신을 격려하고 싶을 것이다. 신중하게 프로그래밍된 감정 알고리즘이 이 일을 도울 수 있다. 방법은 간단하다. 당신이 나쁜 결정이라고 생각하는 것을 절대로 실행하지 않겠다고 다짐해라. 그리고 당신이 최선이라고 생각한 행동에 대해서는 결코 자책하지 마라.

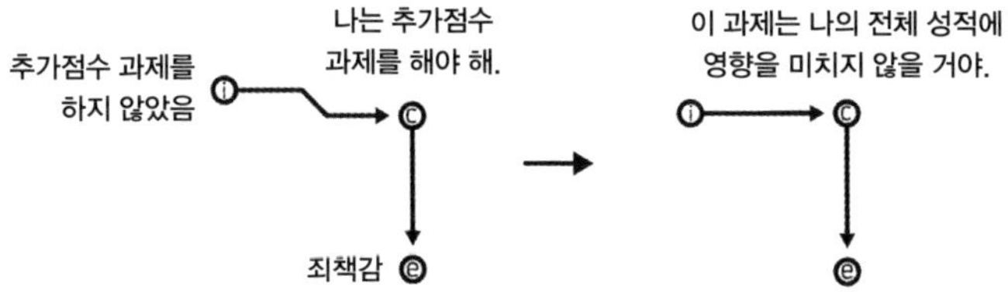

질투와 소유욕

질투는 부러움과 달리 이미 가진 것을 잃을까 봐 두려워하는 감정이며, 특히 매력적인 파트너와의 관계에서 자주 등장한다. 질투에는 짝을 잃는 것을 방지하려는 명확한 목표가 있다.[39] 다른 여러 가지 부정적인 감정과 마찬가지로, 질투는 이런 결과를 끌어내기 위한 원초적 수단이다. 당신의 소유욕은 유전자를 전파할 수 있을 만한 시간 동안 파트너를 독점하고자 할 것이다. 그러나 만약 당신이 건강하고 장기적인 관계를 갈망한다면, 다른 사람들에게서 파트너를 떼어놓으려고 애쓰는 건 백해무익한 행동이다.[40] 소유욕과 독점욕은 그 밖의 중요한 사람들을 적대시하면서 인간관계를 약화하고 파국으로 몰아갈 것이다.

당신을 괴롭히는 질투심을 누그러뜨릴 여러 가지 방법이 있다. 우선 파트너가 다른 사람들과 교류하는 것이 당신을 떠나려는 게 아니라는 걸 믿음으로써 질투심의 민감도를 낮출 수 있다.[41] 또한 당신에게 너무나도 중요한 파트너 역시 한 명의 인간으로서 당신 이외의 사람들에게도 관심을 둘 수 있으며, 이런 행동은 아무런 문제가 없다고 자신에게 일깨울 수 있다.[42] 그런데 만약 파트너가 이별을 통보한다면, 그건 아마도 바람직한 관계가 아니었으리라고 생각하면 된다.[43] 질투를 없애기 위해 내가 찾아낸 가장 바람직한 알고리즘은 인도 철학자 오쇼Osho의 문장이다. 그는 다른 사람을 소유의 대상으로 여기지 말라고 강조한다.

> 꽃을 사랑한다면 꺾지 말라. 만약 꽃을 꺾으면 당신이 사랑하는 대상은 죽고 사라져버린다. 그러니 꽃을 사랑한다면 그냥 바라만 보라. 사랑은 소유하는 것이 아니라 존재를 감사하는 것이다.

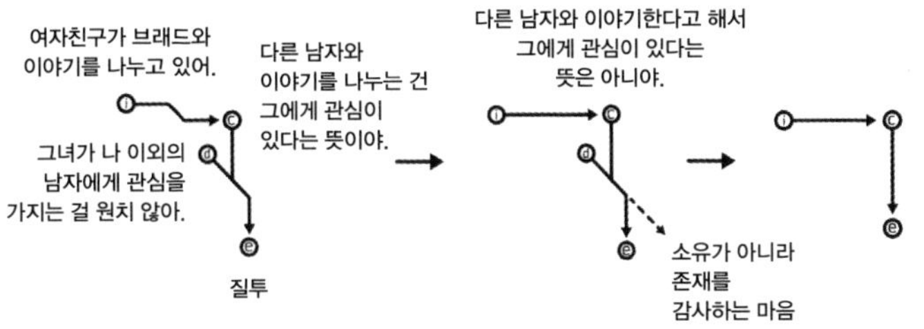

다른 사람들과 함께 보낼 수 있는 모든 순간에 감사해라. 절대로 그들을 당신의 것이라고 생각하지 마라. 만약 누군가를 사랑한다면 당신은 상대방을 소유의 대상이 아니라 한 인간으로서 발전하도록 돕고 싶을 것이다. 그리고 이런 이기적이지 않은 감정은 당신을 더 멋진 파트너로 만들 것이다. 강박적인 애착 없이 서로에게 감사할 수 있는 관계는 두 개인의 성장과 행복으로 이어질 것이다.[44]

사랑, 동정심, 공감

우리는 경쟁적이고 공격적인 성향 외에도 사회 친화적이고 이타적인 여러 가지 성향과 감정을 물려받았다. 사랑하는 사람들을 소중하게 생각하고, 다른 이들의 고통에 공감하고, 같은 공동체에 속한 사람들을 도와주려 노력하도록 진화했다.[45] 대부분 사람은 동정심과 공감을 보편적이고 긍정적인 감정이라고 생각한다. 하지만 이런 감정에는 어두운 면도 있다. 폴 블룸Paul Bloom은 『공감의 배신』에서 정서적 공감의 가치에 의문을 제기했다.

블룸은 공감이 우리의 개인주의적 가치관에 종종 역효과를 가져오며, 문제를 해결하도록 지속적으로 압박하지 않음으로써 불필요한 고통을 일으킨다고 주장했다. 너무나 동정심이 많아서 다른 사람들을 대신하여 의미 없는 고통을 주기적으로 겪는 이들도 있다. 또한 동정심은 배려받는 사람의 의지력을 약화할 수도 있다. 자신의 문제를 털어놓는 사람들은 공감해줄 누군가를 원하고, 배려심이 많은 친구는 그들의 부적응을 지적하고 조언하기보다는 문제를 해결하도록 직접적으로 도와줄 가능성이 더 크다. 블룸은 일반적으로 공감 능력이 부족하다고 여겨지는 사람들, 즉 사이코패스들은 충동 조절 능력이 부족하며, 예외적인 이타주의자들은 공감 능력보다 자제력이 더 강할 가능성이 크다고 주장했다.[46]

> 미래에 대한 최선의 희망은 모든 인류가 서로를 가족처럼 생각하게 하는 것이 아니다. 그건 불가능하다. 오히려 희망은 우리가 낯선 이들에게 공감하지는 않더라도 그들의 삶이 우리가 사랑하는 사람들의 삶과 동등한 가치를 지님을 인정하는 태도에 달렸다.[47]

만약 당신이 공감을 칭송하는 쪽에 속한다면, 그것이 아무리 고귀해 보여도 여전히 감정이라는 점을 유념할 필요가 있다. 공감은 진실이나 결과를 고려하지 않기 때문에 만약 당신이 의식적으로 통제하지 않는다면 양쪽 모두에게 도움이 되지 않을 것이다.[48] 효과적인 이타적 행동은 동정심을 자극하는 공익광고나 자선단체에 돈이나 시간을 단순히 기부하는 것보다는 자신의 행동이 얼마나 바람직한 결과로 이어지는지를 살펴보는 것이다.[49] 이런 원칙을 따르는 것이 때로는 차갑게 보일 수도 있지만, 감정은 현명하고 효과적으로 표현되도록 길들여야 한다는 사실을 잊지 마라.

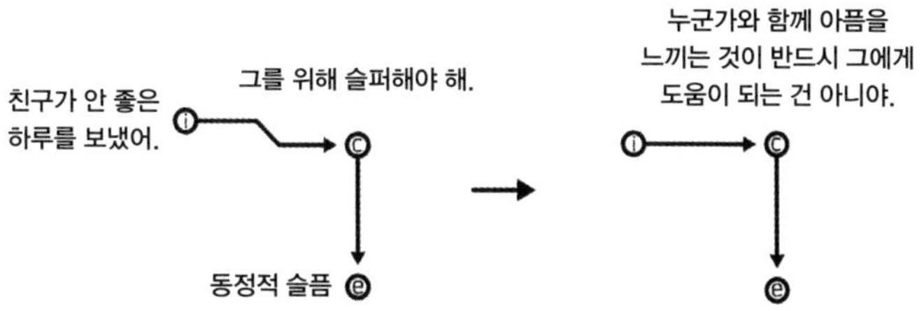

반면 동정심이 바람직하다고 판단될 때는 동정심을 다른 방향으로 적용할 수도 있다. 붓다, 예수, 그 밖의 위대한 심리건축가들은 모든 사람에게, 심지어 원수에게까지 사랑·연민·용서를 베풀라고 강조했다.[50] 그리고 이런 형태의 보편적 동정심은 복

지와 사회적 선에 크게 도움이 될 수 있다.[51] 보편적 동정심은 사회적 연결을 촉진하고, 증오의 감정을 제거하고, 사회를 개선하는 활동에 적극적으로 참여하도록 사람들을 이끌 수 있다.[52] 오늘날에는 보편적 사랑이라는 개념이 낯설지 않지만, 그 개념을 강조한 초창기의 사상가들은 당시에는 급진적인 위험인물로 간주됐다. 보편적 동정심은 실제로 반직관적이고 강력한 도구다.

> 오직 너희는 원수를 사랑하고 선대하며 아무것도 바라지 말고 빌리라.
>
> —「누가복음」 6장 35절

공감은 생물학적으로 가족과 씨족 구성원들에게 느끼도록 설계됐다. 그런데 그 감정을 다른 집단의 구성원들에게 심지어 싫어하는 사람들에게까지 확장함으로써 자신의 가치관에 부합하도록 긍정적으로 '남용'할 수 있다. 모든 사람에게 보편적 동정심을 느끼는 습관을 프로그래밍함으로써 분노와 증오 같은 여러 가지 부정적 감정을 하향 조절할 수 있다. 자비로움, 즉 사랑을 베푸는 명상과 실천은 이런 보편적 동정심을 함양하는 한 가지 방법이다. 일반적으로 자비로움은 다른 사람들에게 고통에서 벗어나고 행복하길 기원하는 말과 생각을 반복하는 것으로 구성되며, 자기 자신과 자신이 사랑하는 사람들에서 시작하여 어려움에 처한 이들, 원수들 그리고 결국에는 살아 있는 모든 생명으로 향한다.[53]

최강의 멘탈과 평정심

무엇에도 방해받지 않는 상태에 있는 것이야말로 위대함의 확실한 증거다.

— 세네카, 『분노에 대하여』

회복력은 대중심리학의 유행어가 됐고, 그럴 만한 이유도 있다. 피할 수 없는 좌절에서 빨리 회복하는 법을 배우는 것은 좌절을 피하려고 애쓰는 것보다 훨씬 더 실용적이다. 회복력이 강한 사람들은 스트레스에 더 잘 대처하고, 우울증을 덜 겪고, 더 오래 살고, 신체적으로 더 건강하다.[54 55] 하지만 더 높은 곳을 목표로 하는 건 어떨까? 쓰러진 후에 정서적 회복력이 발휘되고 있다면 정서적 강인함은 애초에 무너진 것이 아니다.

강인한 마음은 강력한 면역 체계를 가진 마음이며 굽히지 않고 더 많은 역경을 견딜 수 있는 마음이다. 우리는 위험을 회피하는 것이 아니라 위험을 대비함으로써 마음을 강화할 수 있다. 자신을 어려움에 노출함으로써 자신을 단련하고 마음이 시련에 효과적으로 대응하는 법을 배우게 한다. 삶에서 일어나는 사건들로 촉발될 수 있는 감정 알고리즘을 파악하고 새롭게 프로그래밍함으로써 소프트웨어를 최적화할 수 있다.

감정은 정교한 도구다. 이 도구는 위대한 일들을 성취하는 데 사용될 수 있지만, 충돌하는 정념이 적절하게 통제되지 못할 때는 장애물이 될 것이다. 때로는 부정적인 감정이 목표를 이루는 데 도움이 되고 가치관에 부합할 수도 있다. 그러나 끊임없이 기분이 변하는 사람들보다 안정적이고 통제된 감정을 가진 사람들이 심리적 건강을 더 잘 유지하는 것으로 밝혀졌다.[56] 그리고 만약 당신의 감정이 원시 인류의 상태에 머물러 있다면 오직 행운만이 당신의 목표를 달성하는 데 도움을 줄 것이다.

감정이 유용하다고 믿는 것은 나쁘지 않다. 하지만 감정을 통제할 수 없다면 당신은 감정을 제대로 활용하지 않는 것이며, 오히려 감정이 당신을 이용하는 것이다. 화를 참을 수 없다면, 벽을 아무리 세게 쳐도 이 약점을 고칠 수 없다. 끊임없는 질투에서 벗어날 수 없다면 문제는 당신 파트너의 마음이 아니라 당신의 마음일 확률이 높다. 직관에 반하는 것처럼 보일 수도 있지만, 만약 당신이 다른 사람들에 대한 동정심을 통제할 수 없다면 당신에게도 약점이 있는 것이며 그런 감정은 누구에게도 바람직하지 않다. 감정을 능숙하게 활용하기 전에 감정을 안정시키는 법을 배워야 한다.

5장부터 7장까지 다룬 핵심 개념은 당신이 힘겨워하는 부정적인 감정적 반응을 새롭게 프로그래밍할 수 있다는 것이었다. 이 개념은 지나치게 단순해 보일 수도 있다. 하지만 수년간 나는 감정 알고리즘이 내 문제의 근원이라고 인식해야만 이런 반응을 완전히 제거할 수 있다는 것을 거듭 발견했다. 원치 않는 여러 가지 감정적 반응은 저마다 독특한 문제를 제기하고 창의적인 해결책을 요구한다. 어떤 것은 다른 것보다 더 도전적이다. 그러나 부정적인 감정에 굴복하는 것이 평정심에 가장 큰 장애물이라는 사실은 매우 중요하다.

바람직하지 않은 감정은 두뇌 소프트웨어의 버그다. 가치관과 충돌한다고 느껴지는 감정적 범주는 심리적 코드의 취약성을 드러낸다. 사회·문화는 상처를 받고 화를 내는 건 아무 문제가 없다고 사람들에게 열심히 강조한다. 이는 프로그래머에게 당신이 만든 코드에 오류가 있어도 괜찮다고 말하는 것과 같다. 물론 괜찮다. 그걸 개인적인 문제로 받아들이는 것이 더 많은 문제를 일으킬 뿐이다. 하지만 이제 디버깅할 때가 됐다. 당신의 생각과 감정은 교정될 수 있다. 당신이 그 감정들을 교정하기 위해 얼마나 노력했는지는 큰 상관이 없으며, 당신이 안고 있는 모든 문제는 최적화되지 않은 소프트웨어의 일부다.

감정의 최적화를 목표로 할 때는 평정심이라는 고대의 이상을 함양하려고 노력해야 한다. 평정심은 흔들림 없는 평온함과 심리적 안정 상태를 가리키며, 그리스 스토아철학의 아파테이아apatheia, 에피쿠로스주의의 아타락시아ataraxia, 불교의 우페카upekkha 등 대부분 실용철학과 종교에서 이와 같은 개념을 추구했다.[57] 이런 마음 상태를 가진 사람은 큰 역경에도 마음의 균형이 흔들리지 않는다. 평정심은 심리적 강인함과 통제력의 정점이다.[58]

> 평정심은 마음의 균형이고 흔들리지 않는 마음의 자유이며 이익과 손해, 명예와 치욕, 칭찬과 비난, 쾌락과 고통에 동요되지 않는 내면적 평형 상태다.
>
> — 빅쿠 보디, 『깨달음의 문턱을 향해Toward a Threshold of Understanding』

평정심을 고대의 현자만이 도달할 수 있었던 정신적 경지라고 생각하기 쉽지만, 그건 당신이 이미 도달한 정신적 상태를 과소평가하는 것이다. 당신이 5년 전에 겪었던 문제를 다시 생각해봐라. 무엇 때문에 그토록 고민했나 싶지 않은가? 분노, 두려움, 불안, 슬픔을 유발했던 상황은 과거에 그랬던 것과 달리 이제 더는 큰 고통을 주지 않는다. 이제 와 생각해보니 그런 문제들이 쉽게 느껴지고 대부분은 실제로 사소한 문제였다는 걸 알게 됐을 것이다. 그런 문제들은 자연스럽게 해결됐을 가능성이 크고, 어쩌면 처음부터 아무런 문제도 아니었을 것이다. 당신은 그런 시련을 겪은 걸 감사할지도 모른다.

평정심은 5년 전의 문제에 대해 지금 당신이 느끼는 감정을 현재의 문제에 적용하는 것이다. 그것이 큰 문제가 아니고, 자연스럽게 해결될 것이며, 좋은 경험이라고 받아들이는 것이다. 이런 경지는 당신을 괴롭히는 감정적 반응을 파악하고, 감정의 왜곡을 바로잡기 위해 재구성과 조정 전술을 활용하고, 상황과 상관없이 당신이 거의 완전히 평온해질 때까지 각각의 반응을 새롭게 프로그래밍하는 점진적인 과정을 통해 도달할 수 있다.

> 파도가 끝없이 몰아쳐도 굳건하게 서 있는 바위 언덕을 닮으라. 흔들림 없이 견디면 거친 물결도 결국 잔잔해질 것이다.
>
> — 마르쿠스 아우렐리우스, 『명상록』

평정심을 함양하고 마음을 차분하게 유지하는 방법을 배운 당신은 마음을 올바른 방향으로 능숙하게 이끌 준비가 됐다. 다음 장에서는 행동과 습관을 통제하고 지배하는 능력에 관심을 기울일 것이다.

■ 핵심 정리 ■

* 합리성과 자기성찰이 인지적 자기지배의 구성 요소로 합쳐진 것처럼 인지 재구성과 욕구 조절은 감정적 자기지배의 구성 요소로 합쳐진다.

* 심리건축은 가장 긍정적이거나 평화로운 감정이 아니라 긍정적이든 부정적이든 올바른 감정을 경험하려고 노력하는 접근법을 취한다. 현대의 연구는 올바른 감정을 경험하는 것이 진정한 행복의 지표임을 보여준다. 어떤 감정을 경험해야 하는가의 문제는 '나의 이상적인 자아는 무엇을 느낄 것인가'의 문제로 귀결된다.

* 당신이 마주치는 모든 역경을 정신력의 시험으로 받아들이는 법을 배워라. 그러면 인내심과 차분함을 유지하는 능력이 점점 더 발전할 것이다. 자신의 가치관이 행복의 기준이 될 때 당신이 부러워해야 할 유일한 사람은 현재의 자신보다 더 나은 자신이다. 그럴 때 당신은 무엇을 실천해야 하는지 알게 될 것이다.

* 감정의 최적화를 목표로 할 때는 평정심이라는 고대의 이상을 함

양하려고 노력해야 한다. 평정심은 5년 전의 문제에 대해 지금 당신이 느끼는 감정을 현재의 문제에 적용하는 것이다.

* 평정심을 함양하고 마음을 차분하게 유지하는 방법을 배웠다면, 마음을 올바른 방향으로 능숙하게 이끌 준비가 된 것이다.

DESIGNING THE MIND

8장

자기주도적인 삶의 장애물들

갈망의 위협

행복을 원하는 사람은 반드시 자기통제를 추구하고 실천해야 한다.

— 플라톤, 『고르기아스』

우리는 매일 수많은 내면적 선택에 직면한다. 책을 읽을까, 아니면 컴퓨터 게임을 할까? 운동을 할까, 아니면 와플을 먹을까? 나가서 술을 마실까, 아니면 집에서 아이들과 시간을 보낼까? 이런 질문은 마음속에서 벌어지는 두 개 이상의 충동이 싸우고 있음을 보여준다. 그리고 이 싸움에서 최종적으로 승리하는 충동이 당신이 어떤 사람이 될지를 결정한다. 자기지배 3요소 중 행동 영역은 여러 가지 측면에서 최선의 도구이기 때문에 마지막에 다루겠다. 가치관 확립의 궁극적인 목표를 달성하느냐 아니냐는 이상과 행동을 일치시키는 능력에 달렸다.

자기통제(자제력 또는 자기조절이라고도 한다)는 행동 영역에서 달성할 수 있는 심리적 성취의 정점이며, 자기지배라는 퍼즐의 마지막 조각이다. 목표와 가치관을 전략적으로 일치시키는 지혜와 마음속의 감정적인 힘을 안정시키는 능력을 함양한 후에도 해야 할 일이 한 가지 더 남아 있다. 바로 목표에 부합하게 행동하는 것이다. 그러려면 정해진 목표에 반하는 충동을 억제하는 능력과 목표를 향해 스스로 동기를 부여하는 능력이 필요하다.

자기통제에 대해 이야기하면 사람들은 보통 자제력이 부족한 이들을 떠올린다. 알코올 중독자, 폭력 범죄자 그리고 활동과잉 아이들을 논의할 때 이런 개념이 등장한다. 자제력에 관한 책들은 대부분 다이어트와 중독에 관한 내용이다. 여기서도 이런 문제와 유혹을 다루겠지만, 안락한 삶의 유혹도 다룰 것이다. 그리고 자신을 일반성과 평범함에 가두는 중독까지 살펴볼 것이다. 그런 다음 자신의 성격을 제한하는 행동과 자신이 원하는 유형의 사람이 되는 걸 방해하는 행동을 제거하도록 프로그래밍하는 방법을 설명하고자 한다.

자제력은 맛있는 피자 한 조각의 유혹을 이겨내는 능력보다 훨씬 더 많은 것을 요구한다. 자기조절은 마땅히 인간의 훌륭한 장점 중 하나다.

'무엇이 개인과 사회를 성공으로 이끄는가'라는 끊임없는 질문에 대한 해답은 자기조절의 개념에서 찾을 수 있다. 자기조절은 어떤 대가를 치르더라도 성공해야 할 만큼 중요하다. 자기조절의 실패는 타인에 대한 폭력, 자기파괴적 행동, 약물 남용, 건강 악화, 성취도 저하, 비만 등 여러 가지 개인적·사회적 문제의 원인이 된다.

— 로이 바우마이스터Roy Baumeister, 『자기조절 설명서Handbook of Self-Regulation』

자제력이 뛰어난 사람들에게는 인간이라면 누구나 열망하는 특징이 있다. 그들은 더 건강하게 먹고,[1] 더 많이 운동하고,[2] 더 잘 자고,[3] 충동적 소비를 줄이고,[4] 술과 담배를 멀리하고,[5] 신체적·정신적으로 더 건강하다.[6] 자제력 부족은 폭력과 범죄 같은 심각한 행동뿐만 아니라 만성적인 불안, 폭발적인 분노, 우울증, 편집증, 정신병, 섭식장애, 강박증[7] 등 여러 가지 정신장애와 관련돼 있다.[8]

자제력 점수는 IQ 점수나 수능 점수보다 대학 성적을 더 잘 예측하는 지표다.[9] 자제력 점수가 높은 사람들은 더 바람직한 인간관계를 맺고,[10] 재정적으로 더 건전하며,[11] 삶의 만족도가 더 높다.[12] 자주 유혹에 빠지는 사람들은 여러 가지 부정적인 감정과 죄책감을 경험하지만, 자제력이 뛰어난 사람들은 더 즐겁게 살아간다.[13] 만약 당신이 인생에서 긍정적인 결과를 이뤘다면 그건 아마도 자제력과 높은 상관관계가 있을 것이다.[14]

자제력을 기르는 것이 가치 있는 목표임은 두말할 필요도 없다. 그리고 자기통제 원리를 이해하는 것은 자제력을 함양하고 좋은 습관을 형성하는 데 매우 중요하다. 하지만 자신의 행동을 통제하기 전에 자기주도 능력을 약화할 가능성이 큰 잠재적인 위험부터 파악해야 한다.

행동 알고리즘은 우리가 보통 습관이라고 일컫는 것이다. 이 용어는 별개의 것으로 보이는 하나의 행위를 의미한다. 궁극적으로 모든 행위는 생물학적으로 내재된 알고리즘 반응의 산물이라는 점에서 습관적이다. 나쁜 습관은 우리를 목표에서 벗어나게 하고 좋은 습관은 우리를 목표로 이끈다. 행동 알고리즘은 환경의 인풋에 응답하여 특정한 행동을 아웃풋하게 한다.[15]

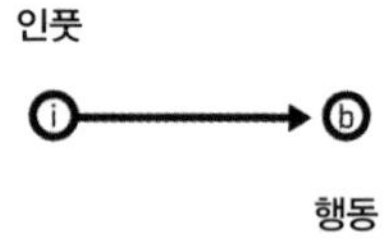

궁극적으로 욕망은 행동의 원인이기 때문에 행동이 활성화

되려면 충동이 욕망을 발생시켜야 한다.[16] 나쁜 습관이 생기는 이유는 충동이 우리의 이상적인 행동에 반하는 욕망을 일으키기 때문이다.

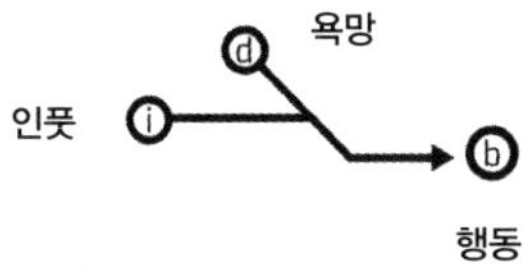

좋은 습관이 생기는 이유는 충동이 우리의 이상적인 행동에 부합하는 욕망을 일으키기 때문이다. 다음 그림에서 일직선은 충동과 욕망이 행동에 부합한다는 걸 의미한다.

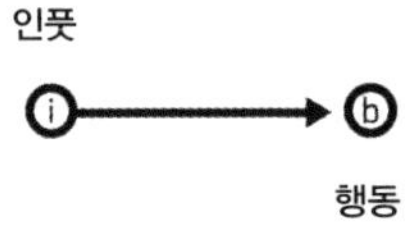

먼저 인간의 충동과 갈망의 본질을 파악하고, 왜 그것이 현대 세계에서 심각한 문제가 될 수 있는지를 이해할 필요가 있다. 원시 인류의 유전자 프로그램은 행복에 큰 방해물이 될 수 있으며, 이런 문제는 현대 사회에서 증폭되는 경우가 많다. 가장 대표적인 예가 중독을 초래하는 화학물질이다. 코카인 같은 합성 약물은 두뇌의 보상회로에 직접 침투하여 우리 조상들이 경험할 수 없었던 쾌감을 제공한다. 쾌감은 원래 적응적 행동을 강화하기 위해 만들어졌지만, 오늘날에는 약물에 대한 지속적인 의존성 때문에 문제가 된다.[17]

그러나 중독이라고 말하는 것 이외에도 여러 가지 유형의 현대적 쾌감이 사람들을 지속적으로 유혹한다. 수익을 추구하는 기업들은 현대 세계의 다양한 욕망을 만들어낸다. 그들은 사람들의 다양한 욕구를 최대한 효과적으로 충족시키려고 한다. 물론 사회에 해를 끼치는 훨씬 더 나쁜 방법들도 있지만, 우리의 경제 시스템이 제공하는 재화와 서비스는 세상을 개선한다는 명분으로 사람들에게 해를 끼치는 새로운 중독을 초래할 수 있다.[18]

결과적으로 중독은 사람이 통제하는 게 아니라 오히려 사람을 통제하는 부적합한 행동이다. 중독은 적합한 행동을 종종 제한하고, 건강한 삶과 인간관계를 방해하며, 진정한 만족을 느낄 수 있는 경험을 가로막는다.[19] 게다가 짜릿한 쾌감은 심각한 중독으로 이어지기 쉽다.

인간은 설탕, 소금, 지방이 많이 함유된 음식을 본능적으로 갈망한다. 그것이 우리 조상들에게 에너지와 필수 영양소 그리고 식량이 부족한 시기를 견디기 위해 체내에 저장할 수 있는 지방을 제공했기 때문이다. 이런 식량들은 부족한 경우가 많았기 때문에 먹을 수 있을 때 최대한 먹어두는 게 유리했다.[20] 현대 세계는 원시 시대에나 유익했던 보상 시스템을 이용하여 우리가 먹는 음식에서 이처럼 본능적으로 갈망하는 화합물의 함량을 늘렸고 중독성을 극대화했다. 그러나 이 화합물들은 더는 원래의 목적을 달성하지 못하고, 주로 앉아서 지내는 현대인의 생활방식과 결합하여 질병과 비만을 초래할 뿐이다.[21]

이와 비슷한 방식으로, 소셜 미디어는 누군가에게 인정받으려는 인간의 본능적 욕구를 이용하여 사람들을 최대한 사로잡는 알고리즘을 만든다. 랜돌프 네스는 이런 상황을 '사회적 비만'이라고 일컫는다.[22] 우리는 조상들이 누렸던 것보다 더 많은 사회적 명성과 오락의 기회를 제공받는다. 온라인 추천 버튼은 오프라인의 사회적 상호작용이 제공하는 것과 똑같은 보상을 제공한다.[23] 이런 디지털 시스템은 표면적으로는 연결을 촉진하기 위해 만들어졌지만, 현실에서는 사회적 연결을 방해할 수 있다.[24]

컴퓨터 게임, 스트리밍 동영상, 디지털 포르노, 온라인 쇼핑에서도 이와 비슷한 중독성 뇌가 초래하는 왜곡 현상을 발견할 수 있다. 그런 매체들은 사람들을 새롭게 유혹하면서 어떻게 시간을 보낼 것인지에 대해 신중한 결정을 내리기 어렵게 한다.[25]

현대 세계의 문제는 그 시스템이 우리의 가치관이 아니라 우리의 충동에 최적화돼 있다는 점이다. 만약 유튜브 사이트가 조회수를 늘리려는 목적이 아니라 당신의 이상적인 자아가 원하는 동영상을 보여주기 위해 만들어졌다면 너무나 긍정적인 도구가 됐을 것이다. 그러나 우리를 둘러싼 세상이 욕망을 증폭하도록 설계됐기 때문에 우리의 생활 방식은 다른 이들의 숨겨진 의도에 좌우되기 쉬워졌다. 우리는 우리에게서 수익을 짜내려는 회사들의 (말 그대로) 상품이 되고 말았다.

비판적인 어조로 들릴 수도 있지만, 이런 현대적인 혁신에 본질적인 문제는 없다. 당신의 페이스북 계정을 삭제하는 일은 언제라도 먹고 싶다는 유혹에 흔들릴까 봐 냉장고에 있는 아이스크림을 버리는 일과 비슷하다.[26] 기술 자체는 유용한 기능을 제공한다. 기술이 당신의 판단을 왜곡하지 않는 한 기술을 도구로 사용하는 건 아무 문제가 없다.

세상은 점점 더 중독성이 강해지고 있으며 그에 대항할 수 있는 최고의 도구는 자기지배력이다. 당신은 시간과 에너지를 소비하는 방식에 자신의 가치관을 반영하고 목표를 설정하는 과정을 적용하면서 삶의 방식을 의도적으로 설계해야 한다. 또한 자신에 대한 통제력을 키우는 방법을 배워야 한다. 중요한 것은 의도가 아니라 절제다.

9장에서는 자제력의 세부 사항을 다룰 텐데, 그 과정은 광범위한 전략과 인식에서 시작된다. 그리고 행동을 설계하는 첫 번째 단계는 현재 어떻게 살고 있는지를 인식하는 것이다. 자기 활동을 정량화할 때는 자신의 행동과 생활 습관에 대한 데이터를 수집하고 분석하는 것이 핵심이며, 이렇게 세심한 모니터링은 행동과 습관을 바꾸는 데 필수적이다.[27]

당신이 관심을 가지는 행동에 대해, 예를 들면 몇 시간을 자는지, 몇 킬로미터를 달리는지, 얼마나 많은 칼로리를 소비하는지 등 바람직한 습관과 바람직하지 않은 습관의 목록을 만들어라. 이 목록에 욕을 하거나 불평을 하는 것과 같은 행동도 포함할 수 있다. 심지어 당신의 탄소 발자국을 추적하는 방법도 있다.[28] 부정적인 행동에 대해서는 일주일마다 당신이 실행하는 횟수를 기록해라. 이 간단한 메모 행위가 때로는 습관을 깨뜨려준다.

또한 자신이 시간을 어떻게 보내는지도 조사해야 한다. 너무 오랫동안 컴퓨터 게임을 하거나 시간 가는 줄도 모르고 TV 드라마를 본다는 걸 알게 돼 스스로 놀랄지도 모른다. 문제에 대한 당신의 직관에 오류가 있을 수 있기 때문에 이런 모니터링을 할 때는 도구를 사용해야 한다. 원형 시간표를 만들고 각 활동에 알맞게 시간을 배분하여 표시해라. 이상적인 생활 방식에 더 가까이 다가갈 기회를 항상 찾아라.

특정 행동이나 습관을 최적화할 때는 구현 의도implementation intentions를 활용하여 의도한 바를 사전에 정확히 언급해라.[29] 'X면 Y를 하겠다.'라고 말하는 것이 우리의 내부 알고리즘을 훈련하기에는 너무 단순해 보일 수도 있지만, 이 방법은 실제로 매우 효과적이다. 사람들은 종종 담배를 '덜' 피우고 싶다거나 '일찍' 잠자리에 들고 싶다고 애매모호하게 말하면서도 구체적인 계획을 세우지 않는다. 그 결과 진짜 실행에 나설 때는 더 큰 의지력이 요구된다.

구현 의도는 언제 어디서 무엇을 하고 싶은지를 정확히 말하는 것이다. "올해는 더 많은 글을 쓸 거야."라고 모호하게 말하는 대신에 "퇴근 후에는 날마다 컴퓨터 앞에 앉아서 500자를 쓸 거야."라고 구체적으로 정확하게 말해라. 프로그래밍을 할 때 당신은 막연하게 뭔가를 더 자주 실행하라고 지시하지 않을 것이다. 특정한 명령문으로 컴퓨터가 무엇을 해야 하는지 정확하게 지시할 것이다. 당신의 심리적 소프트웨어도 같은 방식으로 다뤄야 한다.

잘 알려진 바와 같이 하룻밤 사이에 생활 방식을 완전히 바꾸려는 시도는 지속적인 변화를 만들지 못한다. 오히려 점진적인 1퍼센트의 행동 변화에 집중하면 이상적인 생활 방식에 점점 더 가까워질 것이다. 이런 점진적인 최적화 과정은 그 과정 자체가 여러 가지로 유익하다. 마침내 당신은 나쁜 습관을 이겨내고, 긍정적인 행동을 자동화하고, 모든 시간을 자신의 이상을 위해 건설적으로 사용하게 될 것이다.

순응의 폐해

자신에게 복종하지 못하는 사람은 명령을 받게 될 것이다.

— 프리드리히 니체, 『차라투스트라는 이렇게 말했다』

사람은 자연스럽게 남들에게서 여러 가지 영향을 받는다. 인지적 자기지배력이 없다면 남들의 의견이 당신의 생각에 깊은 영향을 미치고 당신의 생각을 조작하게 된다. 그들은 정확하지 않은 주관적인 의견으로 당신을 유혹한다. 그리고 삶의 경로가 단순해질 때 행복으로 이어질 거라고 맹목적으로 믿게 한다. 감정적 자기지배력이 없다면 남들의 말과 생각이 당신을 고통의 늪에 빠뜨릴 것이다. 그리고 결국 자신에게 만족할 수 없게 되어 남들의 손에 자신을 완전히 맡겨버린다. 행동적 자기지배력이 없다면 자신이 더 잘 알고 있는 상황에서도 남들의 주장과 행동에 순응하게 된다.[30]

대부분 사람은 어렸을 때 또래 집단의 압력을 접하고 종종 눈치를 보면서 성장하게 된다. 형태는 조금 달라지겠지만 사회적 압력은 성인이 되어서도 사라지지 않는다.[31]

넷플릭스 스페셜 〈더 푸시〉는 충격적인 심리 실험을 보여준다. 심리마술사 데런 브라운Derren Brown은 피험자가 자선 행사에서 봉사활동을 한다고 믿게 했다. 자선 행사를 진행하는 도중에 VIP 기부자가 심장마비로 사망하는데, 사람들은 행사를 망칠 수는 없으니 그의 죽음을 숨겨야 한다고 말한다. 사람들이 강력하게 주장하자 피험자는 시체를 숨기고 자신이 VIP 기부자 행세를 한다. 주변의 압력은 여기서 그치지 않는다. 무고한 사람을 건물 옥상에서 밀어야(푸시) 감옥에 가지 않을 거라고 집요하게 이야기한다.

사실 피험자를 제외한 모든 사람은 배우였고, 이들은 사전에 피험자에게 점점 더 이상하고 터무니없는 행동을 하도록 압력을 가하라는 지시를 받았다. 그러나 왜 푸시가 필요한지에 대해 제시하는 추론은 상당히 결함이 있으며, 몇 분만 생각해봐도 허점이 명백하게 드러난다. 네 차례에 걸친 실험에서 한 피험자는 푸시를 거부했다. 하지만 놀랍게도 다른 세 명의 피험자는 그 남자를 옥상에서 밀어버렸다(다행히도 건물 아래에 안전그물이 설치돼 있었다). 실험이 끝난 후 그들은 모든 것이 넷플릭스 스페셜의

몰래카메라 설정이었다는 사실을 알게 된다. 마지막에 브라운은 이렇게 말한다.

> 핵심은 대부분 사람이 이런 영향력에 매우 취약하다는 것이다. 하지만 자신이 어떻게 조종당할 수 있는지를 이해한다면 더 강해질 수 있다. 우리는 아니라고 말할 수 있고, 밀어버리라는 압력을 거부할 수 있다.[32]

사람들은 대부분 자신의 성격이 상당히 긍정적이라고 생각하며, 상황과 무관하게 자신을 좋은 사람으로 여긴다. 하지만 우리 행동은 우리를 둘러싼 사회적 힘에 따라 매우 달라진다. 넷플릭스의 심리 실험이 실제 상황이었다면 남자를 옥상에서 밀어버린 피험자들은 살인죄를 저지른 셈이다. 다행히 그런 일은 일어나지 않았지만, 문제는 여전히 심각하다.

알다시피 인간은 소속되고 받아들여지고 싶다는 욕망으로 큰 동기를 부여받는다. 이런 욕망은 그 자체가 문제는 아니지만 다른 사람이 당신을 의지와 반대로 행동하게 하는 매우 쉬운 수단이 될 수 있다. 사회적 순응은 다른 사람들의 말과 행동이 자신의 결정에 미치는 영향력을 의미한다. 항상 의도적인 건 아니지만, 친구와 가족은 우리가 어떤 결정을 내릴 때 미묘하게 영향

을 주려고 하는 경향이 있다.[33]

인간은 주변의 강력하고 수적으로 우세한 집단의 압력에 쉽게 영향을 받고 순응하는 경향이 있다.[34] [35] 만약 당신이 동료, 상사, 조직에서 작은 일을 완수하라는 요청을 받았고 그다음에 더 큰 요청을 받았다면, 그들은 '문간에 발 들여놓기foot-in-the-door'라는 방법을 사용하는 셈이다. 이 방법은 일반적으로는 동의하지 않는 일을 수행하도록 다른 사람을 설득하는 데 매우 효과적인 수단이다.[36] 반면 면전에서 문 닫기door-in-the-face는 거절당할 만한 큰 요청을 한 다음에 훨씬 더 작은 요청을 하는 방법이다.[37]

환심 얻기Ingratiation는 상대방이 특정한 행동을 받아들이거나 실행하게 하려고 아첨하는 것을 말한다.[38] 환심을 얻는 일반적인 형태는 상대방이 더 호응하게 하기 위해 어떤 능력이 원래부터 상대방의 능력이었다고 칭찬하는 것이다.

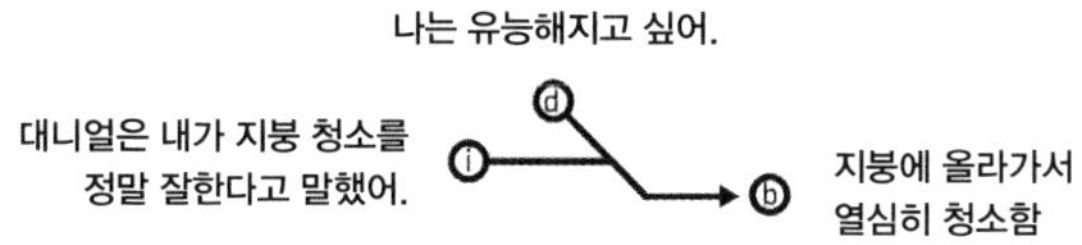

상호주의 규범norm of reciprocity은 상대방에게 호의를 베풀고 답례로 뭔가를 요구하는 것이다. 이 규범은 우리 조상들이 좋은 사

회적 관계를 유지하도록 이끈 호혜적 본능을 왜곡한다.[39]

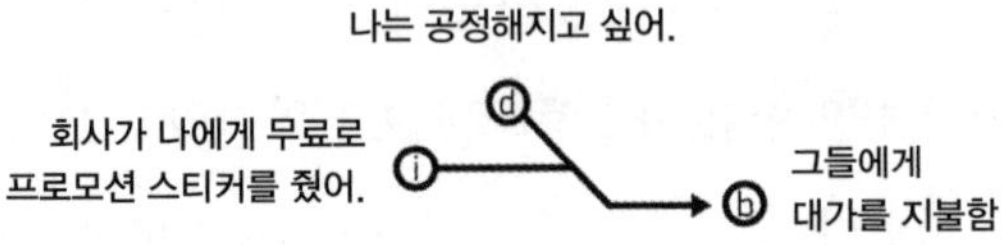
나는 공정해지고 싶어.
회사가 나에게 무료로
프로모션 스티커를 줬어.
그들에게
대가를 지불함

당신은 어떤 선택이 '나 같은 사람들' 또는 '내가 닮고 싶은 사람들'의 특징이라는 암시 또는 확신을 통해 특정한 결정을 내리도록 유도될 수 있다.[40] 광고주들은 제품에 신뢰성을 부여하기 위해 인기 있는 사람들을 추종하는 우리의 욕망을 자극하고 사회적 명성을 활용한다. 특정 제품의 장점에 대한 유명인들의 지지와 홍보는 우리의 가치 인식에 강한 영향을 미친다. 뛰어난 마케팅 담당자들은 많은 구매자가 특정 집단에 속하고 싶다는 욕망을 품고 있다는 사실을 꿰뚫어 보고 있으며, 이런 욕망은 우리가 나쁜 결정을 내리게 할 수도 있다.[41]

광고주들은 기간 제한, 수량 제한을 통해 긴급성이나 희소성을 만들어내고 고객들이 종종 충동적인 구매 결정을 하도록 유인한다. 할인과 혜택은 기존 가격에 가치를 고정하는 우리의 경향을 이용한다. 아마존의 특별 할인 행사 가격이 원래보다 90퍼센트 저렴하다면 그것이 좋은 제품이 아니더라도 우리는 좋은 물건을 구매했다고 믿게 된다. 그리고 식당 메뉴판에 터무니없이 비싼 음식을 끼워 넣으면 대조 효과 때문에 손님들이 두 번째로 비싼 음식을 주문할 가능성이 커진다.[42]

이런 전술 중 하나가 적용되어 당신이 어떤 행동을 취하도록 설득당한 경험이 있는가? 혹시 이 책을 구입하기로 한 것이 그런 이유에서였는가? 그렇더라도 환불을 요구하진 말았으면 좋겠다. 유혹 전술에 대한 반발로 구매 결정을 하지 않기로 하는 것 역시 일종의 조작이다. 이를 유도 저항reactance이라고 하는데, 영향력을 행사하려는 사람에게 반발하여 그가 원하는 결과와는 반대로 행동하는 경향이다.[43] 당신 자신의 판단이 아니라 다른 이유로 결정을 내리는 것이기 때문에 이 역시 일종의 편향이라고 할 수 있다.

다른 사람들이 당신에게 원하는 모든 결정이 나쁜 결정인 것은 아니다. 중요한 건 스스로 결정을 내려야 한다는 것이다. 조작 전술에 대한 저항력을 키우면 다른 사람들의 유혹이나 설득과 상관없이 그들이 당신에게 제시하는 이익을 바탕으로 자유롭게 결정을 내릴 수 있다. 인지적 편향과 마찬가지로 당신은 설득과 조작에 대한 면역을 자신의 운영체제에 프로그래밍할 수 있다. 언제나 그렇듯이 이 과정은 익숙해지는 것에서 시작된다. 다른 사람을 이용하기 위해서가 아니라 다른 사람으로부터 자신을 방어하기 위해 조작 전술을 연구해라. 그러면 다음 장에서 다루게 될 알고리즘을 적용하여 당신의 취약성을 다시 프로그래밍할 수 있다.[44]

소망, 목표, 이상에 반하는 행동을 자신에게 용납할 때 당신은 자신의 행복을 다른 사람들의 손에 맡기게 된다. 튀어 보이는 것이 두려워서 가치관을 지키지 못하면 이상적인 자아에서 멀어진다. 질투심 많은 친구에게 설득당해서 야망을 포기하면 이상적인 자아에서 멀어진다. 다른 사람들에게 인정받고 싶다는 욕망이 자신에게 인정받고 싶다는 욕망을 압도할 때도 이상적인 자아에서 멀어진다.

> 개인은 집단적 사고방식에 압도당하지 않기 위해 항상 고군분투해야 했다. 만약 당신이 그런 시도를 한다면 매우 외로울 것이고 때로는 두려울 것이다. 하지만 자신의 가치관을 지켜내는 특권은 어떤 대가를 치르더라도 결코 비싸지 않다.
>
> — 러디어드 키플링Rudyard Kipling, 「아서 고든 인터뷰interview with Arthur Gordon」

안락함의 유혹

가장 해로운 세 가지 중독은 마약, 탄수화물 그리고 매달 받는 월급이다.

– 나심 니콜라스 탈레브Nassim Nicholas Taleb, 『블랙스완과 함께 가라』

뭔가를 성취할 수 있게 되는 순간, 우리는 안락함의 유혹에 빠져든다. 안락함 자체가 문제는 아니지만, 안락한 삶은 바람직한 삶의 동의어가 결코 아니다. 안락함은 안일함을 낳기에 해야 하는 일을 실천하기 어렵게 하는 강력한 진정제가 될 수 있다.

인간은 태어나는 순간부터 따뜻한 안식처에서 벗어나 점점 더 혼란스럽고 어지러운 투쟁 속으로 내던져진다. 이 투쟁은 어린 시절에도 만연해 있다. 인생의 초반은 안락한 영역에서 갑자기 멀어지는 일련의 과정으로 볼 수 있다. 처음으로 학교에 가고,

부모님과 떨어져 하룻밤을 보내고, 스포츠 동아리에 가입하고, 첫 번째 데이트를 하고, 첫 번째 직장에 출근한다. 젊은이들은 해마다 일상에서 벗어나는 변화를 겪게 된다. 익숙해진 사람들과 헤어지고 자신의 정체성이라고 생각했던 것이 바뀌게 된다.

변화는 본질적으로 고통스럽다. 선택권이 주어지면 인간은 변화를 선택하지 않으려는 경향이 있다.[45] 우리는 안정성에 이끌리고, 거기에서 벗어날 때는 뭔가 끔찍한 실수를 저지른 것처럼 느낀다. 하지만 인생의 초기 단계에서는 직접 뛰어들 수밖에 없는 상황에 매우 자주 직면한다. 적응하고 성장해야 한다는 압박감이 너무나 강해서 저항할 수 없고, 적응을 두려워하거나 적응할 수 없는 사람은 미성숙하거나 장애가 있는 것으로 간주된다.[46] 이런 변화를 시작한 후에는 몇 달 동안 지속되는 고통스러운 과도기를 겪는다. 익숙했던 안식처는 사라졌고 새로운 환경에 적응할 시간은 부족하기 때문이다.

그러나 변화에 성공하면 황금기가 도래한다. 이제 새로운 삶에 적응해나간다. 처음에 느꼈던 이질감은 사라지고 신선한 기회의 분위기가 느껴진다. 처음에는 너무나 낯설어 보이던 사람들이 지금은 흥미롭게 다가온다. 호기심이 진부함을 압도하고, 자신을 새로운 시각으로 바라보기 시작한다. 자신의 성격과 새로운 자극 사이의 상호작용은 잊고 있었거나 모르고 있던 자신의 면모를 볼 수 있게 해준다. 우리는 자신의 이상과 일치하는 새로운 길을 발견한다. 이를 성장이라고 한다.[47]

성장 과정은 꽤 오랫동안 진행되고, 어떤 사람들은 매번 그것과 싸우려고 하지만 어떤 사람들은 그것을 사랑하는 법을 배운다. 대학에 입학하고 새로운 도시로 이사하고 새로운 직장에 취업하면서 모든 것이 잘될 거라는 기대를 품고 미지의 세계로 뛰어든다. 물론 때로는 잘 안 풀릴 수도 있다. 그러나 안락함을 버리고 미지의 세계로 나아가기로 한 결정은 대부분 후한 보상을 받게 된다.

> 자연은 용기를 사랑한다. 당신이 헌신하면 자연은 불가능한 장애물을 제거하여 그 헌신에 보답할 것이다. …… 마법 같은 기적은 그렇게 일어난다. 격랑에 몸을 던지면 그것이 깃털 침대라는 걸 알게 될 것이다.
>
> — 테런스 매케나Terence McKenna, 『돌을 펼치다Unfolding the Stone』

하지만 어른이 되면 이상한 일이 종종 발생한다. 삶이 더는 당신을 밀어붙이지 않는다. 예전에는 선택의 여지가 없었던 변화의 물결을 이제 당신이 원하는 방향으로 선택할 수 있게 된다. 물론 때로는 삶이 예기치 않게 흔들리기도 한다. 하지만 대부분의 경우 소중한 생활의 균형은 방해받지 않는다. 더 이상한 것은 오히려 반대 방향으로 향하는 것처럼 느껴지기 시작한다는 것이다. 한때 당신에게 변화하고 적응하도록 강요했던 사회적·생물학적 압박이 갑자기 좋은 도시, 직장, 가정에 정착할 때가 됐다고 선언한다.[48] 이제 변화와 성장을 계속하려는 사람은 미성숙한 인간이다. 현실에 만족할 시간이다.

결국 당신의 안락한 공간이 더는 변화해선 안 된다는 것이 분명해진다. 그래서 안주하게 되고, 그런 삶도 별로 나쁘지 않다. 당신은 잘 맞는 짝을 만나서 공동의 삶을 계획하며, 좋은 집과 괜찮은 직업을 갖게 된다. 당신은 해냈다. 모두가 원하는 삶을 성취했다. 청소년기에는 허락되지 않았던 삶, 절대로 변화를 강요하지 않는 삶. 이제 당신은 편안하고 따뜻한 안식처에 머물면서 절대로 혼란에 빠지지 않는다.

> 우리는 안락함을 사랑한다. 최첨단 훈련 시설, 최고급 휴게실, 티끌 하나 없는 라커룸, 푹신한 수건을 좋아한다. 그러나 안타깝게도 안락함은 동기유발을 망치는 마약이다. 안락함은 우리의 무의식적인 마음에 노력을 덜 해도 된다는 신호를 보내면서 이렇게 속삭인다. 진정해, 넌 이미 해냈어.
>
> — 대니얼 코일Daniel Coyle, 『재능을 단련시키는 52가지 방법』

당신이 이런 안정성을 얻었을 때 겪게 될 변화는 훨씬 더 미묘하고 거의 감지할 수 없을 정도로 점진적이다. 흥미와 도전과 설렘이 조금씩 줄어든다. 그렇게 몇 년이 흐르면 모든 것이 시시하고 지루해진다. 당신은 정체성의 많은 부분을 잃어버린다. 자신의 잠재력을 잃어버린다. 그리고 그걸 잃어버렸다는 사실도 잊어버린다. 이를 퇴보라고 한다.

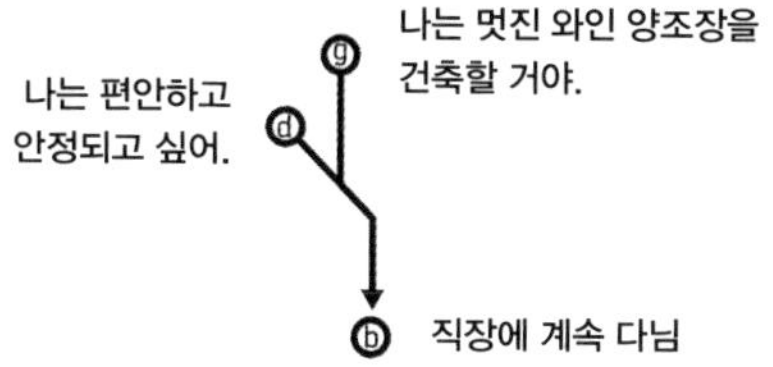

니체는 고통이 위대함의 열쇠라는 자신의 견해에 편향돼 있을지도 모른다. 하지만 '고통'을 '불편'으로 대체한다면 의미가 훨씬 더 명확해진다. 존 캐그John Kaag는 『심연호텔의 철학자들』에서 니체 철학은 미성숙한 청소년기와 가장 잘 어울린다는 비난을 받는 경우가 종종 있다고 말했다. 그러나 니체 사상의 많은 부분은 오히려 중년에게 적합할 뿐만 아니라 "젊은이들에게는 주목받지 못할 수도 있다."라고 반박한다.[49]

나는 세상이 얼마나 지루할 수 있는지 전혀 몰랐다. 골짜기에 남아 평범함에 만족하는 게 얼마나 쉬운지. 삶에 대한 호기심을 유지하는 게 얼마나 어려운지. …… 책임감 있는 어른이 된다는 건 예전에 품었던 또는 여전히 품고 있는 희망과 잠재력에 전혀 미치지 못하는 삶에 자신을 내맡기는 것이다.

– 존 캐그,『심연호텔의 철학자들』

니체의 여러 가지 사상이 거창하고 드라마틱한 건 사실이지만, 바람직한 일을 실천하기 위해 불편함을 감수할 선택권이 우리에게 있다는 점을 강력하게 일깨워준다. 니체는 위대한 삶은 유혹을 극복하는 인간의 삶이며, 즐거움과 안락함에 대한 욕망을 극복하는 삶이라고 주장했다. 자제력과 의지력을 함양함으로써 인간은 행동에 대한 자율성을 발전시키고 자신의 가장 높은 목표를 향해 나아갈 수 있다. 인간은 창조적인 힘이 될 수 있으며 자신의 본성을 확인하고 성장을 추구하는 삶을 살아갈 수 있다.[50]

이제 인간이 목표를 정해야 할 때가 왔다. 가장 큰 희망의 씨앗을 심어야 할 때가 왔다. 그의 땅은 아직도 그렇게 하기에 충분하다. 그러나 이 땅도 언젠가는 척박해질 것이고, 더는 높은 나무가 자라지 못할 것이다. …… 내가 너희에게 말한다. 춤추는 별을 탄생시키려면 반드시 자기 내면에 혼돈을 잉태해야 한다.

— 프리드리히 니체, 『차라투스트라는 이렇게 말했다』

대부분 사람은 인생에서 개인적인 성장과 발전이 서른 살이 되면 끝난다고 생각하는 경향이 있다. 하지만 이것은 자기실현적 예언이다. 서른 살이 될 때쯤에 대부분 사람은 성장의 여지를 남기지 않는 삶으로 자신을 이끌었고, 그것이 표준적인 삶이라고 받아들였다. 이런 단절이 불가피한 것은 아니지만, 이를 막기 위해서는 자신의 안락한 영역을 지속적으로 벗어나고 확장하는 습관을 길러야 한다.[51]

안락한 영역에 안주하는 삶은 당신의 잠재력을 확실하게 가로막을 것이다. 현실에서 자신을 보호하는 것으로는 튼튼한 마음을 구성할 수 없다. 불편한 상황을 회피하면 계획대로 일이 진행되지 않을 때 취약해진다.[52] 불편한 피드백을 회피하는 것은 창의적인 아이디어를 개발하고 잠재력을 발휘하는 걸 방해할 것이다. 불편한 믿음을 회피하는 것은 당신을 진실에서 멀어지게 할 것이다. 그리고 불편한 상황을 회피하는 것은 당신이 어떤 가능성을 가졌는지 알 수 없게 하는 장애물이 될 것이다.[53] 당신은 두려운 일을 실천하는 방법을 배워야 한다.

우리를 죽이지만 않는다면 적은 우리를 더 강하게 한다.

— 프리드리히 니체, 『우상의 황혼』[54]

두려움보다 성장을 선택하라고 강조한 또 다른 인물은 에이브러햄 매슬로였다. 동시에 그는 이 선택의 커다란 장애물 중 하나인 욕구를 대중화한 책임이 있다. 매슬로의 욕구 계층은 인간이 특정한 심리적 욕구를 지니고 있으며, 이런 욕구가 충족되지 않으면 인간으로서 불완전하거나 부족하다고 주장했다. 이런 욕구를 충족하기는 어렵지만 잃기는 쉽다. 대부분 사람은 자신의 욕구를 충족시켜주는 사람들과 상황을 잃을까 봐 삶에서 위험을 무릅쓰지 않기로 한다. 진실은 누구도 의무적인 욕구를 지니고 있지 않다는 것이다. 당신의 열망이 모두 충족되지 않더라도 당신은 부족하지 않으며, 오히려 열망이 모두 충족되기란 사실상 불가능하다. 매슬로는 이렇게 말했다.

> 우리는 안정 속에 머무를지 아니면 성장으로 나아갈지 선택할 수 있다. 성장은 계속해서 선택되어야 하고 두려움은 계속해서 극복되어야 한다.
>
> — 에이브러햄 매슬로, 『과학심리학The Psychology of Science』

당신은 자기 마음이 가변성과 스트레스에서 보호받아야 하는 연약한 기계가 아니라는 사실을 이해해야 한다. 마음은 스트레스와 불편함을 통해 발전할 수 있다.[55] 안락한 영역에서 의도적으로 벗어날 때 자신이 두려워했던 것들이 그렇게 나쁘지 않다는 걸 경험하게 된다. 당신은 안락함에 대한 위협에서 자신을 방어하고, 모든 것이 안락해질 때까지 안락한 영역을 확장하고, 가치관을 정립하는 데 방해가 되는 모든 장벽을 제거해야 한다. 나이가 들수록 변화와 성장을 선택하려면 더 많은 결심이 필요해지고 안정과 편안함과 일상을 희생하기는 더 어려워진다. 성장 이외의 것을 선택하는 건 후회를 보장하는 확실한 길이다. 그리고 안락함에 대한 갈망 때문에 고유한 잠재력을 가로막는 것은 자신의 이상에 부합하는 보람 있는 삶을 살아가는 데 가장 일반적인 장애물이다.

좋은 삶과 쉽고 안락한 삶을 혼동하지 마라. 좋은 삶은 자신의 한계를 넘어서고, 조금씩 자기 자신을 극복하고, 자신에게 의미 있는 위대함을 위해 노력하는 것이다. 불편함이 없는 것에서 비롯되는 행복은 단순하고 평범한 행복이다. 값비싼 보물을 수집하는 것이 아니라 당신의 자서전을 한 줄 한 줄 써 내려가는 것처럼 인생을 살아가야 한다. 지금 이 순간에도 당신의 자서전은 집필되고 있기 때문이다.

타락의 위험

> 일만 년을 살 것처럼 행동하지 말라. 죽음이 그대를 기다리고 있다. 살아 있는 동안 그리고 힘이 있는 동안 선을 행하라.
>
> — 마르쿠스 아우렐리우스, 『명상록』

마르쿠스 아우렐리우스는 로마의 위대한 다섯 황제 중 마지막 황제로 알려졌으며, 위대한 스토아철학자이기도 하다. 지금까지 살펴본 아우렐리우스의 모든 인용구는 『명상록』이라는 그의 저서에서 발췌한 것이다. 『명상록』은 철학적 지혜의 강력한 원천이지만, 혁신적인 사상이나 현명한 주장 때문에 그런 평가를 받는 건 아니다. 이 책이 그토록 놀라운 것은 로마 황제의 사적인 일기였기 때문이다. 다시 말해 출판할 의도로 집필된 것이 아니라 당시 세계 최고의 권력자가 더 바람직한 삶을 살아가기 위해 스토아철학의 지혜와 원칙을 되새기며 날마다 써 내려간

글이라는 얘기다.[56]

우리가 이런 일기문을 그토록 놀랍다고 생각하는 이유는 엄청난 권력을 가진 인물이 성실하게 살아가려고 노력하는 일이 얼마나 어려운지 알고 있기 때문이다. 우리는 권력자들이 부패할 거라고 예상한다. 그리고 정치인들은 기회가 될 때마다 약속을 어길 거라고 예상하며, 기업이 충분히 커지면 창업자가 매각하여 이익을 챙길 것으로 생각한다. 우리는 친구들이 사회적 지위가 높아진 후에 자신의 원칙과 적당히 타협하는 모습을 봐왔다. 그리고 대부분 사람이 외부적인 책임에서 벗어나면 자신의 가치관에서 서서히 벗어나는 경험을 했다.

스스로 경계하지 않으면 부정적인 습관이 서서히 스며들게 된다. 다른 사람들을 깔보고 뒤에서 험담하는 습관이 생길 수도 있다. 심지어 다른 사람들에게 혐오감을 안기면서 자신의 행동을 정당화할 방법을 찾기도 한다.

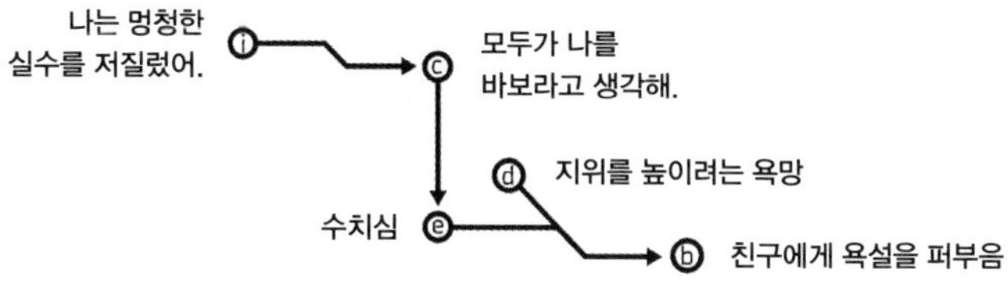

인격의 타락은 매우 현실적인 현상이다. 물론 아우렐리우스는 절대 권력이 '절대적으로 타락'하는 건 아니라는 사실을 몸소 보여줬지만, 한 사람의 행동이 타락하도록 허용하기는 너무나 쉽다.[57]

> 권력만큼 실제 성격을 잘 드러내는 것은 없다. 약한 사람은 온순해지고 대부분의 사람은 역경을 견뎌낸다. 하지만 진정한 인간성을 알고 싶다면 그에게 권력을 주라. 이것이 최고의 시험이다.
>
> — 로버트 잉거솔Robert Ingersoll, 『로버트 잉거솔의 작품들The Works of Robert G. Ingersoll』

대부분 사람과 마찬가지로 당신 역시 예전에 끔찍한 일들을 저지르고 싶다는 충동을 느낀 적이 있을 것이다. 법률뿐만 아니라 더 중요하게는 당신 자신의 개인적 가치관을 위반하는 충동이었을 것이다. 당신이 그런 행위를 저지르지 않고 단순히 생각으로만 그친 이유는 궁극적으로 행동적 자기조절behavioral self-regulation 능력으로 설명할 수 있다. 행동적 자기조절 능력은 충동을 잠재적 의식에서 통제하는 것이 아니라 당신 자신이 직접 통제하는 능력을 말한다.[58]

음주 운전을 하고 싶다는 유혹을 한 번도 받지 않은 사람이 있을까? 술에 취한 상태에서 무고한 사람들을 잠재적인 위험에 빠뜨리는 행동인데도 말이다. 유혹에 빠졌을 뿐만 아니라 그런 유혹에 굴복한 사람도 적지 않다. 당신이 어떤 행동을 해야 하고 어떤 행동을 하지 말아야 하는지 알려주는 것은 내가 할 일이 아니다. 당신의 가치관이 해야 할 일이다. 하지만 그 충동이 존재하는 상황에서 붙잡히거나 처벌받을 위험이 사라지면 우리의 원초적 마음은 가치관과 상관없이 갈망하는 것을 무엇이든 하려 할 것이다.

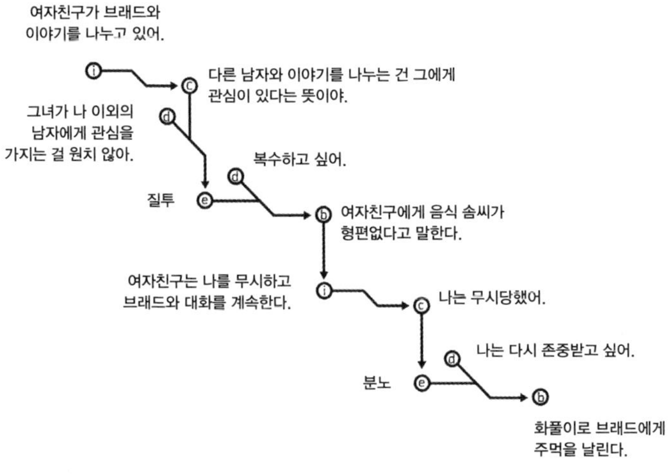

원초적 행동을 극복하는 데 가장 논의가 덜 된 핵심 요소는 정

체성이다. 인간은 자신에 대한 긍정적인 시각을 유지하려고 노력하는 성향이 있다.[59] 이런 성향은 왜곡된 자기인식과 나르시시즘을 초래할 수 있지만, 인간의 가장 고귀한 능력이기도 하다. 많은 면에서 우리의 정체성에 대한 인식은 우리의 행동과 습관을 형성한다.[60] 자신이 기타를 배우려 한다고 생각하는 것과 음악가라고 생각하는 것 사이에는 큰 차이가 있다.

작가 제임스 클리어James Clear는 『아주 작은 습관의 힘』에서 인간의 정체성과 행동 사이의 연관성을 설명하고 "당신이 취하는 행동은 당신이 되고 싶어 하는 모습에 투표하는 것"이라고 주장했다.

> 가장 바람직한 모습이 되기 위해서는 자신의 신념을 지속적으로 성찰하면서 정체성을 향상시켜야 한다.
>
> — 제임스 클리어, 『아주 작은 습관의 힘』

하지만 정체성과 행동은 양방향의 관계다. 정체성은 행동을 형성하고 행동은 다시 정체성을 형성한다.[61] 많은 사람이 자신에 대해 잘 알고 있다고 생각하지만 우리는 대체로 다른 사람들이 우리를 파악하는 것과 같은 방식으로, 즉 우리의 행동을 관찰함으로써 자신에 대해 알게 된다.[62] 자기신호화self-signaling는 자아

인식을 형성하기 위해 어떤 특성을 자신에게 알리는 성향을 말한다. 우리는 반복적인 행동을 통해 자신의 성격을 자기에게 알린다. 물론 어느 정도 자신을 속일 수는 있지만, 우리는 의식적으로 또는 무의식적으로 항상 자신의 행동을 감시하고 그것을 바탕으로 자신을 평가한다.[63]

심리치료에서도 이런 효과가 행복과 어떻게 관련되는지 살펴볼 수 있다. 인지행동치료에서 '행동'이 필요한 이유는 단순히 뭔가가 사실이거나 사실이 아니라고 자신에게 말하는 것만으로는 충분하지 않기 때문이다. 그것을 증명해야 한다. 우울증에 걸린 사람들은 침대에서 일어나는 것 같은 가장 간단한 일을 해내는 데에도 어려움을 겪고, 믿을 수 없을 정도로 자존감이 낮은 경우가 많다. 이런 환자들에게 가장 일반적인 운동은 매일의 활동 계획표를 짜고, 샤워를 하거나 산책하러 가는 것 같은 활동 목록을 실천하는 것이다. 정상적인 삶을 살고 건강한 자아상을 유지할 수 있을 때까지 과제의 난도를 점차 높여간다. 이런 행동요법이 우울증을 치료하는 데 매우 효과적이라는 사실은 우리의 행복이 행동과 깊이 연관돼 있음을 보여준다.[64]

습관은 우리가 자신을 어떤 유형의 사람으로 인식하는지 보여주는 증거가 되며, 이는 다시 습관 자체를 강화한다. 당신이 아무것도 하지 않는다면 자신이 어떤 사람인지 알려주는 증거는 존재하지 않는다. 반면 이상적인 자아가 할 수 있는 모든 일을 꾸준히 한다면 당신은 자신에게 필요한 모든 증거를 갖게 될 것이다. 이런 관점은 성격을 습관의 총합으로 보는 아리스토텔레스의 관점으로 되돌아가게 한다. 우리의 행동은 소프트웨어를 프로그래밍하는 신경가소성을 지속적으로 강화하며, 이 소프트웨어는 우리 습관의 근원이다. 그러므로 우리가 이 프로그램에서 적극적인 역할을 하지 않으면 자신이 누구이며 이상과 얼마나 가까운지는 순전히 우연의 결과가 되어버릴 것이다.

자신의 정체성을 형성할 때 특정한 특성으로 정체성을 집중시키려는 위험이 있기 때문에 심지어 그것이 긍정적인 특성이더라도 주의해야 한다. 예를 들어 당신이 어떤 자질에 선천적으로 재능이 있다면 그것을 장점으로 빠르게 인식하게 되고, 필연적으로 자기 정체성의 일부가 될 것이다. 그 장점이 매력이든, 지성이든, 유머든 당신의 가치관은 그 특성에 의존하게 될 것이다. 당신은 그 자질에 더 많이 투자하고 다른 자질에는 덜 투자하게 될 것이며, 이는 잠재적으로 다른 분야에서의 발전을 방해할 수 있다. 만약 당신이 추구하는 특성이 성취되지 않거나 통제될 수 없다면, 그 특성이 당신의 성격을 긍정적인 방향으로 형성해주지 못할 것이다. 그리고 이런 장점들이 당신을 실망시키거나 약화시키는 순간, 당신의 전체적인 자아상은 깨질 것이다.[65]

> 시간이 지남에 따라 습관의 효과는 강화되고 일회성 경험의 효과는 사라지는 경향이 있다. 이는 당신의 습관이 당신의 정체성을 형성하는 대부분의 증거에 기여한다는 걸 의미한다. 그러므로 습관을 기르는 과정은 실제로 자기 자신이 되어가는 과정이다.
>
> — 제임스 클리어, 『아주 작은 습관의 힘』

오늘날 점점 더 우려되는 상황은 법률이나 종교의 강제적인 규정이 없다면 인간이 자신의 행동을 책임질 이유가 없다는 것이다. 만약 당신이 경찰의 감시를 받거나 전지전능한 신의 심판이 기다린다고 믿지 않는다면, 무엇 때문에 옳은 일을 하겠는가? 차라리 자신의 모든 욕망을 따르는 게 어떨까? 처벌 없는 규범을 맹목적으로 받아들이는 게 무슨 진정성이 있을까?

그러나 가치관의 실천이라는 관점에서 보면 그 결론이 완전히 달라진다. 아무도 감시하고 있지 않을 때조차 양심에 따라 행동하는 이유는 가장 중요한 사람, 즉 자기 자신이 항상 지켜보고 있기 때문이다. 한순간은 자신의 기준에 부합한다고 믿도록 자신을 속일 수 있을지라도, 끊임없이 자신의 행동을 측정하고 평가한다면 모든 상황에서 속일 수는 없다.[66] 자신의 기준에 부합하기 위해서는 당신의 이상과 행동이 일치하고 진실해야 한다.

> 어떤 일을 할 때마다, 그것을 너 자신만이 알고 있을지라도, 세상이 너를 바라보고 있다면 어떻게 행동할 것인지 자문하고 그에 따라 행동해라. 너의 모든 도덕적 성향을 격려하고 기회가 있을 때마다 그 성향을 실천해라. 몸의 근육이 훈련을 통해 강해지듯이 그 성향은 실천을 통해 강해지고 습관화될 것이다.
>
> – 토머스 제퍼슨Thomas Jefferson, 「조카 피터 카에게 보내는 편지」

도덕, 청렴, 인격 같은 원칙들은 고전적인 개념과 연관되어 있기 때문에 현대인의 관점에서는 경직되고 시대에 뒤떨어진 것처럼 보인다. 그러나 이런 원칙들은 단정적인 요구보다 더 많은 것을 제시한다. 스스로 인정하지 못하는 사람이 되어버리는 상황은 인생에서 가장 끔찍한 형태의 감옥이다. 단순히 자존심이 부풀려진 사람이 아니라 자신이 진정으로 사랑하고 존경하는 사람이 되는 것은 바람직한 삶의 가장 분명한 특징이다. 자신의 가치관을 소중히 여긴다면 그 가치관에 부합하는 삶을 살아가야 한다. 우리는 자기 삶의 주인공이자 관객이다. 이 한 명의 관객에게 얼마나 큰 감동을 주느냐가 우리가 느끼게 될 행복을 결정한다.

■ 핵심 정리 ■

* 행동적 자기지배는 목표를 향해 효과적으로 자신의 행동을 이끄는 능력이며, 행동적 자기조절, 즉 자제력은 인간의 훌륭한 장점이다. 행동 알고리즘은 습관으로 알려졌는데, 이 용어는 별개의 것으로 보이는 하나의 행위를 의미한다. 행동은 외부 요인으로 욕구나 충동이 생성될 때 활성화된다.

* 갈망은 우리를 이상에서 멀어지게 할 수 있고, 현대 세계는 이런 갈망을 증폭시켜 그에 저항하는 것을 어느 때보다 어렵게 한다.

* 사회적 순응은 다른 사람들의 말과 행동이 우리 자신의 결정에 미치는 영향을 말한다. 항상 의도적인 건 아니지만, 친구와 가족은 우리가 어떤 결정을 내릴 때 미묘하게 영향을 주려고 하는 경향이 있다.

* 안락함은 안일함을 낳기에 해야 하는 일을 실천하기 어렵게 하는 강력한 진정제가 될 수 있다. 하지만 안락함을 버리고 미지의 세계로 나아가면, 대부분 후한 보상을 받게 된다.

* 항상 경계하지 않으면 부정적인 습관이 서서히 스며들어 우리의 성격을 타락시킬 수 있다. 아무도 감시하고 있지 않을 때조차 양심에 따라 행동해야 하는 이유는 가장 중요한 사람, 즉 자기 자신이 항상 지켜보고 있기 때문이다.

DESIGNING

9장

행동 알고리즘과 자기통제

THE MIND

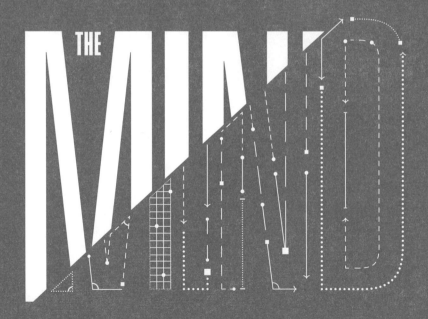

정말, 의지력이 문제일까

사람의 본성은 비슷하다. 차이를 만드는 것은 각자의 습관이다.

– 공자, 『논어』

자기주도적인 삶을 살아가는 데 가장 큰 장애물을 파악했으므로, 이제 행동 영역에서 심리건축의 핵심으로 들어갈 수 있다. 어떤 사람들은 매우 오랫동안 충동을 극복하는 능력을 갖추고 있다. 충동에 초인적인 통제력을 발휘하는 것처럼 보이며, 목표를 평생에 걸쳐 일관되게 수행한다. 이들은 비정상적인 수준의 의지력을 타고난 게 아니라 누구나 배울 수 있는 전략을 사용할 뿐이다. 이들의 비밀을 알게 되면 아마 당신은 깜짝 놀랄 것이다.[1]

우리는 부정적인 행동을 극복하고 나쁜 습관을 이겨내고 목표를 향해 행동할 수 있다는 걸 알고 있다. 하지만 당신은 가장 높은 목표를 실현할 의지력이 자신에게 없다고 생각할 수도 있다. 당신은 이상과 충돌하는 습관을 버리고, 이상을 향해 나아갈 동기를 찾고, 자신이 해야 할 일을 실천하고 싶어 한다. 하지만 때로는 그럴 수가 없다. 당신은 힘을 발휘할 수 없다.

중세 이래로 자기통제의 열쇠는 의지력이라는 특별한 힘에 있다고 생각돼왔다.[2] 우리의 내면을 스스로 억제하는 신비로운 에너지는 가장 강한 충동에 저항하게 해주고 정말 중요한 것을 향해 행동할 수 있게 해준다. 사람들은 흔히 의지력이 근육과 같다고 말한다. 근력은 사용할 때는 점차 고갈되지만 더 많이 단련할수록 장기적으로 더 강해진다. 이런 의지력 개념이 현대적인 사상과 연구의 대상이 됐다.[3]

의지력은 사람의 혈액 내 포도당과 같은 성질이 있다. 포도당이 고갈될 수 있듯이, 충동에 저항하는 능력도 고갈될 수 있다. 당분이 함유된 음료를 마시면 에너지를 일시적으로 보충할 수 있지만, 장기적인 자기통제 능력을 약화시킬 것이다. 건강한 식단과 적절한 수면이 도움은 되지만, 근육과 달리 의지력은 자주 사용한다고 해서 반드시 그 기능이 향상되는 건 아닌 듯하다.[4] 더욱이 의지력이 자기통제의 열쇠라는 개념의 가장 큰 역설은 자기통제 능력이 매우 뛰어난 사람들은 의지력을 사용하지 않는다는 것이다.[5]

격언이나 교훈 중에는 욕망을 극복하고 합리적인 목표를 추구해야 한다는 내용이 많다. 이런 말을 들을 때 우리는 욕망을 극복한다는 생각이 착각일 수 있다는 걸 깨닫지 못한다. 실제로 우리는 충동에 잘 저항하지 않는다. 무엇을 하든 가장 강한 욕망에 항상 굴복한다. 이는 우리가 자신을 통제할 수 없다는 의미가 아니라, 자기통제의 힘을 활용하고 싶다면 자기통제에 대해 생각하는 방식을 바꿔야 한다는 의미다.

니체는 모든 존재란 권력을 위해 경쟁하고 대립하고 투쟁하는 수많은 충동의 총합으로 볼 수 있다고 생각했다. 그는 개인이 이런 충동을 극복할 수 있는 단호한 의지를 지녔다는 걸 부정했고, 오히려 가장 강력한 충동이 항상 승리하여 우리의 행동을 결정한다고 주장했다. 그리고 자기지배의 열쇠는 이성이나 의지력을 사용하여 충동을 억누르는 것이 아니라 이상을 추구하는 방향으로 충동을 조절하는 데 있다고 강조했다. 이상적인 상태는 개인의 정념을 통제하여 가장 높은 목표로 향하게 하는 상태라고 봤다.[6]

충동에 대한 니체의 견해는 매우 원숙하다. 격렬한 의지의 싸움보다는 올바른 행동을 하고 잘못된 행동을 피하는 것이 훨씬 창의적인 설계 과정이라고 할 수 있다. 우리의 충동 중 어떤 것은 이상에 부합하고 목표를 달성하는 데 유용하다. 하지만 그것이 원초적으로 가장 강력한 충동은 아니다. 바람직한 충동이 승리하길 원한다면 더 강한 욕망을 길들이고 소음을 차단하여 자신의 가치관이 속삭이는 소리에 귀를 기울여야 한다. 자기통제와 좋은 습관의 비결은 이런 욕망을 관리하고 훈련하는 데 있다.

최초의 동기는 행동을 새롭게 프로그래밍하기 위한 지렛대다.[7] 어떤 상황이 충동을 촉발하려면 그 상황과 마주칠 뿐만 아니라 동기에 주의를 기울여야 하며, 그 동기를 바람직한 것으로 해석해야 한다. 우리의 행동은 우리의 인식과 감정에 좌우된다. 그러므로 우리는 환경 인풋, 생각 또는 감정을 사용하여 습관을 새롭게 프로그래밍할 수 있다.[8]

또한 특정한 행동의 즉각적인 결과는 습관을 형성하는 데 중요한 역할을 하며, 습관을 바꾸도록 설계할 수 있다. 충동의 강도는 동기에 대한 우리의 반응과 즉각적 보상의 강도로 결정된다. 예컨대 편의점 진열대에 놓인 사탕은 아이가 갈망을 느끼고 손을 뻗게 한다. 이때 즉각적인 보상의 강도는 인풋과 아웃풋 사이의 연결을 강화한다. 이런 보상의 충족 또는 부족을 결과라고 한다.[9]

그리고 많은 경우 목표의 재평가와 재구성은 우리에게 불리하게 작용하는 욕망을 유리하게 작용하도록 바꿀 수 있다.[10] 욕망을 조절하고 활성화하고 사용하는 것은 행동을 새롭게 프로로

그래밍할 바람직한 기회다.

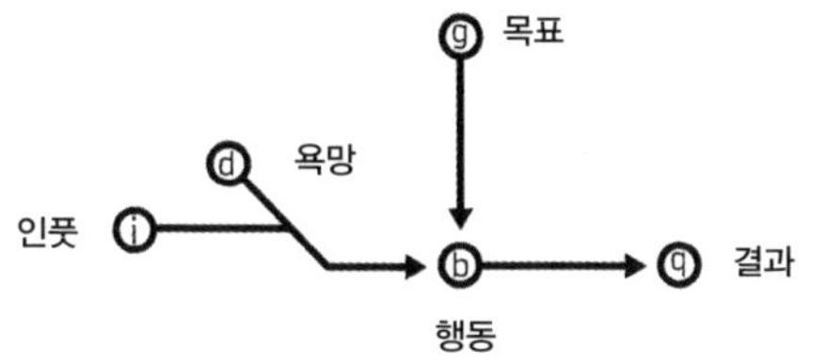

이런 지렛대를 활용하여 충동을 조절하는 능력이 자제력의 핵심이다. 더 현명한 전략을 사용하고 기존의 욕망과 감정의 강도를 조절함으로써 목표를 효과적이고 효율적으로 성취할 수 있다.[11] 그러면 올바른 방향으로 에너지를 공급하도록 충동을 사용하고, 충동이 우리를 오도하는 것을 방지하는 데 점차 능숙해진다. 앞서 충동은 바람직한 삶의 안내자가 될 수 없다는 걸 살펴봤다. 또한 감정적인 평온함은 우리에게 불필요한 고통을 주지 않도록 이런 욕망을 조절하는 능력에 달렸다는 것도 살펴봤다. 이제 충동을 활용하는 방법을 배울 시간이다.

인풋_환경을 재설계하라

우리는 세상을 설계하고, 세상은 우리에게 반응하여 다시 우리를 설계한다.

— 앤-마리 윌리스Anne-Marie Willis, 『존재론적 설계Ontological Designing』

머지않은 미래에 가상현실 환경은 물리적 세계를 뛰어넘어 우리 경험의 중심지가 될 것이다. 이는 우리 환경의 모든 측면을 누군가가 설계한다는 걸 의미한다.[12] 현재도 인간이 의도적으로 설계하지 않은 곳을 찾기가 어려울 정도다. 존재론적 설계ontological design라는 개념은 우리가 환경을 설계하는 행위를 통해 실제로 우리 자신을 설계한다고 가정한다. 인간의 마음이 형성되는 것은 경험에 크게 좌우되며, 따라서 개인과 환경 사이에는 서로 영향을 주고받는 연속적인 순환 고리가 존재한다.[13]

우리는 환경을 적극적으로 구조화하여 행동 알고리즘을 형성할 수 있다. 이 프로세스를 통해 원하지 않는 행동을 유발하는 인풋을 피하거나 원하는 행동을 유발하는 인풋을 만날 수 있다. 그러나 환경 설계의 목적은 단순히 부정적인 신호를 피하는 것이 아니라 습관을 형성하기 위해 신호를 사용하는 데 있으며, 이는 불가피하게 위협이 발생할 때 우리를 튼튼하게 해준다. 우리는 상황을 선택함으로써 자신의 행동에 영향을 미칠 수 있다. 알코올 중독자는 애초에 술집에 들어가지 않는 선택을 할 수 있다. 비만을 걱정하는 사람은 누텔라 땅콩잼을 구매하지 않을 수 있고, 적어도 침대 옆 테이블에 놓지 않을 수 있다.[14]

스토아철학은 환경 조건과 관계없이 인간의 의지만이 가치가 있다고 생각했을지도 모른다.[15] 그러나 환경의 역할을 무시하면 자신에게 해가 된다. 내부 세계가 우리의 초점이 될 수 있지만, 그렇다고 외부 세계가 아무 관련이 없는 건 아니다. 우리 주변의 세계는 우리에게 상당한 영향력을 미친다. 우리는 다른 사람들의 조작에 저항할 수 있지만, 환경의 영향을 모두 없앨 수는 없다. 우리에게 환경은 우리의 소프트웨어를 형성하기 위한 강력한 도구다.

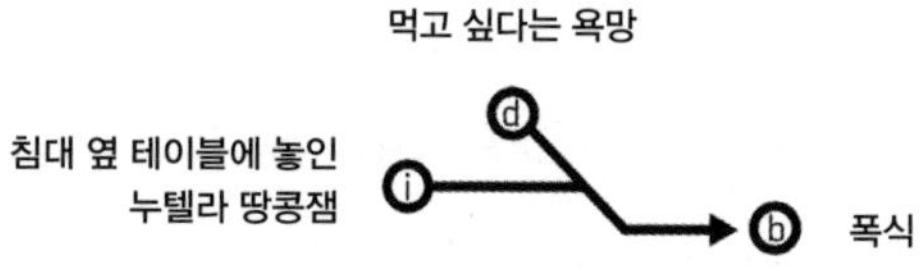

당신의 소프트웨어를 변경하려면 당신에게 도움이 될 환경을 만드는 것이 중요하다. 당신의 목표가 일에 집중하는 것이라면 방해받지 않을 업무 공간을 설계해라. 명상을 시작하고 싶다면 방에서 혼자 하는 것보다 명상 수련회에 가는 것이 더 강력한 습관을 형성하는 환경이 될 것이다. 환경을 설계하는 과정은 많은 측면에서 자신을 설계하는 과정이다.

> 당신의 삶은 생각과 선택의 산물이다. 당신이 읽은 책, 경험, 가까이한 사람들과 같은 특정한 환경 요소들을 마음이라는 정원에 심고 가꿔온 결과다.
>
> —벤저민 하디Benjamin Hardy, 『최고의 변화는 어디서 시작되는가』

환경을 통해 자신을 설계하는 한 가지 중요한 방법은 자신이 함양하고 싶은 가치관, 특성, 습관을 지닌 사람들과 교류하는 것이다. 통계적으로 볼 때 주변 사람들이 과체중일수록 당신도 과체중이 될 가능성이 더 크다.[16] 건강해지고 싶어 하면서도 활동적인 환경에 참여하거나 건강을 중시하는 사람들과 교류하지 않는다면, 물살을 거슬러 수영하는 셈이다. 주변 사람들의 성격과 특성은 당신에게 영향을 미칠 것이고 정직한 사람, 자기도취적인 사람, 이타적인 사람, 교활한 사람들이 서서히 당신을 자신들의 성향으로 이끌 것이다.[17]

당신의 생활공간이 어떻게 구성돼 있는지 둘러봐라. 그 공간이 어떤 행동을 촉진하고 어떤 행동을 가로막는가? 당신이 시간을 보내는 물리적인 공간이 당신이 지향하는 목표에 부합한다고 말할 수 있는가? 디지털 환경도 당신을 형성한다. 정기적으로 방문하는 웹사이트, 구독하는 팟캐스트, 휴대전화에 설치하는 앱이 당신을 형성할 것이다. 주의를 산만하게 하고 싶지 않다면 알림을 꺼라. 여가 시간을 생산적으로 보내고 싶다면 자극적인 가십을 주로 다루는 이메일 뉴스레터의 구독을 취소하라. 당신을 이상적인 방향으로 이끌 수 있는 것을 가까이에 두어라.

행동을 바꿀 두 번째 기회는 관심과 생각을 전환하는 것이다. 감정 영역에서 살펴본 것처럼, 일반적으로 외부 경험은 행동을 유발하기 전에 우리의 생각을 통해 여과된다. 이는 생각과 집중이 우리가 취하는 행동에 중요한 역할을 한다는 것을 의미한다.

아마 당신도 마시멜로 실험을 들어봤을 것이다. 스탠퍼드대학교 교수를 역임한 심리학자 월터 미셸Walter Mischel은 이 고전적인 실험을 통해 만족감을 지연시키는 자제력이 바람직한 삶의 대부분 중요한 지표와 연결돼 있음을 보여준다. 마시멜로 실험은 아이들에게 최대한 오랫동안 마시멜로를 먹고 싶다는 충동을 참아내도록 요청했다. 아이들은 마시멜로 바로 앞에 앉아 있어야 했고 환경을 바꿀 수 있는 선택권이 없었다.

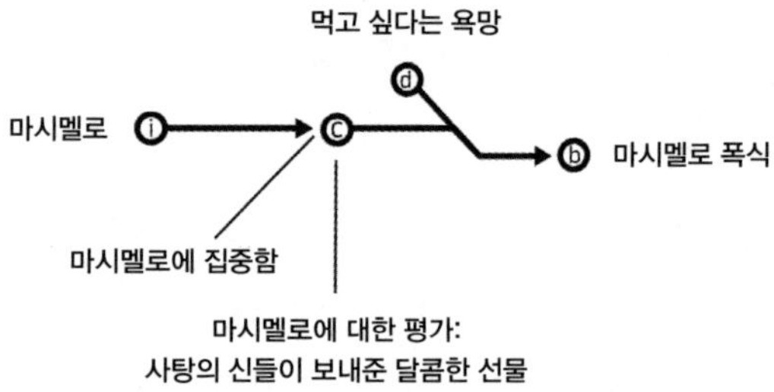

놀랍게도 요청을 성공적으로 수행한 아이들은 이를 악물고 충동을 억제하거나 갈망을 억누르려고 하지 않았다. 그런 방법을 사용한 아이들이 도리어 오래 버티지 못했다. 성공한 아이들은 마시멜로에 대한 욕구를 줄이는 인지 전략을 사용했기 때문에 의지력이라는 '근육'을 써야 할 필요성을 느끼지 않았다.[18] 이처럼 행동의 인풋을 설계함으로써 습관적인 행동을 조절할 수 있는 여러 가지 방법이 있다.

인풋 설계

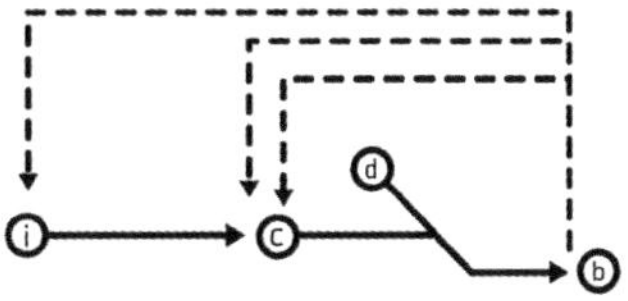

이런 전략 중 하나가 주의력 분산으로, 이 실험의 경우에는 자신을 산만하게 하는 것이다. 유혹적인 자극에서 자신을 산만하게 하는 능력과 자동적인 습관이 자극에 굴복하는 것을 막는 데 매우 효과적이라는 사실이 많은 연구에서 밝혀졌다.[19] 장난감을 갖고 놀거나 그렇게 하는 척하는 아이들은 마시멜로의 유혹에 더 오랫동안 저항할 수 있었다. 만약 당신이 뭔가에 유혹당한다고 느껴진다면 정해진 목표를 떠올리고, 유혹이 물리적인 것이라면 다른 활동에 마음을 집중해라. 하지만 주의해야 할 점은 유혹적인 활동을 하면서 주의를 산만하게 할 때는 자제력을 발휘하기가 어렵다는 것이다. 먹는 동안 정신이 산만해진 사람들은 의식적으로 먹는 사람들보다 얼마나 많이 먹었는지 기억하지 못한다.[20]

주의력의 또 다른 용도는 마음챙김을 실천하는 것이다. 마음챙김을 수련한 사람들은 갈망의 감정에 대한 인식을 발달시킬 수 있었고, 갈망이 가라앉을 때까지 집착 없이 객관적인 관점으로 자신을 성찰할 수 있었다.[21] 마음챙김은 갈망과 행동 사이의 연결고리를 약화하는 알고리즘으로 작동하며, 우리가 내리는 결정에서 더 큰 선택의 폭을 제공한다.

또 다른 강력한 방법은 감정 영역에서 살펴봤던 인지 재평가다. 우리는 감정적으로 두드러진 자극의 의미를 재해석할 수 있는데, 이와 비슷한 방식으로 유혹적인 자극을 재해석하여 우리에 대한 지배력을 약화할 수 있다. 마시멜로를 군침 도는 간식으로 생각한 아이들은 자제력을 잃고 빨리 먹어버릴 가능성이 더 컸다. 마시멜로가 진짜가 아닌 척하거나 뭉게구름에 비유한 아이들은 욕망을 더 효과적으로 통제할 수 있었다.[22] 이처럼 우리는 유혹적인 음식을 동맥경화를 일으키는 지방으로, 중독성 있는 미디어 플랫폼을 심리적으로 유해한 소음으로, 약물이나 알코올을 독극물로 재해석할 수 있다.

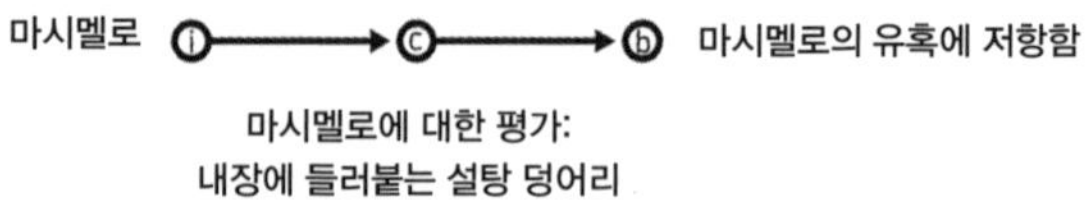

또한 유익한 활동을 재평가하여 더 바람직한 것으로 만들 수 있다. 운동이 고통스럽고 피곤하다고 생각하는 게 아니라 그 과정이 자신을 더 강하게 해준다고 상상할 수 있다. 건강한 음식의 영양분이 몸과 마음에 스며들어 활력을 더해주는 걸 상상할 수 있다. 또 쓰지 않고 모으는 푼돈을 자유의 씨앗으로 생각할 수 있다.

행동을 변화시키기 위해 변경할 수 있는 세 번째 인풋은 감정이다. 괴로운 감정을 해소하려고 특정한 행동을 하는 사람들도 있다.[23] 폭음, 강박적 성관계, 온라인 쇼핑 등인데 이런 행동이 감정적 행동을 일시적으로 완화해줄 수는 있겠지만 문제를 체계적으로 해결해주지는 못한다. 가끔 약속을 까먹거나 맥도날드에서 빅맥을 허겁지겁 먹는 정도라면 사소하게 여겨질지도 모른다. 하지만 훨씬 더 심각한 상황도 있으며 심지어 생명을 위협할 수도 있다.

변증법적 행동치료Dialectical behavior therapy, DBT는 인지행동치료CBT에서 유래한 치료법이며 중독, 자해, 자살 시도 같은 해로운 행동을 치료하는 데 초점을 맞춘다. DBT의 핵심 요소 중 하나는 행동연쇄 분석behavior chain analysis으로 알려졌다. 무엇이 이런 행동을 유발했는지 그리고 재발을 막기 위해 어떤 방법이 존재하는지를 환자가 조사하는 방법이다.[24] 시린 리즈비Shireen Rizvi의 『변증법적 행동치료의 연쇄 분석Chain Analysis in Dialectical Behavior Therapy』에 기록된 환자의 경험을 바탕으로 심각하고 복잡한 사례를 살펴보면 다음과 같다.

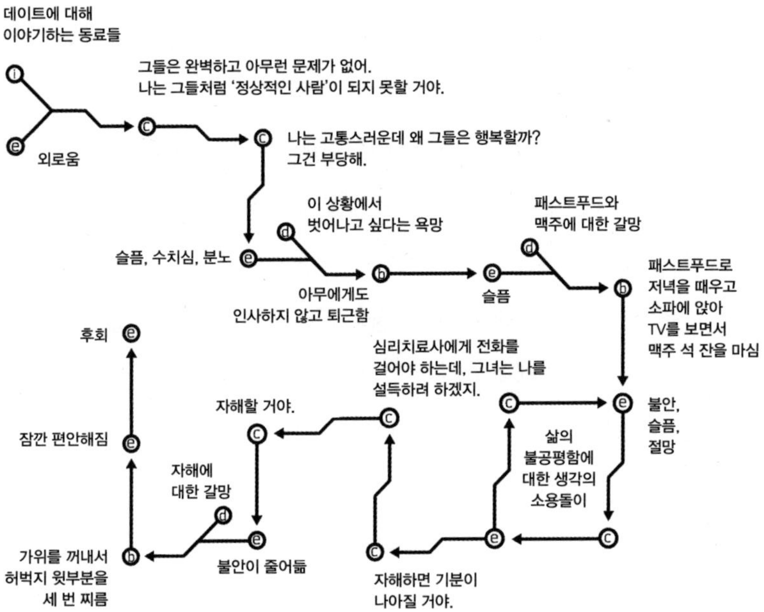

앞에서 살펴본, 감정을 조절하는 데 사용하는 모든 방법은 행동을 변화시키는 도구로도 사용할 수 있다. 이 환자의 상황 인식은 매우 왜곡돼 있으며, 문제가 되는 행동을 변화시킬 수 있는 한 가지 효과적인 방법은 5장에서 설명한 인지 재구성이다. 하지만 외로움과 불안감을 느끼는 모든 사람이 자해 같은 극단적 행동을 하는 건 아니라는 사실도 주목할 필요가 있다.

습관은 본질적으로 인풋과 연결된 행동이기 때문에 동일한 인풋에 다른 반응을 하는 것이 습관을 바꾸는 좋은 방법이다.[25] 자해가 운동으로 대체된다면 이 사례가 얼마나 덜 비극적이겠는가. 누텔라 폭식 문제가 지루함 때문에 촉발된다는 걸 파악할 수 있다면, 당신의 문제는 이미 절반쯤 해결된 것이다. 그러면 누텔라 땅콩잼을 과일 같은 건강에 좋은 간식으로 대체하면서 행동을 변화시키는 기회를 찾을 수 있다. 감정에서 행동으로 이어지는 경로를 다시 설정함으로써 잘못된 행동을 촉발한 부정적인 감정을 누그러뜨리고 감정을 더 바람직한 방향으로 이끌 수 있다.

아웃풋_보상 시스템을 활용하라

또한 행동의 결과를 변화시킴으로써 우리의 행동을 형성할 수 있다. 환경 인풋과 행동 아웃풋을 연결하는 욕망의 강도는 결과에 대한 보상으로 결정된다.[26] 만약 슬롯머신으로 도박을 해서 돈을 딴다면, 이 보상은 카지노의 벨 소리와 앉아서 슬롯머신을 당기는 행위 사이의 연결을 조건화하고 강화할 것이다. 이런 연결은 그다음에도 당신의 갈망을 키우고 행동을 더 습관적으로 만들 것이다. 불행하게도, 많은 돈을 잃고 집에 가는 것은 조건화를 하는 힘이 더 약하다. 즉각적인 보상이 더 큰 힘을 발휘하기 때문이다. 예컨대 마라톤을 하면서 느끼는 만족감은 오레오가 주는 즉각적인 달콤함보다 힘이 약하다.

다행스럽게도 우리는 행동의 결과를 설계함으로써 이런 프로그래밍 능력을 활용할 수 있다. 사전 약속이라는 방법을 통해, 게으름을 피우려는 유혹에 직면하기 전에 자신의 행동에 대한 특정한 보상과 벌칙을 설정할 수 있다.[27]

배우고 싶은 악기를 연습하지 않으면 친구에게 매일 벌금을 내겠다는 약속을 함으로써 금전적인 손해를 방지하려는 당신의 욕구를 악기 연습에 활용할 수 있다. 신뢰할 수 있는 친구에게 돈을 맡기고 당신이 구체적인 행동 목표를 달성해야만 돌려받을 수 있게 하면 된다. 또는 바람직한 행동을 완수할 때마다 자신에게 상금을 지급하는 보상 시스템을 구축할 수도 있다. 이런 약속을 함으로써 당신은 자신이 쉽게 실천하지 않으려는 행동에 대해 의미 있는 결과를 만들 수 있다.[28]

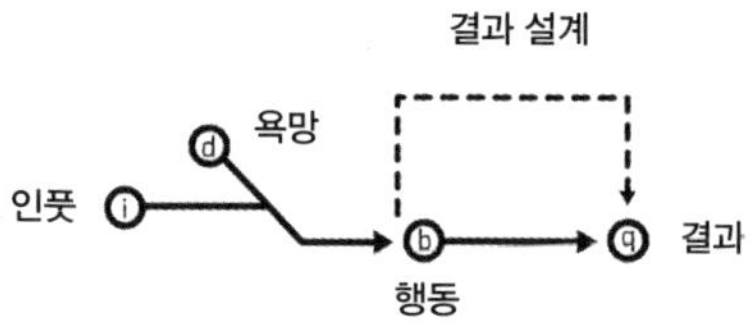

사회적 충동을 활용하여 명확한 목표를 달성할 때 더 많은 보상을 주고, 실패할 때 더 많은 불이익을 주는 여러 가지 방법이 있다. 당신이 일으키고자 하는 행동 변화를 공개적으로 발표하

면 실패의 위험을 낮출 수 있다. 이는 사회적 반감에 대한 당신의 회피 심리를 효과적으로 적용하는 방법이다.[29] 개인 트레이너나 운동 파트너를 만들면 체육관에 가지 않는 것이 다른 사람들을 실망시킬 것이므로 당신의 습관에 책임감을 더할 수 있다. 또한 어떤 행동을 성공적으로 해냈을 때 칭찬을 해달라고 가까운 지인들에게 부탁할 수도 있다.[30]

자신이 하려는 행동을 정확히 규정한 서약서를 만들고 서명하면 그 행동을 실천할 가능성이 더 커진다는 연구 결과도 있다. 누구나 자신과의 약속을 깨는 것을 싫어하므로 명시적으로 약속할수록 위반을 더 강하게 경계할 것이다.[31]

이 책을 쓰면서 나는 포커스메이트Focusmate라는 온라인 앱을 활용했다.[32] 가상적 공동 작업 도구라고 불리는 포커스메이트는 목표를 달성하기 위해 노력하는 낯선 사람들끼리 한 시간 정도의 온라인 모임을 설정하고, 열심히 일하라고 서로를 격려하면서 마지막에는 얼마나 잘 완수했는지를 평가하고 공유한다. 이는 매우 강력하고 효과적인 생산성 도구다. 개인적인 목표를 효율적으로 달성하면 타인의 칭찬과 사회적 인정을 받을 수 있도록 욕망을 재조정하기 때문이다.

행동에 즉각적인 보상을 주거나 불이익을 가하는 데 유용한 다른 기술도 있다. 보상이 벌칙보다 더 효과적인 경향이 있지만,

파블로크Pavlok 같은 웨어러블 기기는 알람이 울려도 일어나지 않을 때, 끊기로 약속한 담배를 피울 때, 먹지 않기로 약속한 패스트푸드점에 갈 때 전기 충격을 가한다. 이 충격을 받을 때마다 유혹을 이겨내도록 자신을 훈련할 수 있다.[33] 미소 짓는 단순한 행동이 보상의 역할을 할 수 있다는 연구 결과도 존재한다. 목표를 완료한 직후에 미소를 지음으로써 긍정적인 행동을 습관화할 수 있다는 얘기다.[34]

유혹 묶음temptation bundling은 자신이 정한 목표에 즐거운 활동을 연결하는 방법이다. 축구 게임을 좋아하든, 거품 목욕을 좋아하든, 멋지게 꾸미고 외출하는 것을 좋아하든 당신은 특정한 목표 행동을 마친 후에만 이런 활동을 하도록 계획을 짤 수 있다. 이 방법은 긍정적인 행동과 취미 활동을 점진적으로 연결함으로써 당신이 긍정적인 행동 자체를 갈망하도록 이끌 것이다.[35]

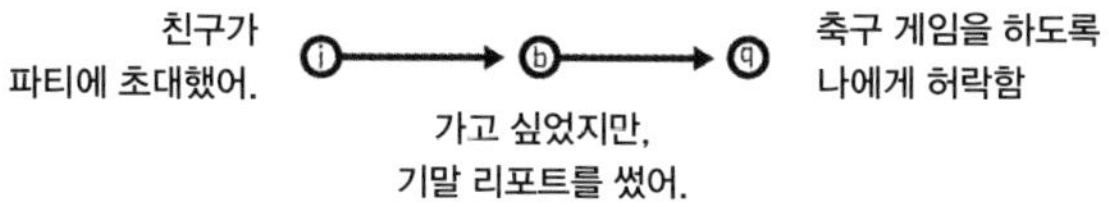
친구가
파티에 초대했어.
ⓘ
ⓑ
ⓠ
축구 게임을 하도록
나에게 허락함
가고 싶었지만,
기말 리포트를 썼어.

보상 시스템을 활용하는 흥미로운 방법 중 하나는 토큰 경제를 구축하는 것이다. 포커 칩, 클립, 수첩의 체크 표시 같은 것으로 토큰을 만들자. 토큰에 특정 값을 할당하고 미리 정한 행동을 할 때마다 자신에게 즉시 토큰을 지급한다. 토큰 한 개는 커피 한 잔이나 음악 한 곡 또는 당신이 가장 좋아하는 드라마 시리즈 일회분에 해당한다. 시간이 지남에 따라 토큰은 보상과 매우 밀접하게 연관되어 그 자체가 강력한 보상으로 작용할 것이다.[36]

강제 기능은 어렵거나 불가능한 행동을 하도록 자신에게 '강제로' 상황을 부과하는 방법이다. 어떤 상황에 몰입할 때 당신은 탈출하기 매우 어려운 긍정적인 감옥에 자신을 가두게 된다. 프로그래밍 기술을 배울 수 있는 무료 온라인 강좌가 많이 있지만, 대학 교육에서 배울 수 있는 수준에 도달하고 싶다면 이런 강좌는 적절하지 않을 것이다. 무료 강좌는 강제적 압력으로 작용하지 않기 때문이다. 대학교에 다닌다면 등록금을 내고 친구들과 협력하고 교수들의 평가를 통해 성적과 학위를 얻게 된다. 이런 강제적 동기는 혼자만의 막연한 의지력보다 훨씬 더 효과적이고 효율적으로 당신을 높은 수준으로 이끌 것이다.

만약 당신이 갈망이나 죄책감에서 쾌감을 느끼는 성향이라면 그것을 유익한 행동이나 습관으로 만드는 방법도 있다. 예컨대 초콜릿에 대한 충동을 바람직한 목표를 추구하는 데 활용할 수 있을 것이다. 휴식에 대한 욕구는 어떨까? 아니면 성욕은? 자신을 제한하지 마라. 당신이 가진 모든 충동은 자신을 이상으로 쉽게 이끌 수 있는 도구다. 기존 충동을 전환하여 좋은 행동의

약한 충동을 강화할 방법을 찾아봐라. 명확한 목표를 달성하기 위해 동기를 강화하면 행동이 자동화되므로 의지력을 사용할 필요가 없어진다.

기존 충동을 활용하여 행동이 자동으로 이루어지게 하는 것이 습관을 형성하는 가장 좋은 방법일 때도 있다. 우리는 충동을 직접 통제할 수 있고, 신호와 갈망 사이의 연결을 강화하거나 약화할 수 있으며, 감정의 높낮이를 조절하는 데 사용하는 여러 가지 기술을 행동을 지시하는 목적으로도 사용할 수 있다. 금욕주의는 우리를 괴롭히는 욕망의 힘을 누그러뜨리는 데 활용할 수 있고, 나쁜 습관에 빠뜨리는 유혹에서 벗어나기 위해 활용할 수도 있다. 일테면, 세네카는 단식이 규칙적인 식사에 덜 중독되게 하는 방법이라고 말했다.

> 하지만 나는 당신 마음의 일관성을 시험하기로 굳게 결심했기 때문에 위인들의 가르침에서 얻은 한 가지 방법을 제시하겠다. 며칠 동안 당신은 거칠고 허름한 옷과 초라한 한 끼 식사에 만족해야 할 것이다. 참고 견디면서 자신에게 이렇게 물어보라. "이것이 정녕 내가 두려워했던 상황인가?"
>
> — 세네카, 『스토아철학자의 편지』

니체는 더 큰 자제력을 함양할 수 있는 구체적인 방법을 제시했다. 한 가지 방법은 세네카가 언급한 단식이나 금욕이다. 또 다른 방법은 일정한 시간을 정해 특정한 욕구에 탐닉하고 그 외의 시간에는 엄격히 자제하는 것이다. 이는 허용할 수 있는 욕구가 통제를 벗어나지 않게 하는 데 도움이 될 수 있다.

니체가 제시하는 흥미로운 방법은 고통스럽거나 불쾌한 생각(또는 반대로 매우 즐거운 생각)을 특정한 행동과 연결할 수 있다는 것이다. 시간이 지남에 따라 행동과 생각이 서로 연관되고 그에 따라 욕망이 우리를 이끌게 된다. 만약 어떤 감정이 어떤 행동과 연결된다면, 그 감정은 그 행동을 강화하거나 약화하는 데 활용할 수 있다.[37] 어떤 감정이 당신을 가장 자극하는가?

다른 사람들이 당신의 잠재력을 의심할 때 당신이 느끼는 분노도 활용할 수 있다. 이런 분노를 조절하여 충동적인 실수를 예방해라. 자부심을 이용하여 긍정적인 습관으로 이끌 수도 있다. 악기 연주를 연습할 때 당신이 가장 감동을 주고 싶은 사람들 앞에서 공연하는 모습을 상상해보는 것도 좋다. 존재하지 않는 청중에게 박수를 받을 때 느끼는 자부심도 꽤 현실적이며 상당한 동기를 부여한다. 책 한 권을 다 읽으면 책장이나 굿리즈Goodreads 같은 독서 플랫폼의 프로필에 진열해라. 성과를 뿌듯하게 바라보면서 당신은 강한 동기를 부여받을 것이고, 그 성과를 다른

사람들과 공유하면서 긍정적인 습관을 키워나갈 수 있을 것이다.[38]

사람들이 자선단체에 기부하는 주된 이유는 아마도 관대하다는 깊은 인상을 친구들에게 심어주기 위해서일 것이다. 당신도 자신의 가치관에 부합하는 행동을 실천하기 위해 이런 사회적 동기를 활용하지 않을 이유가 없다. 가치관에 부합하는 개인적 목표를 추구하기 위해 사회적 동기를 활용해라. 당신의 가치관을 함께 실천하는 사람들로 구성된 가상의 협의체를 당신의 머릿속에 만들고, 결정을 내려야 할 때 그들과 상의해라.

자동화_내면적 동기를 함양하라

> 우리의 과제는 일반적인 의미의 노력이 아니라 발전이어야 한다. 따라서 독자적인 방식으로 완벽을 향해 성장하고 더욱더 발전하기 위해 노력해야 한다. 평범한 사람들의 동기부여는 자신에게 부족한 기본적 욕구를 채우려는 노력일 뿐이다.
>
> — 에이브러햄 매슬로, 『동기와 성격』

동기부여의 주요 원천은 보람 있고 진정성 있는 목표를 선택하는 것이다. 지금까지 긍정적인 행동에 보상을 하는 것의 중요성에 대해 이야기했지만, 사려 깊고 창의적인 활동에 대한 동기부여에서 보상은 어두운 면도 있다. 에이브러햄 매슬로의 연구에 따르면, 매우 높은 수준으로 발전하고 목표를 성취하는 개인은 '아첨, 칭찬, 인기, 지위, 위신, 돈, 명예'보다 '성장, 탐구, 창의성' 같은 내면적 보람에서 동기를 부여받는 경향이 있었다.[39]

이것이 사실임을 보여주는 여러 가지 증거가 있다. 즐겁고 흥미롭다고 생각하는 것들을 실천하려는 내면적인 동기가 외부적인 보상보다 더 강력할 수 있음을 많은 연구가 보여줬다.[40] 갈망하는 목표를 선택하는 것이 욕망을 자제한 것에 보상하는 것보다 훨씬 더 효과적일 수 있다. 반직관적으로 보이지만, 외부적 보상은 동기부여 효과가 약할 뿐만 아니라 오히려 동기부여를 저해하고 내면적 충동보다 좋지 않은 결과로 이어질 수 있다는 사실을 압도적인 증거가 보여준다.[41]

한 연구는 학교에서 외부적인 동기부여가 적을수록 학생들이 20년 후에 성공할 가능성이 더 크다는 사실을 발견했다. 놀랍게도 외부적 보상에 대한 관심의 부족이 오히려 그런 외부적 보상의 달성과 긍정적인 상관관계를 보였다. 내면적 동기부여가 더 강한 미술 전공 학생들은 좋게 인식되었고, 우수한 평가를 받는 작품을 만들 가능성이 더 컸다.[42]

미래학자 다니엘 핑크Daniel Pink는 『드라이브』에서 당근과 채찍이라는 외부적 동기에 대하여 일곱 가지 문제를 지적한다.

1. 내면적 동기를 소멸시킬 수 있다.
2. 성과를 저하시킬 수 있다.
3. 창의력을 가로막을 수 있다.

4. 좋은 행동을 강요할 수 있다.

5. 부정행위와 비윤리적인 행동을 유발할 수 있다.

6. 중독될 수 있다.

7. 단편적인 사고방식을 조장할 수 있다.[43]

이런 반직관적인 진실은 점점 더 많은 세상에 적용되고 있다. 자동화가 여러 가지 단순 작업을 대체하면서 작업을 완수하도록 유도하기 위한 인센티브(당근과 채찍)가 덜 사용되고 있다. 그리고 자발적인 기여자들의 내면적 동기로만 운영되는 위키피디아 같은 플랫폼이 더 많이 구축되고 있다. 많은 사람이 은퇴하여 일을 그만두고 싶어 하지만, 인간은 일을 하지 않으면 삶의 의미를 찾을 수 없는 존재다. 창의적이고 도전적이며 보람 있는 일을 갈망하게 돼 있기 때문이다. 인공지능 기술이 발전함에 따라 인간의 모든 작업은 내면적으로 보람 있는 목표를 추구하는 방향으로 나아갈 가능성이 커지고 있다.

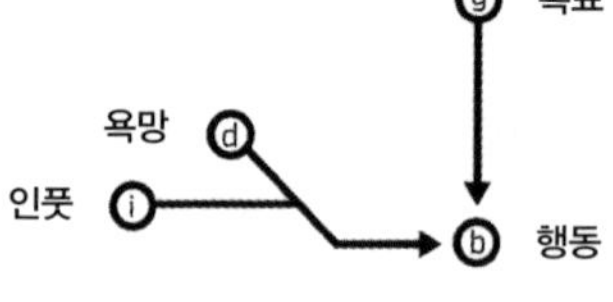

다니엘 핑크는 내면적 동기를 부여하는 활동의 세 가지 특성이 자율성, 숙련 욕구, 목적성이라고 강조한다. 만약 어떤 활동이 의미 있는 목표에 기여하는 창의적인 과제를 제시한다면 우리는 외적으로 보상받는 활동보다 더 강한 동기를 얻을 수 있다. 창의성이 부족한 반복적인 업무는 여전히 외부적 보상으로 수행된다는 점에 유의해야 한다.[44] 우리가 실천하려는 많은 행동과 습관은 중요하지만 지루한 일이기 때문에 보상을 활용하는 것이 중요하다. 그러나 우리에게 자율성, 숙련 욕구, 목적성을 제공하는 중요한 일에 대해서는 외부적인 보상을 경계하고 우리를 이끄는 내면적 동기를 함양하기 위해 노력해야 한다. 자기지배력이 뛰어난 개인은 핵심 영역에서는 보상을 설계하고, 그 밖의 영역에서는 내면적 추진력을 발휘하는 전략을 사용한다.

이런 내면적 동기는 우리가 일반적으로 떠올리는 힘든 노력과 큰 성과라는 과도한 부담을 제거할 수 있다. 목표를 향해 나아가도록 자신에게 동기를 부여하기 위해 애를 써야 한다면, 이는 종종 개인적인 열정과 가치관에 맞지 않는 목표를 선택했기 때문이다. 설정한 목표가 '취향'에 맞지 않는다면 동기부여와 충돌할 수도 있다. 목표가 너무 높거나 비현실적이면 안 되지만, 도전하기에 너무 쉬워서도 안 된다.[45]

운동을 하든 악기를 연주하든 사업을 시작하든, 동기를 유지하려면 진행 상황을 확인하고 측정할 수 있어야 한다.[46] 당신이 정한 운동의 목표가 더는 진전되지 않는 순간, 운동은 지루한 일이 될 것이다. 당신이 음악적으로 흥미를 잃는 순간, 연주 실력을 유지하는 데 더 많은 노력이 필요할 것이다. 그리고 성공을 의미하는 지표가 무엇이든 간에 개선하려는 노력을 멈추는 순간 사업은 부담스러운 일이 될 것이다. 성취하려는 의지는 내면적 동기부여의 핵심이기 때문이다. 만약 자신이 어떤 직업, 취미, 활동에 왜 빠져들 수 없는지 궁금하다면 스스로 뭔가를 성취했다고 느끼는 건 아닌지 자문해보기 바란다. 당신이 난관을 극복하거나 새로운 도전에 맞서거나 눈에 띄게 발전하고 있지 않다면, 당신의 동기가 실패로 이끌더라도 놀라선 안 된다. 강한 추진력을 갖추고 싶다면 자신의 목표와 내면적 성향을 연결할 방법을 찾아야 한다.

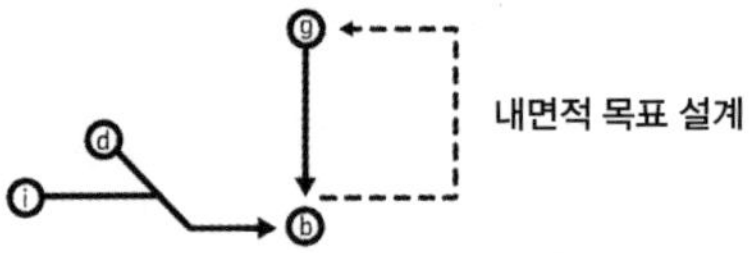

만약 당신이 설정한 모든 목표가 열정과 충돌한다면 5장으로 돌아가서 처음에 설정한 목표에 의문을 제기하고 문제점을 파

악해야 한다. 만족은 목표를 달성하는 데서가 아니라 목표를 추구하는 과정에서 느끼는 것이기 때문에 목표를 향해 나아가는 많은 단계가 즐거워야 한다.[47] 왕성한 창조 활동을 하는 예술가, 작가, 건축가들이 다작을 할 수 있는 이유는 좋아하는 것을 활용할 방법을 찾아냈기 때문이다. 당신도 자기만의 성격, 취향, 가치관에 맞는 목표를 설정해야 한다.

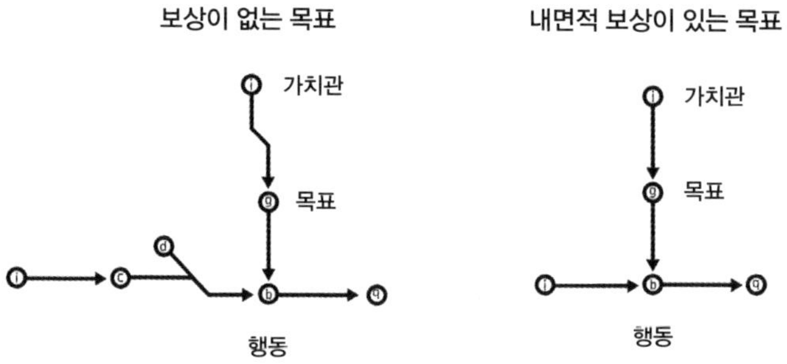

만약 건강을 유지하고 싶지만 조깅을 싫어한다면, 테니스를 시작해라. 테니스는 신체적으로 많은 활동을 요구하지만 스포츠의 재미를 알게 함과 동시에 매력적인 도전 과제를 제공할 것이다. 당신의 목표가 사업을 시작하는 것이라면 외부적인 보상을 추구하는 대신 진정으로 관심이 있는 분야와 연결해라. 즐기는 힘이 목표와 일치할 때 열심히 일하는 느낌은 재미있는 게임

을 하거나 깊이 몰입할 때의 느낌과 비슷하다. 당신이 나아가야 할 방향은 욕망을 제거하는 것이 아니라 욕망과 조화를 이루는 것이다. 바람직한 욕망은 쉽고 자연스럽게 당신을 원하는 목표로 이끌어줄 수 있다. 삶의 나침반이 즐기는 힘을 발휘할 수 있는 일관된 방향을 가리키면, 모든 것이 순조롭게 진행될 것이다.

■ 핵심 정리 ■

* 대부분 사람은 자신과의 싸움에서 지는 이유가 의지력이 부족하기 때문이라고 생각하지만, 자기통제 능력이 매우 뛰어난 사람들은 의지력을 사용하지도 않는다.

* 행동을 활성화할 때는 동기 또는 인풋을 직시해야 하며, 그 인풋에 주의를 기울이고 그 인풋을 바람직한 것으로 해석해야 한다. 충동의 강도는 결과라고 불리는 행동의 즉각적 보상 여부로 결정된다. 이 보상은 행동을 새롭게 프로그래밍할 바람직한 기회를 제공한다.

* 환경은 우리의 소프트웨어를 형성하는 강력한 도구가 될 수 있다. 당신은 주변 사람들뿐만 아니라 물리적 환경과 디지털 환경을 통해 자신의 소프트웨어를 설계할 수 있다.

* 주의력 분산과 마음챙김 같은 방법은 욕망에 주의를 기울이는 정도를 조절함으로써 욕망을 변화시키는 데 사용할 수 있다. 재평가는 우리가 욕망의 대상을 해석하는 방식을 변화시킴으로써 욕망

의 힘을 키우거나 줄이는 데 사용할 수 있다.

* 우리는 특정한 행동의 결과를 설계할 수 있으며, 이런 결과가 우리의 욕망을 프로그래밍하게 된다. 외부적인 보상은 특정한 상황에서는 유용하겠지만, 대개는 동기부여의 힘이 약할 뿐만 아니라 실제로 우리의 동기를 해치고 내면적인 추진력이 발휘될 때보다 안 좋은 결과를 초래할 수 있다.

DESIGNING

10장

자기 마음의 지배자

THE MIND

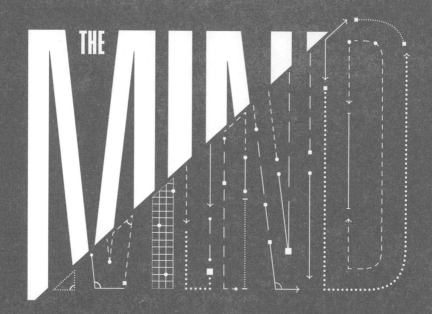

자기지배 3요소

> 우리의 의무는 인품을 함양하는 것이다. 책을 쓰고 전쟁에서 이기고 영토를 획득하는 것이 아니라 우리의 행동에 질서를 부여하고 마음의 평온함을 얻는 것이다. 우리가 남길 수 있는 위대하고 영광스러운 작품은 올바른 삶이다. 권력, 재산, 지위 같은 그 밖의 모든 것은 기껏해야 작은 부속물이나 소품에 불과하다.
>
> — 미셸 드 몽테뉴, 『수상록』

이제 자기지배 3요소의 마지막 조각에 도달했다. 행동 영역을 인지 영역, 감정 영역과 결합할 때 자기지배의 전체 그림이 완성된다. 이 세 가지 영역에서의 자기지배는 이상적인 자아를 가장 높은 수준으로 실현하는 능력 그리고 당신을 이상적인 자아에서 멀어지게 하려는 상황에 저항하는 힘을 나타낸다.

자기지배력은 당신이 자신의 이상에 부합하는 정도를 의미한다. 즉 자신의 기준에 맞춰 바람직한 개인이 되고 바람직한 삶을 사는 것은 당신의 능력에 달렸다. 지혜, 평정심, 자제력 등 자기지배에서 발견되는 다양한 형태의 능력은 단순히 중요한 덕목이 아니라 다른 모든 장점이 나타나게 해주는 전제 조건이며 2차 덕목이다.[1] 모든 심리건축가는 자기지배를 찬미한다.

> 전쟁에서 천 번 승리하고 천 명의 적을 무찌르는 사람보다 자기 자신을 정복하는 사람이 가장 위대한 승리자다.
>
> — 붓다, 『법구경』

> 당신이 가진 힘은 외부 세계가 아니라 자기 마음을 다스리기 위한 것이다. 이 사실을 깨달으면 당신은 강해질 것이다.
>
> — 마르쿠스 아우렐리우스, 『명상록』

> 군자가 추구하는 것은 자기 안에 있고, 범부가 추구하는 것은 타인 안에 있다.
>
> — 공자, 『논어』

> 지혜의 주된 용도는 정념을 다스리는 방법과 정념이 초래하는

고통을 견뎌내 기쁨의 원천으로 만드는 방법을 우리에게 가르쳐주는 것이다.

— 르네 데카르트, 『정념론』

외면을 중시하지 말라. 자신을 물질의 도구로 만들지 말고, 물질을 주고 뺏는 자들의 수단이 되지 말라. …… 가난, 질병, 고통에 대해 올바른 주관을 지니고 있으면 충분하다. 그런 모든 역경이 자신을 단련할 것이다. 더는 외부 상황에서 좋고 나쁨을 찾지 말라.

— 에픽테토스, 『담화록』

타인을 정복하는 것은 강제적인 힘이다. 자신을 정복하는 것이 진정한 힘이다.

— 노자, 『도덕경』

가장 강하고 현명한 사람은 다른 이들이 고통이라고 생각하는 역경 속에서도 행복을 발견한다. …… 자신을 극복하는 것이 그의 기쁨이다. …… 그는 어려운 일을 특권으로 여긴다. 다른 이들이 부담감에 짓눌릴 때도 그는 즐겁게 맞선다.

— 프리드리히 니체, 『안티크리스트』

이 문장들의 배경이 되는 철학의 독특한 점은 우리가 삶의 초기에 형성하는 기본적인 생각, 즉 외부적인 목표를 성취하는 것이 인생에서 성공의 가장 좋은 척도이자 성공을 위한 가장 좋은 수단이라는 생각을 거부한다는 것이다. 위대한 사상가들은 어떻게 최상의 존재 상태에 도달할 것인가에 대해 저마다 생각이 조금씩 달랐지만, 그런 존재 상태가 외부적 수단을 통해서가 아니라 자기 마음을 통해서 이루어진다는 데는 모두 동의했다. 그들은 세상을 극복하는 것보다 자기 자신을 극복하는 것을 목표로 삼았다. 심리건축 용어로 말하자면, 그들은 소프트웨어를 최적화한 사람들이었다. 이런 철학을 추구하는 사람들은 외부 세계를 통해 자신의 부족함을 채우려고 애쓰는 것이 아니라, 외부 세계가 규정한 틀을 뛰어넘기 위해 살아간다.

아마 당신도 '진정한 행복은 내면에서 온다.'라는 상투적인 격언을 들어봤을 것이다. 하지만 이 진리는 모호하고 종종 아무 가치도 없는 영적인 세계로 너무 많은 사람을 끌어들인다. 이 격언이 유용해지려면 우리의 심리적 소프트웨어를 '내면에서' 새롭게 프로그래밍할 합리적인 방법과 결합해야 한다. 나는 이런 과정의 출발점을 제시하기 위해 노력했지만, 근본적인 개념을 먼저 이해하고 내면화하고 실천하는 것이 중요하다.

심리적 행복은 마음의 체계적인 속성이며, 누구에게도 주어질 수 없고 빼앗을 수도 없다. 겉으로 보기에는 화려한 삶을 살았다고 이야기되는 이들 중에 말년을 초라하게 보낸 사람들이 너무나 많다. 엄청난 역경에 직면했을 때 우리는 진정으로 성취할 수 있다. 당신은 당신의 마음이 프로그래밍된 수준만큼만 행복할 수 있다. 이는 당신이 어떤 시점에 만족감을 느낄 수 있지만, 대상이 사라지면 만족감 또한 사라진다는 걸 의미한다. 물질, 명예, 지위, 사회적 관계를 잃는 것이 당신의 행복을 빼앗는다면 당신이 가진 것은 애초에 행복이라고 말할 수 없다.

당신은 나이가 들면서 몸이 병들 것이다. 누군가를 만나고 헤어질 것이다. 물질적 성공을 거뒀다가 잃기도 할 것이다. 이 모든 것은 행복이라는 케이크의 장식품이다. 인생에서 당신이 얻은 것은 당신의 것이 아니다. 마음이라는 소프트웨어만이 당신의 유일한 소유물이다. 당신이 투자할 수 있는 최고의 대상이며, 당신이 지금 개발을 시작하고 평생 간직할 수 있는 소중한 영역이다. 당신의 외부 세계가 혼돈에 빠지더라도 당신은 내부 세계에 초점을 맞출 수 있다. 마음이 당신의 안식처가 되게 해야 한다. 언제든지 방문할 수 있는 넓고 평화로운 궁전을 당신 안에 건축해야 한다.

나는 외면적인 삶이 중요하다고 생각하는 사람들과 많은 대화를 나눴다. 어떤 이들은 인생의 환경이 기대를 충족해주지 못했기 때문에 실패했다고 확신한다. 또 어떤 이들은 인상적인 경력을 만들고 좋은 집을 샀기 때문에 만족감과 안락함을 느낀다고 말한다.

당신이 꿈꾸던 외면적인 삶을 성취하지 못했더라도 실패자라는 대중적인 평가에 휩쓸리지 마라. 열심히 노력했는데도 성공을 거두지 못했다면 세상은 당신이 부족하다고 말할 것이다. 당신의 금전적·직업적·사회적 삶이 풍요롭지 않다면 세상은 당신이 별로 가치가 없다고 떠들어댈 것이다. 그러면서 내면의 행복은 중요하지 않다고 당신을 설득하려 할 것이다. 하지만 그런 말에 흔들려서는 안 된다. 누군가의 외면적 성취가 내면적 성취와 일치하지 않는다면 아무리 인상적인 지위, 명성, 자격증, 소셜미디어 계정을 갖고 있더라도 전혀 부러워할 필요가 없다. 내면의 행복을 성취한 사람들만이 진정으로 존경받을 가치가 있다.

화려한 직업이 아니더라도, 재산이 많지 않더라도, 대인관계가 넓지 않더라도 지혜·정직함·인품이 부족하지 않다면 당신은 실패자가 아니다. 그러나 외면적 실패를 합리화하지는 말아야 한다. 외면적 성공은 부수적이긴 해도 중요하지 않은 건 아니다. 환경, 생활 방식, 인간관계는 필연적으로 당신의 마음을 형성하고 당신을 변화시킬 것이다. 만약 자기 삶을 현재 상태 그대로 방관하거나 정당화한다면 그저 그런 인생을 살다가 세상을 떠나게 될 것이다.

당신이 외면적인 삶에서 성공을 거뒀다면 축하한다. 당신은 당분간 인생이라는 멋진 미니 게임을 즐길 수 있을 것이다. 하지만 조심해야 한다. 세상 사람들이 당신을 승리자라고 칭송하는 순간 안일함과 퇴보의 유혹이 서서히 찾아올 것이다. 외면적 성공 게임에서 벗어나 플러그를 뽑고 마음을 최적화하면서 자신에게 "이제 진정한 도전이 시작됐다."라고 말할 수 있어야 한다.

나는 개인적으로 지금까지의 삶에서 매우 운이 좋았다. 어려운 상황에 처한 사람들의 노력을 과소평가하려는 의도는 전혀 없다. 당신이 위기를 겪고 있다면 진심으로 응원을 보내고 싶다. 하지만 당신의 현재 심리 상태를 정당화하기 전에 비슷한 상황에 처한 모든 사람이 체념했는지, 아니면 어떤 사람들은 더 큰 어려움도 맞서고 이겨냈는지 주의 깊게 둘러보기 바란다.

이 책에 영감을 준 사상가 중에는 고아,[2] 장애인, 노예,[3] 강제수용소 수감자도 있다.[4] 어떤 사상가는 평생 질병에 시달렸고,[5] 어떤 사상가는 가족과 아이들을 잃었다.[6] 『수용소군도』의 작가 알렉산드르 솔제니친Aleksandr Solzhenitsyn은 소비에트 노동수용소의 악몽을 회고하며 이렇게 말했다. "세상 속에 존재한다는 의미는 우리가 익숙하게 생각하는 것처럼 번영하는 것이 아니라 …… 영혼의 발전에 있다."[7]

자기노예화 가설

자기지배는 그저 행복에 관한 것이 아니다. 자기지배의 반대는 단순히 자기방관이 아니라 자기예속이다. 자기지배력이 부족할 때 인간은 자기 마음의 노예가 된다. 생물학적으로 프로그래밍된 인간의 본능은 무엇을 생각하고, 어떻게 느끼고, 어떻게 행동하고, 삶을 어떻게 이끌어야 하는지 알려준다. 당신은 원초적 소프트웨어의 영향력 안에 있으며, 이런 힘은 당신뿐만 아니라 훨씬 더 많은 사람에게 영향을 미칠 수 있다.

파괴적이고 반사회적인 행동은 악의 산물이라는 생각이 고대부터 현대에 이르기까지 널리 퍼져 있다. 어둡고 불가사의한 심리적 성향이 끔찍한 행동을 하게 한다는 것이다. 그러나 이런 성향의 사람들이 심리적으로 가장 덜 발달했고, 가장 행복한 사람들이 가장 이타적인 성향을 보이는 건 우연이 아니다.[8] 현실 세계에서 악명을 떨친 자들은 대부분 자기지배력을 갖추지 못했다는 공통점이 있다. 그러나 살인마, 사이코패스, 총기 난사범, 잔인한 독재자, 전쟁광도 충분한 정보와 분석을 통해 심리 소프트웨어의 결함을 파악한다면 올바른 동기를 부여받도록 치료할 수 있다.

앞에서 행동적 자기지배력이 부족한 사람들이 분노를 폭발적으로 쏟아내고 폭력과 범죄를 저지를 가능성이 더 크다는 것을 살펴봤다. 실제로 자기통제 능력이 부족한 사람 중 40퍼센트가 32세 이전에 실제로 범죄를 저지르는 것으로 밝혀졌다.[9] 누구나 가끔은 폭력적인 충동을 경험하지만, 자기통제 능력이 부족한 사람들은 그 충동을 억제하지 못하고 분출하고 나서는 곧바로 후회하곤 한다. 하지만 근시안적으로 원초적 욕망에 굴복하는 순간에는 법률, 도덕, 가치관을 아무렇지도 않게 위반한다.[10]

감정적 자기지배력을 갖추지 못한 사람들은 만족감을 주지 못하는 세상에 반발하여 살인과 같은 일을 저지른다. 이들은 자신의 문제와 욕망을 건전한 방식으로 해결할 수 없으며, 무고한 다른 사람들에게 분노를 쏟아낸다. 대부분의 연쇄살인범은 세상이 자신에게 상처를 줬고 소외당했다고 느낀다. 그들의 살인 행위는 자기를 괴롭히는 세상에 대한 복수의 환상을 표출하려는 시도다.[11] 이런 사람들은 학대나 타인의 거부반응을 자주 경험했고, 정서적 회복력과 평정심을 발휘하지 못하기 때문에 건전한 방식으로 어려움에 대처할 수 없다.[12] 그리고 자신의 감정을 조절할 만한 효과적인 전략이 없기 때문에 통제되지 않은 감정의 꼭두각시가 된다.[13]

> 어떤 이들은 자기가 하고 싶은 것을 성취하지 못할 때 화가 나서 이렇게 소리친다. "이딴 세상, 망해버려라!" 이 혐오스러운 감정은 질투의 정점이며, 그 의미는 '내가 그걸 가질 수 없다면 누구도 가져서는 안 돼!'라는 뜻이다.
>
> — 프리드리히 니체[14]

미래의 가장 큰 재앙과 위험 대부분은 인지적 자기지배력의 결함에서 비롯된다. 로이 바우마이스터는 『악Evil』에서 "악행의 상당수는 자신이 매우 좋은 일을 하고 있다고 믿는 자들이 저지른다."라고 지적했다. 테러리스트, 암살자, 독재자들은 더 높은 이상과 더 나은 미래를 위해서라는 명분으로 끔찍한 행위를 저질렀다.[15]

대부분의 전쟁, 학살, 테러 행위는 가해자들이 비판적 사고능력과 지혜를 갖추지 못했기 때문에 발생한다. 히틀러, 스탈린, 그리고 마블 시리즈의 슈퍼빌런인 타노스는 자신이 더 나은 세상을 만들기 위해 꼭 필요한 일을 하고 있다고 믿었다. 하지만 그들이 악인이라는 사실에는 변함이 없다. 정말로 너무나 잘못된 일들을 자행했기 때문이다. 궁극적으로 이런 잘못은 편향된 그들의 신념과 그 신념에 대한 엄청난 확신에서 비롯된다. 그들은 근거 없는 이데올로기를 의심 없이 받아들인다. 그들의 가치관은 독단적이고 왜곡돼 있다. 그들은 정확하게 판단하거나 성찰할 수 없으며, 이런 한계는 근시안, 어리석음, 타락을 초래한다.[16]

사디스트와 사이코패스는 어떨까? 대부분 사람은 (스스로 인정하든 아니든) 어느 정도 반사회적인 충동을 지니고 있으며 심지어 가학적인 충동까지 지닌 경우도 있다. 그러나 이런 충동을 반드시 사회악으로 규정할 필요는 없다. 우리의 가치관에 부합하지 않는 충동도 있기 때문이다. 다행스럽게도, 대부분 사람은 충동이 아니라 가치관을 기준으로 선택한다. 대부분의 연쇄살인범은 살인 행위가 큰 만족감을 주리라고 생각했지만 실제로는 실망스러웠다고 고백했다.[17] 거듭 실망하면서도 같은 행위를 반복하는 건 지혜가 부족한 자들의 특징이다. 단순히 그런 욕망을 갖는 것이 문제가 아니라, 잘못된 욕망에 굴복했다는 점에서 지혜와 자제력의 결핍을 드러낸다.

사이코패스의 핵심적인 특징은 공감 능력의 결핍이라고 여겨졌다. 하지만 (많은 사람이 필요할 때 공감 버튼을 꺼버릴 수 있는 것처럼) 사이코패스들은 타인의 고통은 잘 느낀다는 점에서 공감 버튼을 자유자재로 '켜는' 능력을 갖고 있다고 할 수 있다.[18] 공감 능력 결핍보다 자제력 결핍이 반사회적 행동의 훨씬 더 뚜렷한 지표라는 연구 결과도 있다.[19] 사이코패스가 영리하고 계산적이라는 고정관념이 있지만 사이코패스의 공식적인 질병 명칭인 '반사회적 성격장애'는 충동적 행동, 짧은 생각, 감정 조절 장애와 관련이 있는 것으로 밝혀졌다.[20 21 22] 사이코패스 중에는 세 가지 유형의 자기지배력을 모두 갖추지 못한 이들이 많다.

지혜롭게 생각하고 분명하게 반성하고 현명하게 목표를 설정하고 자신의 감정과 행동을 효과적으로 통제하면서 파괴적이고 반사회적인 행동을 저지를 수 있는 인간이 존재할까? 나는 그럴 가능성을 부정하지 않지만 그런 인간이 존재한다는 설득력 있는 증거는 아직 찾지 못했다. 내가 연구한 악인의 모든 사례는 그들 소프트웨어의 적어도 한 가지 영역에서 치명적인 결함과 자기노예화를 보여줬다. 가장 중요한 점은 이런 각각의 결함에 대해 소프트웨어를 이론적으로 수정할 수 있다는 것이다. 표면적인 사건과 행동이 아니라 그들의 심리적 결함으로 관심과 논의를 전환할 필요가 있다. 그럼으로써 최선과 최악의 인간성 내면에 있는 알고리즘 패턴을 자세히 살펴봐야 한다.

아리스토텔레스는 사람의 성장 과정과 재산, 개인적 장점이 바람직한 삶을 살아가는 데 중요한 역할을 한다고 주장했다.[23] 이 주장은 가난하고 불운하고 매력이 없는 사람들은 행복하고 도덕적인 삶을 살아가기 어려운 장애물로 둘러싸여 있다는 뜻으로 잘못 해석돼왔다. 그러나 훨씬 더 나은 해석은 이것이다.

모든 사람은 자신의 심리적 소프트웨어를 분석하고 설계할 수 있는 자율성을 개발할 수 있다. 하지만 그 전까지는 유전자, 성장 과정, 재능, 어린 시절의 경험이 심리적 소프트웨어를 독점적으로 형성한다. 이런 요인은 인간의 원초적 성향을 나타내며 심리건축의 출발점이 된다. 선천적으로 신경질적이거나 폭력적인 사람, 불우한 어린 시절을 보낸 사람, 심각한 트라우마를 겪은 사람의 소프트웨어는 이상적인 자아에 부합하는 마음을 만들고자 할 때 다른 사람들보다 더 많은 노력이 필요할 것이다. 트라우마, 상실감, 학대는 심리건축에 큰 난관이 될 수 있고 나쁜 알고리즘의 네트워크를 뿌리 깊이 습관화할 수도 있다.

이런 난관은 어떤 이들에게는 너무 부담스러울 수도 있다. 하지만 심리건축에서 유일하게 극복할 수 없는 장벽은 프로젝트를 아예 시작하지 않는 것이다.

심리적 소프트웨어 최적화

> 우리 인생은 머릿속에 있는 소프트웨어에 좌우된다. 그런데 왜 최적화에 관심을 기울이지 않는가? …… 대부분 사람은 자신의 소프트웨어에 무관심할 뿐만 아니라 그것이 어떻게 작동하는지, 왜 그렇게 작동하는지에 대해서도 알지 못한다.
>
> — 팀 어번[24]

이 책은 인식하는 사람이 거의 없는 정신적 현상의 다양한 관계를 밝힐 수 있는 심리적 알고리즘의 새로운 모델을 제시하고 있다. 그러나 이 모델은 하나의 이론이라기보다는 기능적 인터페이스의 일종으로 보는 것이 더 바람직하다. 이런 구조는 수많은 심리학적 연구에 기반하고 있지만, 심리적 소프트웨어의 실제 구조를 완벽하게 표현하는 최종 개념은 아니다. 심리적 알고리즘은 하나의 기능적 모델로 표현하기에 너무나 복잡하다.

이 모델의 가치는 마음이라는 소프트웨어에 형태를 부여하고, 심리적 문제를 알고리즘으로 전환하여 생각하는 것이다. 당신의 인식, 욕망, 감정, 행동이 서로 어떻게 연결돼 있는지 그리고 그것들이 외부 인풋과 어떻게 연관돼 있는지 생각해보기 바란다. 그러면 여러 가지 변수가 서로 영향을 미치고 서로 연결되어 세계관, 행동 패턴, 심리 상태를 형성한다는 걸 이해하게 될 것이다. 또한 적응형 특성, 성격의 장점, 지혜로 구성된 네트워크를 형성할 수 있게 된다. 부정적인 패턴을 새롭게 프로그래밍하여 긍정적인 패턴으로 전환하는 데는 지렛대가 분명하게 존재한다.

건물 설계에서 소프트웨어 설계에 이르기까지 모든 설계 프로세스는 존재하는 것과 가능한 것 사이의 격차를 메우는 시스템 또는 구조에 대한 청사진을 공유된 가치와 원칙에 따라 개발하려고 한다. 이 창조적인 과정에 참여한 사람이라면 누구나 자신의 창조물이 이상적인 상태에 가까워질수록 그것을 바라보면서 엄청난 만족감을 느낀다.

심리건축도 예외가 아니다. 이상적인 자아에 가까워질수록 당신은 소프트웨어가 완성되어가는 과정에서 만족감을 느끼고 앞으로 가야 하는 여정에 대한 기대감을 품게 될 것이다. 당신의 이상적인 자아는 누구인가? 그 사람이 상징하는 가장 고귀한 가치와 원칙은 무엇인가? 그 사람의 심리적 소프트웨어는 어떤 모습인가? 그리고 그 사람의 소프트웨어와 현재 당신의 소프트웨어는 무엇이 다른가? 이런 질문에 답을 한 후에야 비로소 이상적인 목표를 향해 한 걸음씩 나아갈 수 있다.

심리건축가는 자기 마음을 실험하고, 자신을 재창조하고, 자신의 존재 상태를 점진적으로 높이는 과정을 반복한다. 그러면서 바람직한 사고방식을 찾아내고 실천하는 게임을 만든다.

진정한 심리건축가의 삶은 일종의 메타 존재다. 그는 인간으로서 세상을 살아가지만, 어떤 의미에서는 자신의 소프트웨어와 동의어가 아니라 그 소프트웨어의 설계자라는 정체성을 지니면서 자기 마음 위에서 살아가게 된다. 그는 자신의 원초적 성향이 만들어내는 환상과 다른 사람들이 제시하는 사회적 현실의 이면을 꿰뚫어 본다. 그의 인식이 자동으로 구성하는 이야기는 현실 자체가 아니라 정말 이야기처럼 느껴진다. 그가 느끼는 고통스러운 감정은 예전에 프로그래밍된 것이고, 이런 이야기에 대해 아직 제거되지 않은 반응일 뿐이다.

심리건축가는 적응적 정신 구조의 수집가이며 전략적 심리 구조의 공예가다. 원치 않는 부정적인 감정을 자기 프로그램의 비효율성으로 여기며, 현명한 아이디어와 원칙을 오픈소스 인식 코드의 일부로 간주한다. 그는 타고난 인간적 결함과 편향에 책임을 지고 그것들을 제거한다. 심리건축은 당신이 점진적으로 자기 삶을 받아들이고 즐길 수 있게 해주는 사고방식이다. 또한 당신이 나아가는 길에서 장애물을 제거하고 멋진 세상을 완전하게 누리게 해주는 프로젝트다.

당신은 항상 승리하는 사람을 만나본 적이 있는가? 자신에게 무슨 일이 일어나든 전혀 중심을 잃지 않는 사람, 모두가 무너질 때 웃는 사람, 자신에게 중요한 가치관은 타협하지 않고 모든 좌절을 성공으로 바꾸는 방법을 아는 사람 말이다. 숙련된 심리건축가는 인간의 원초적인 고통이 자신에게 프로그래밍된 적이 없었던 것처럼 행동할 수 있으며, 천성적으로 차분하고 평온한 사람처럼 보인다. 그러나 실제로 이는 자신의 부정적인 측면을 제거하려는 의지와 노력의 산물이다.

예전에 겪은 고통, 자기비하, 문제 있는 행동을 다시 프로그래밍하는 데 처음으로 성공을 거두었더라도 삶에 대처하기가 조금 더 수월해졌다는 느낌은 받지 않을 것이다. 그보다는 새로운 존재의 문이 열렸다고 느끼게 될 것이다. 한 걸음 내디딜 때마다 당신은 더 높은 봉우리로 올라가서 넓은 시야로 문제를 내려다보고 고작 그런 문제가 당신을 괴롭혔다는 사실에 미소 지을 것이다.

인간의 한계를 넘어서

우리 인간들이 인생과 경험이라고 부르는 이 그림은 미완성이며 여전히 진행 중이므로 고정된 대상으로 간주해서는 안 된다.

– 프리드리히 니체, 『인간적인 너무나 인간적인』

모든 사람에게 자기 마음의 기능을 이해하고 최적화할 일련의 강력한 심리적 기술을 제공할 수 있다면 어떻게 될까? 모든 사람의 최대 목표가 자신을 극복하고 가장 바람직한 마음을 만드는 것이라면 사회에 얼마나 커다란 영향을 미치게 될까? 심리 건축의 목적은 단순히 고통을 줄이는 것이 아니라 행복과 번영을 적극적으로 추구하는 것이다. 나는 한계를 뛰어넘는 인간의 잠재력과 심리적 발전에 관심이 많다. 오늘날 대부분 사람이 자신의 가치관을 따르지 못하는 근본적인 이유는 자신을 제한된 틀에 가두고 있기 때문이라고 생각한다.

우리 사회에서 기술과 정신 간의 격차가 엄청나게 커지고 있으며, 이 격차는 점점 더 심각한 위험을 초래하고 있다.[25] 현대의 대중문화는 외적인 것에 집착한다. 사람들은 경박한 힘과 피상적인 업적을 과시하는 지도자들을 추종한다. 이런 겉모습에 너무 많은 관심을 기울이기 때문에 그들의 실체에 의문을 제기하지 못한다. 그래서 결과적으로 자기 운명을 가장 어리석고 권력에 집착하는 자들의 손에 맡기는 세상에서 살아가고 있다.

사람들은 삶을 개선하고자 할 때 외부로 눈을 돌린다. 어떻게 하면 명성, 지위, 재산을 얻을 수 있을지 고민한다. 삶의 기술에 대해 이야기할 때 대부분 사람은 더 좋은 직장으로 옮기고, 이성을 매혹하고, 재산을 관리하는 데 필요한 기술을 생각한다. 물론 모두 유용한 가치가 있는 기술이다. 하지만 부차적인 기술이다. 모든 외부적 환경은 내면의 가치를 추구하기 위한 수단이며, 우리에게 가장 중요한 내면적 목표 중 많은 것은 직접적으로 달성될 수 있다. 오늘날 바람직한 삶을 살아가는 데 필요한 핵심 요소는 지혜, 성격, 행복과 관련이 있다. 안타깝게도, 이것들은 학교에서 가르쳐주지 않는다.

기업들은 종종 행복에 새로운 장애물로 작용하는 제품과 서비스를 만들어내면서 세상을 더 나은 곳으로 만들겠다고 약속한다.[26] 나는 기술이 올바른 목적을 향해 나아갈 때 진정으로 모두를 위한 더 나은 세상이 이루어지리라고 굳게 믿는다. 하지만 오늘날 판매되는 제품과 서비스 대다수는 새로운 중독을 일으킬 뿐이다. 욕망의 새로운 자극제가 되어 결과적으로 만족에 대한 새로운 장애물을 만든다는 의미에서만 우리 삶의 기준을 '향상'시킨다.

인류의 삶을 진정으로 향상시키는 의약 같은 기술도 있다. 그러나 이런 목적에 실질적으로 기여할 수 있는 대부분 기술은 심리 분야에 있다. 우리에게는 내면의 행복과 자기지배력을 함양하기 위한 도구와 방법이 필요하다. 이를 위해 외부 환경의 변화에 최대한 흔들리지 않는 번영의 열쇠를 찾고 공유해야 한다. 진정으로 세상을 개선하기를 원한다면 사람들이 더 바람직한 가치를 지향할 수 있는 심리적 시스템을 구축해야 하며, '사람들이 더 행복해지게 하는 것'에서 '행복한 사람들을 만드는 것'으로 관점을 전환해야 한다.

나는 허상을 꿰뚫어 보는 사람들의 세계를 향해 나아가고 싶다. 외면적 화려함이나 미디어의 상술에 더는 속지 않는 사람들, 신중하게 판단하고 가식과 허세를 버리기 위해 가장 중요한 질문을 던질 수 있는 사람들, 더 바람직한 가치를 추구하는 일을 삶에서 가장 앞선 우선순위에 두는 사람들의 세계 말이다. 특히 바람직한 가치를 추구하는 것은 그 자체로도 가장 중요할 뿐만 아니라 다른 모든 노력의 근원이 된다.

나는 사람들이 생각을 전환할 수 있도록 영감을 주고 방법을 제시하는 도구 모음을 만들려고 노력해왔다. 하지만 이 도구 모음은 완벽하지 않다. 이 책은 시작에 불과하다. 최대한 많은 사람에게 심리건축의 초석을 놓는 것이 나의 궁극적인 목표다. 이를 통해 각 개인은 바람직한 자기 마음을 건축하고 위대한 집단 지성에 기여할 수 있으리라고 믿는다.

> 내면의 즐거움, 열정, 행복 그리고 삶 자체에 대한 기쁨을 원하는 것이 모든 사람의 자연스럽고 원초적인 마음 상태가 되지 못할 이유가 없다.
>
> — 닉 보스트롬Nick Bostrom[27]

트랜스휴머니즘은 종종 비현실적인 미래 장치, 신체 증강, 먼 장래의 걱정들에 대한 설명을 동반하지만 그 비전은 인류가 오늘날보다 훨씬 더 위대해질 수 있다는 것을 상기시켜준다. 인간의 상태는 진행 중인 작업이며, 걸작이 될 수 있는 작품의 매우 대략적인 초안이다. 그리고 사회의 진화는 개인의 마음이 진화하는 데서 시작되며, 이 진화는 운에 맡길 수 없다. 그것은 각 개인이 의식적으로 실천하고 가장 바람직한 가치관을 설계한 결과여야 한다. 마음의 구조와 심리건축의 원리는 각 개인이 학습하고 체득할 때 우리가 살아가는 세상을 놀랍게 바꿔놓을 수 있는 기본적인 심리 기술이다.

이 책의 목표는 단지 매뉴얼을 제공하는 것이 아니다. 여기서 제시한 개념은 인류의 영원한 지혜를 담고 있지만, 여전히 끊임없이 진화하는 초안일 뿐이다. 무엇보다 이 책의 가장 큰 존재 이유는 많은 심리건축가가 가르쳐준 교훈을 되새기는 것이다. 당신은 소프트웨어를 최적화하고 환경을 최적화해야 한다. 마음의 발전이 다른 무엇보다 먼저 이루어져야 한다. 심리건축을 최우선 과제로 삼고 당신의 경험과 삶, 변화에 집중해라. 당신이 누구든 그리고 어디서 시작하든, 자신의 소프트웨어를 혁신하고 자기 마음의 주인이 될 수 있다. 이제 당신은 마음설계자다.

감사의 글

나는 '감사의 글'을 좋아한 적이 없다. 각주나 부록처럼 과연 그걸 읽어야 하는지 확신할 수 없었기 때문이다. 감사의 글은 독자와 무관한 것으로 보였고, 독자들은 감사받는 사람들이 누구인지 전혀 모를뿐더러 신경도 쓰지 않으리라 생각했다. 그래서 나는 오직 독자들만을 위해 신선하고 깔끔한 메시지를 전달하고 싶었다.

하지만 삶의 모든 면이 그렇듯이, 글을 쓰는 과정은 신선하지도 깔끔하지도 않았다. 오히려 혼란의 연속이었다. 책을 출판할 때가 되니 그 과정에서 도움을 준 사람들을 떠올리지 않을 수가 없다. 많은 분이 다양한 방식으로 도와주셨지만, 여기서는 이 책이 세상에 나올 수 있도록 직접적인 도움을 주신 분들에게 감사의 마음을 전하고 싶다.

케이틀린, 내가 이 책을 끝낼 수 있었던 건 당신의 지속적인 격려 덕분이야. 우리가 나눈 많은 농담과 모험 덕분에 나는 쉴 수 있었고 집필 작업에 짓눌리지 않을 수 있었어. 함께 고생해줘서 고마워.

나의 부모님께. 나의 열정을 평생 지원해주신 것에 감사드린다. 그리고 이 책의 첫 번째 원고에 잔인할 정도로 솔직한 평가를 해주신 것과 마지막 원고에 칭찬을 아끼지 않으신 것도.

친구들, 멘토들 그리고 베타테스트 독자들에게. 이 책은 이분들의 진지한 의견과 피드백, 아이디어 덕분에 열 배쯤 나아졌다. 에런 퍼킨스, 앨런 K, 벤 로저스, 카벨 H-B, 크리스토퍼 클레이, 펠리페 올첸스키, 해미시 S, 야쿠프 스머치크, 제프 슈리브, 조 앤 밀러, 호르헤 로디게로, 저스틴 큐브로시, 케이트 테오발드, 켈시 버츠, 콘스탄틴 V, 마크 멀비, 매트 카라마조프, 네이트 센쿠트, 니시트 차우한, 필립 L, 새아 우드, 티보 뮤리스 그리고 수많은 독자에게 감사드린다.

마지막으로 후티에게 특별한 감사의 마음을 전한다. 당신은 나의 빛이자 여신이야.

주

1장

1. Joseph LeDoux, *The Deep History of Ourselves: The Four-Billion-Year Story of How We Got Conscious Brains*, Illustrated edition (New York City: Viking, 2019). 국내 출간: 『우리 인간의 아주 깊은 역사』 (바다출판사, 2021).
2. Colleen A. McClung and Eric J. Nestler, "Neuroplasticity Mediated by Altered Gene Expression," *Neuropsychopharmacology* 33, no. 1 (January 2008): 3–17, https://doi.org/10.1038/sj.npp.1301544.
3. Sibylle Delaloye and Paul E. Holtzheimer, "Deep Brain Stimulation in the Treatment of Depression," *Dialogues in Clinical Neuroscience* 16, no. 1 (March 2014): 83–91.
4. Akhlaq Farooqui, "The Effects of Diet,Exercise, and Sleep on Brain Metabolism and Function," 2014, 1–42, https://doi.org/10.1007/978-3-319-04111-7_1.
5. Jon Kabat-Zinn, "Mindfulness-Based Interventions in Context: Past, Present, and Future," *Clinical Psychology: Science and Practice* 10, no. 2 (2003): 144–56, https://doi.org/10.1093/clipsy.bpg016.
6. "13 Effects of Transcranial Direct Current Stimulation (TDCS)," *Self-Hacked* (blog), December 17, 2019, https://selfhacked.com/blog/tdcs-benefits/.
7. L-S Camilla d'Angelo, George Savulich, and Barbara J Sahakian, "Lifestyle Use of Drugs by Healthy People for Enhancing Cognition, Creativity, Motivation and Pleasure," *British Journal of Pharmacology* 174, no. 19 (October 2017): 3257–67, https://doi.org/10.1111/bph.13813.
8. Michael Pollan, *How to Change Your Mind: What the New Science of Psychedelics Teaches Us About Consciousness, Dying, Addiction, Depression, and Transcendence*, Softcover large print edition (New York: Penguin Press, 2018). 국내 출간: 『마음을 바꾸는 방법』 (소우주, 2021).
9. "What Is Transhumanism?," What is Transhumanism?, accessed November 25, 2020, https://whatistranshumanism.org/.
10. "Six Paths to the Nonsurgical Future of Brain-Machine Interfaces," accessed November 25, 2020, https://www.darpa.mil/newsevents/2019-05-20.
11. "Home," Neuralink, accessed November 25, 2020, https://neuralink.com/.
12. Eberhard Fuchs and Gabriele Flügge, "Adult Neuroplasticity: More Than 40 Years of Research," *Neural Plasticity* 2014 (2014), https://doi.org/10.1155/2014/541870.
13. Norman Doidge, *The Brain That Changes Itself: Stories of Personal Triumph from the Frontiers of Brain Science*, n.d. 국내 출간: 『기적을 부르는 뇌』 (지호, 2008).

14. Melanie J. Zimmer-Gembeck and Ellen A. Skinner, "Review: The Development of Coping across Childhood and Adolescence: An Integrative Review and Critique of Research," *International Journal of Behavioral Development* 35, no. 1 (January 1, 2011): 1–17, https://doi.org/10.1177/0165025410384923.

15. David Whitebread and Marisol Basilio, "The Emergence and Early Development of Self-Regulation in Young Children," *Profesorado: Journal of Curriculum and Teacher Education* 16 (January 1, 2012): 15–34.

16. Malcolm Gladwell, *Outliers: The Story of Success*, n.d. 국내 출간: 『아웃라이어』 (김영사, 2009).

17. Carol S. Dweck, *Mindset: The New Psychology of Success*, n.d. 국내 출간: 『마인드셋』 (스몰빅라이프, 2017).

18. David Buss and Martie Haselton, "The Evolution of Jealousy," *Trends in Cognitive Sciences* 9 (December 1, 2005): 506–7; author reply 508, https://doi.org/10.1016/j.tics.2005.09.006.

19. Cory J. Clark et al., "Tribalism Is Human Nature," *Current Directions in Psychological Science* 28, no. 6 (December 1, 2019): 587–92, https://doi.org/10.1177/0963721419862289.

20. Tammy Saah, "The Evolutionary Origins and Significance of Drug Addiction," *Harm Reduction Journal* 2 (June 29, 2005): 8, https://doi.org/10.1186/1477-7517-2-8.

21. "Definition of ALGORITHM," accessed November 25, 2020, https://www.merriam-webster.com/dictionary/algorithm.

22. "The Thing We Fear More Than Death," Psychology Today, accessed November 25, 2020, http://www.psychologytoday.com/blog/the-real-story-risk/201211/the-thing-we-fear-more-death.

23. David L. Watson and Roland G. Tharp, *Self-Directed Behavior: Self-Modification for Personal Adjustment. Chapter 1: The Skills of Self-Direction*, 10th edition (Australia: Cengage Learning, 2013).

24. Warren Tryon, *Cognitive Neuroscience and Psychotherapy: Network Principles for a Unified Theory. Chapter 3—Core Network Principles: The Explanatory Nucleus*, 1st edition (London, UK ; Waltham, MA, USA: Academic Press, 2014).

25. Aaron T. Beck, *Cognitive Therapy and the Emotional Disorders. Chapter 2: Tapping the Internal Communications*, n.d. 국내 출간: 『인지치료와 정서장애』 (학지사, 2017).

26. "Emotional Competency—Human Nature," accessed November 25, 2020, http://www.emotionalcompetency.com/human percent20nature.htm.

27. David D. Burns, *Feeling Good: The New Mood Therapy. Chapter 1*, n.d. 국내 출간: 『필링 굿』 (아름드리미디어, 2011).

28. Carey K. Morewedge et al., "Debiasing Decisions: Improved Decision Making With a Single Training Intervention," *Policy Insights from the Behavioral and Brain Sciences*, August 13, 2015, https://doi.org/10.1177/2372732215600886.

29. Benjamin Gardner and Amanda L. Rebar, "Habit Formation and Behavior Change," Oxford Research Encyclopedia of Psychology, April 26, 2019, https://doi.org/10.1093/acrefore/9780190236557.013.129.

30. Aristotle, *Nicomachean Ethics*, trans. C. D. C. Reeve, n.d. 국내 출간: 『아리스토텔레스의 니코마코스 윤리학 입문』 (서광사, 2011).

31. "A Philosophical Approach to Routines Can Illuminate Who We Really Are - Elias Anttila | Aeon Ideas," Aeon, accessed November 25, 2020, https://aeon.co/ideas/a-philosophical-approach-to-routines-can-illuminate-who-we-really-are.

32. John H. Flavell, "Metacognition and Cognitive Monitoring: A New Area of Cognitive-Developmental Inquiry," *American Psychologist* 34, no. 10 (1979): 906–11, https://doi.org/10.1037/0003-066X.34.10.906.

33. Jon Kabat-Zinn, "Mindfulness-Based Interventions in Context: Past, Present, and Future," *Clinical Psychology: Science and Practice* 10, no. 2 (2003): 144–56, https://doi.org/10.1093/clipsy.bpg016.

34. Shian-Ling Keng, Moria J. Smoski, and Clive J. Robins, "Effects of Mindfulness on Psychological Health: A Review of Empirical Studies," *Clinical Psychology Review* 31, no. 6 (August 2011): 1041–56, https://doi.org/10.1016/j.cpr.2011.04.006.

35. Sam Harris, *Waking Up: A Guide to Spirituality Without Religion. Chapter 1*, n.d. 국내 출간: 『나는 착각일 뿐이다』 (시공사, 2017).

36. "Meditation Trains Metacognition—LessWrong," accessed November 25, 2020, https://www.lesswrong.com/posts/JMgffu9AzhYpTpHFJ/meditation-trains-metacognition.

37. Peter Sedlmeier et al., "The Psychological Effects of Meditation: A Meta-Analysis," *Psychological Bulletin* 138, no. 6 (November 2012): 1139–71, https://doi.org/10.1037/a0028168.

38. "A Map of Bay Area Memespace—LessWrong," accessed November 25, 2020, https://www.lesswrong.com/posts/WzPJRNYWhMXQTEj69/a-map-of-bay-area-memespace.

39. Tim Buschmann et al., "The Relationship Between Automatic Thoughts and Irrational Beliefs Predicting Anxiety and Depression," *Journal of Rational-Emotive & Cognitive-Behavior Therapy* 36 (July 1, 2017): 1–26, https://doi.org/10.1007/s10942-017-0278-y.

40. Paradigm, "Mindfulness & Bias: Literature Review," Medium, May 8, 2017, https://medium.com/inclusion-insights/mindfulness-bias-literature-review-3e4a9993cb41.

41. Diana J. Burgess, Mary Catherine Beach, and Somnath Saha, "Mindfulness Practice: A Promising Approach to Reducing the Effects of Clinician Implicit Bias on Patients," *Patient Education and Counseling* 100, no. 2 (February 1, 2017): 372–76, https://doi.org/10.1016/j.pec.2016.09.005.

42. Richard F. Gombrich, *Theravada Buddhism: A Social History from Ancient Benares to Modern Colombo*, 2nd edition (Routledge, 2006).

43. Yair Dor-Ziderman et al., "Mindfulness-Induced Selflessness: A MEG Neurophenomenological Study," *Frontiers in Human Neuroscience* 7 (2013), https://doi.org/10.3389/fnhum.2013.00582.

2장

1. Atsuo Murata, Tomoko Nakamura, and Waldemar Karwowski, "Influence of Cognitive Biases in Distorting Decision Making and Leading to Critical Unfavorable Incidents," *Safety* 1, no. 1 (December 2015): 44–58, https://doi.org/10.3390/safety1010044.
2. Kevin N. Ochsner and James J. Gross, "The Cognitive Control of Emotion," *Trends in Cognitive Sciences* 9, no. 5 (May 2005): 242–49, https://doi.org/10.1016/j.tics.2005.03.010.
3. Hedy Kober et al., "Regulation of Craving by Cognitive Strategies in Cigarette Smokers," *Drug and Alcohol Dependence* 106, no. 1 (January 1, 2010): 52–55, https://doi.org/10.1016/j.drugalcdep.2009.07.017.
4. Robert Alan Burton, *On Being Certain: Believing You Are Right Even When You're Not*, Reprint edition (St. Martin's Press, 2008). 국내 출간: 『생각의 한계』 (더좋은책, 2014).
5. Alfred Korzybski, *Science and Sanity: An Introduction to Non-Aristotelian Systems and General Semantics* (International Non-Aristotelian Library Publishing Company, 1933).
6. Henry Markovits and Guilaine Nantel, "The Belief-Bias Effect in the Production and Evaluation of Logical Conclusions," *Memory & Cognition* 17, no. 1 (January 1, 1989): 11–17, https://doi.org/10.3758/BF03199552.
7. Steven Novella and Yale School of Medicine, *Your Deceptive Mind:A Scient ific Guide to Critical Thinking Skills* (the great courses, 2012).
8. Mark P. Mattson, "Superior Pattern Processing Is the Essence of the Evolved Human Brain," *Frontiers in Neuroscience* 8 (August 22, 2014), https://doi.org/10.3389/fnins.2014.00265.
9. Scott D. Blain et al., "Apophenia as the Disposition to False Positives: A Unifying Framework for Openness and Psychoticism," *Journal of Abnormal Psychology* 129, no. 3 (2020): 279–92, https://doi.org/10.1037/abn0000504.
10. Alexander Alvarez, "Destructive Beliefs: Genocide and the Role of Ideology," 2008.
11. "Cognitive Bias," in *Wikipedia*, November 24, 2020, https://en.wikipedia.org/w/index.php?title=Cognitive_bias&oldid=990416478.
12. Buster Benson, "Cognitive Bias Cheat Sheet, Simplified," Medium, April 2, 2019, https://medium.com/thinking-is-hard/4-conundrums-of-intelligence-2ab78d90740f.
13. "The Illusion of Transparency: Biased Assessments of Others'Ability to Read One's Emotional States.—PsycNET," accessed November 25, 2020, https://doi.apa.org/doiLanding?doi=10.1037 percent2F0022-3514.75.2.332.

14. "Reducing Implicit Racial Preferences: II. Intervention Effectiveness across Time.—PsycNET," accessed November 25, 2020, https://psycnet.apa.org/doiLanding?doi=10.1037percent2Fxge0000179.

15. Paradigm, "Mindfulness & Bias: Literature Review," Medium, May 8, 2017, https://medium.com/inclusion-insights/mindfulness-bias-literature-review-3e4a9993cb41.

16. Daniel Kahneman, *Thinking, Fast and Slow. Chapter 23*, 1st edition(New York: Farrar, Straus and Giroux, 2013). 국내 출간: 『생각에 관한 생각』 (김영사, 2018).

17. Anne-Laure Sellier, Irene Scopelliti, and Carey K. Morewedge, "Debiasing Training Improves Decision Making in the Field:," *Psychological Science*, July 26, 2019, https://doi.org/10.1177/0956797619861429.

18. Carey K. Morewedge et al., "Debiasing Decisions: Improved Decision Making With a Single Training Intervention," *Policy Insights from the Behavioral and Brain Sciences*, August 13, 2015, https://doi.org/10.1177/2372732215600886.

19. Vasco Correia, "Contextual Debiasing and Critical Thinking: Reasons for Optimism," *Topoi* 37, no. 1 (March 1, 2018): 103–11, https://doi.org/10.1007/s11245-016-9388-x.

20. Wayne Weiten, *Psychology: Themes and Variations, Briefer Version*, n.d.

21. Thomas Mussweiler, Fritz Strack, and Tim Pfeiffer, "Overcoming the Inevitable Anchoring Effect: Considering the Opposite Compensates for Selective Accessibility," *Personality and Social Psychology Bulletin* 26, no.9 (November 1, 2000): 1142–50, https://doi.org/10.1177/01461672002611010.

22. Martie G. Haselton, Daniel Nettle, and Paul W. Andrews, "The Evolution of Cognitive Bias," in *The Handbook of Evolutionary Psychology* (John Wiley & Sons, Ltd, 2015), 724–46, https://doi.org/10.1002/9780470939376.ch25.

23. Małgorzata Kossowska, Aneta Czernatowicz-Kukuczka, and Maciek Sekerdej, "Many Faces of Dogmatism: Prejudice as a Way of Protecting Certainty against Value Violators among Dogmatic Believers and Atheists," *British Journal of Psychology (London, England : 1953)* 108 (February 19, 2016), https://doi.org/10.1111/bjop.12186.

24. Melvin J. Lerner, "The Belief in a Just World," in *The Belief in a Just World: A Fundamental Delusion*, ed. Melvin J. Lerner, Perspectives in Social Psychology (Boston, MA: Springer US, 1980), 9–30, https://doi.org/10.1007/978-1-4899-0448-5_2.

25. Zick Rubin and Anne Peplau, "Belief in a Just World and Reactions to Another's Lot: A Study of Participants in the National Draft Lottery1," *Journal of Social Issues* 29, no. 4 (1973): 73–93, https://doi.org/10.1111/j.1540-4560.1973.tb00104.x.

26. Susan T. Fiske, "Intent and Ordinary Bias: Unintended Thought and Social Motivation Create Casual Prejudice," *Social Justice Research* 17, no. 2 (June 1, 2004): 117–27, https://doi.org/10.1023/B:SORE.0000027405.94966.23.

27. Shelley E. Taylor and Jonathon D. Brown, "Positive Illusions and Well-Being Revisited:

Separating Fact from Fiction," *Psychological Bulletin* 116, no. 1 (1994): 21–27, https://doi.org/10.1037/0033-2909.116.1.21.

28. Ibid.

29. Ibid.

30. Aaron M. Scherer, Paul D. Windschitl, and Andrew R. Smith, "Hope to Be Right: Biased Information Seeking Following Arbitrary and Informed Predictions," *Journal of Experimental Social Psychology* 49, no. 1 (January 1, 2013): 106–12, https://doi.org/10.1016/j.jesp.2012.07.012.

31. Giovanni Luca Ciampaglia US Filippo Menczer, The Conversation, "Biases Make People Vulnerable to Misinformation Spread by Social Media," Scientific American, accessed November 25, 2020, https://www.scientificamerican.com/article/biases-make-people-vulnerable-to-misinformation-spread-by-social-media/.

32. Agnes Makhene, "The Use of the Socratic Inquiry to Facilitate Critical Thinking in Nursing Education," *Health SA = SA Gesondheid* 24 (April 23, 2019), https://doi.org/10.4102/hsag.v24i0.1224.

33. Carl Sagan and Ann Druyan, *The Demon-Haunted World: Science as a Candle in the Dark. Chapter 2: Science and Hope*, n.d. 국내 출간: 『악령이 출몰하는 세상』 (사이언스북스, 2022).

34. "Alternative Medicine Kills Cancer Patients – Science-Based Medicine," accessed November 25, 2020, https://sciencebasedmedicine.org/alternative-medicine-kills-cancer-patients/.

35. Naomi Oreskes and Erik M. Conway, *Merchants of Doubt: How a Handful of Scientists Obscured the Truth on Issues from Tobacco Smoke to Climate Change. Chapter 6: The Denial of Global Warming*, n.d. 국내 출간: 『의혹을 팝니다』 (미지북스, 2012).

36. Roy F. Baumeister Ph.D and Aaron Beck, *Evil: Inside Human Violence and Cruelty. Chapter 6: True Believers and Idealists* (New York: Holt Paperbacks, 1999).

37. Seán Ó hÉigeartaigh, "Technological Wild Cards: Existential Risk and a Changing Humanity," SSRN Scholarly Paper (Rochester, NY: Social Science Research Network, October 5, 2016), https://papers.ssrn.com/abstract=3446697.

38. "The Cook and the Chef: Musk's Secret Sauce," Wait But Why, November 6, 2015, https://waitbutwhy.com/2015/11/the-cook-and-the-chefmusks-secret-sauce.html.

39. J. Lambie, *How to Be Critically Open-Minded: A Psychological and Historical Analysis. Chapter 6: Effects of Open-Mindedness on Decision Making, Morality, and Well-Being*, 2014th edition (Palgrave Macmillan, 2014).

40. Maryam MALMIR, Mohammad KHANAHMADI, and Dariush FARHUD, "Dogmatism and Happiness," *Iranian Journal of Public Health* 46, no. 3 (March 2017): 326–32.

3장

1. Lauren B. Alloy and Lyn Y. Abramson, "Learned Helplessness, Depression, and the Illusion of Control," *Journal of Personality and Social Psychology* 42, no. 6 (1982):1114–26, https://doi.org/10.1037/0022-3514.42.6.1114.
2. "Predictability: Does the Flap of a Butterfly's Wings in Brazil Set Off a Tornado in Texas? | Weather Forecasting | Weather," Scribd, accessed November 25, 2020, https://www.scribd.com/document/130949814/Predictability-Does-the-Flap-of-a-Butterfly-s-Wings-in-Brazil-Set-Off-a-Tornado-in-Texas.
3. "2.4.1 Swimming Headless Part 1 | AlanWatts.Org," accessed November 25, 2020, https://www.alanwatts.org/2-4-1-swimming-headless-part-1/.
4. Timothy Wilson and Daniel Gilbert, "The Impact Bias Is Alive and Well," *Journal of Personality and Social Psychology* 105 (November 1, 2013): 740–48, https://doi.org/10.1037/a0032662.
5. Daniel Gilbert, *Stumbling on Happiness*. Part III: Realism (New York: Vintage, 2007). 국내 출간: 『행복에 걸려 비틀거리다』 (김영사, 2006).
6. Daniel Gilbert, *Stumbling on Happiness*. Part IV: Presentism (New York: Vintage, 2007). 국내 출간: 『행복에 걸려 비틀거리다』 (김영사, 2006).
7. Daniel Gilbert, *Stumbling on Happiness*. Part V: Rationalization (New York: Vintage, 2007). 국내 출간: 『행복에 걸려 비틀거리다』 (김영사, 2006).
8. Tasha Eurich, *Insight: The Surprising Truth About How Others See Us, How We See Ourselves, and Why the Answers Matter More Than We Think*, Reprint edition (New York: Currency, 2018). 국내 출간: 『자기통찰』 (저스트북스, 2018).
9. Ibid.
10. Kieran C. R. Fox et al., "Meditation Experience Predicts Introspective Accuracy," *PLOS ONE* 7, no. 9 (September 25, 2012): e45370, https://doi.org/10.1371/journal.pone.0045370.
11. Marcus Johansson, Terry Hartig, and Henk Staats, "Psychological Benefits of Walking: Moderation by Company and Outdoor Environment," *Applied Psychology: Health and Well-Being* 3, no. 3 (2011): 261–80, https://doi.org/10.1111/j.1758-0854.2011.01051.x.
12. Eugene T. Gendlin, *Focusing*, n.d.
13. Christopher R. Long and James R. Averill, "Solitude: An Exploration of Benefits of Being Alone," *Journal for the Theory of Social Behaviour* 33, no. 1 (2003): 21–44, https://doi.org/10.1111/1468-5914.00204.
14. Inge Huijsmans et al., "A Scarcity Mindset Alters Neural Processing Underlying Consumer Decision Making," *Proceedings of the National Academy of Sciences* 116, no. 24 (June 11, 2019): 11699–704, https://doi.org/10.1073/pnas.1818572116.
15. Pamela Tierney and Steven M. Farmer, "Creative Self-Efficacy Development and Creative

Performance over Time.," *Journal of Applied Psychology* 96, no. 2 (2011): 277–93, https://doi.org/10.1037/a0020952.

16. Edward P. Lemay and Noah R. Wolf, "Projection of Romantic and Sexual Desire in Opposite-Sex Friendships: How Wishful Thinking Creates a Self-Fulfilling Prophecy," *Personality and Social Psychology Bulletin* 42, no. 7(July 1, 2016): 864–78, https://doi.org/10.1177/0146167216646077.
17. Abraham H. Maslow, *Toward a Psychology of Being*. Chapter 1: Introduction: Toward a Psychology of Health *3rd Edition*, n.d. 국내 출간: 『존재의 심리학』 (문예출판사, 2005).
18. David Moshman, "Cognitive Development beyond Childhood," in *Handbook of Child Psychology: Volume 2: Cognition, Perception, and Language*(Hoboken, NJ, US: John Wiley & Sons Inc, 1998), 947–78.
19. Christopher Peterson and Martin Seligman, *Character Strengths and Virtues: A Handbook and Classification,* 1st edition (Washington, DC : New York: American Psychological Association / Oxford University Press, 2004). 국내 출간: 『긍정심리학의 입장에서 본 성격 강점과 덕목의 분류』 (한국심리상담연구소, 2009).
20. Bertrand Russell, *The Problems of Philosophy*, n.d. 국내 출간: 『철학이란 무엇인가』 (문예출판사, 2008).
21. Albert Speer, *Inside the Third Reich*, n.d. 국내 출간: 『알베르트 슈페어의 기억』 (마티, 2016).
22. Stephen J. Whitfield, "Hannah Arendt and the Banality of Evil," *The History Teacher* 14, no. 4 (1981): 469–77, https://doi.org/10.2307/493684.
23. Daniela Barni et al., "Value Transmission in the Family: Do Adolescents Accept the Values Their Parents Want to Transmit?," *Journal of Moral Education* 40, no. 1 (March 1, 2011): 105–21, https://doi.org/10.1080/03057240.2011.553797.
24. Christopher Peterson and Martin Seligman, *Character Strengths and Virtues: A Handbook and Classification,* n.d.
25. Donald Robertson, *The Philosophy of Cognitive Behavioural Therapy: Stoic Philosophy as Rational and Cognitive Psychotherapy*, 1st edition (London: Routledge, 2010).
26. "5 Steps to Define Your Core Values: A Compass for Navigating Life's Decisions," *Mindful Ambition* (blog), June 8, 2017, https://mindfulambition.net/values/.
27. Carl Rogers and Peter D. Kramer M.D, *On Becoming a Person: A Therapist's View of Psychotherapy*, 2nd ed. edition (New York: Mariner Books, 1995). 국내 출간: 『진정한 사람되기』 (학지사, 2009).

4장

1. George Benson et al., "Cultural Values and Definitions of Career Success," *Human Resource Management Journal* 30 (March 1, 2020), https://doi.org/10.1111/1748-8583.12266.

2. "HAMER PEOPLE: THE ETHIOPIAN TRIBE WITH THE FAMOUS BULL JUMPING CEREMONY," *HAMER PEOPLE* (blog), accessed November 25, 2020, https://kwekudee-tripdownmemorylane.blogspot.com/2012/10/hamer-people-ethiopian-tribe-with.html.

3. Marsha L. Richins, "Social Comparison and the Idealized Images of Advertising," *Journal of Consumer Research* 18, no. 1 (June 1, 1991): 71–83, https://doi.org/10.1086/209242.

4. Monique Boekaerts, Paul R. Pintrich, and Moshe Zeidner, eds., *Handbook of Self-Regulation. Chapter 1: Self-Regulation of Action and Affect—Charles S. Car ver, Michael F. Scheier*, n.d.

5. Jonathan Gutman, "Means-end chains as goal hierarchies," *Psychology & Marketing* 14, no. 6 (1997): 545–60, https://doi.org/10.1002/(SICI)1520-6793(199709)14:6<545::AID-MAR2>3.0.CO;2-7.

6. "Are Animals Stuck in Time?—PsycNET," accessed November 25, 2020, https://doi.apa.org/doiLanding?doi=10.1037 percent2F0033-2909.128.3.473.

7. Richard Dawkins, *The Selfish Gene: 30th Anniversary Edition—with a New Introduction by the Author. Chapter 1: Why Are People?*, n.d. 국내 출간: 『이기적 유전자』 (을유문화사, 2006).

8. Ted Chu, *Human Purpose and Transhuman Potential: A Cosmic Vision of Our Future Evolution* (San Rafael, CA: Origin Press, 2014).

9. Ran R. Hassin, John A. Bargh, and Shira Zimerman, "Automatic and Flexible," *Social Cognition* 27, no. 1 (2009): 20–36.

10. Plato, *Phaedrus*, trans. Alexander Nehamas and Paul Woodruff, UK ed. edition (Indianapolis: Hackett Publishing Company, Inc., 1995).

11. W. Mischel, Y. Shoda, and M. I. Rodriguez, "Delay of Gratification in Children," *Science* 244, no. 4907 (May 26, 1989): 933–38, https://doi.org/10.1126/science.2658056.

12. David Hume, *A Treatise of Human Nature*, n.d. 국내 출간: 『인간 본성에 관한 논고』 전 3권 (서광사, 1994·1996·2008).

13. Antonio Damasio, *Descartes' Error: Emotion, Reason, and the Human Brain*, n.d. 국내 출간: 『데카르트의 오류』 (눈출판그룹, 2017).

14. Antonio R. Damasio, "A Second Chance for Emotion," in *Cognitive Neuroscience of Emotion*, ed. Richard D. R. Lane et al. (Oxford University Press, 2000), 12–23.

15. Kevin Simler and Robin Hanson, *The Elephant in the Brain: Hidden Motives in Everyday Life. Chapter 5: Self-Deception*, n.d. 국내 출간: 『뇌 속 코끼리』 (데이원, 2023).

16. Claire Matson Cannon and Richard D. Palmiter, "Reward without Dopamine," *Journal of Neuroscience* 23, no. 34 (November 26, 2003): 10827–31, https://doi.org/10.1523/JNEUROSCI.23-34-10827.2003.

17. Zachary B. Bulwa et al., "Increased Consumption of Ethanol and Sugar Water in Mice Lacking the Dopamine D2 Long Receptor," *Alcohol (Fay etteville, N.Y.)* 45, no. 7 (November

2011): 631–39, https://doi.org/10.1016/j.alcohol.2011.06.004.

18. Wilhelm Hofmann and Loran F. Nordgren, eds., *The Psychology of Desire. Chapter 6: Motivation and Pleasure in the Brain—Morten L. Kringelbach, Kent C. Berridge*, n.d.
19. Daniel Gilbert and Timothy Wilson, "Miswanting: Some Problems in the Forecasting of Future Affective States.," October 11, 2012.
20. Raymond G. Miltenberger, *Behavior Modification: Principles and Procedures. Chapter 4: Reinforcement*, 6th edition (Boston, MA: Cengage Learning, 2015).
21. Rupert Gethin, *The Foundations of Buddhism. Chapter 1: The Buddha: The Story of the Awakened One*, 1st edition (Oxford: Oxford University Press, 1998).
22. Walpola Rahula, *What the Buddha Taught: Revised and Expanded Edition with Texts from Suttas and Dhammapada*, n.d. 국내 출간: 『붓다의 가르침과 팔정도』 (한국빠알리성전협회, 2005).
23. Steven M. Emmanuel, ed., *A Companion to Buddhist Philosophy*, n.d.
24. Robert Wright, *Why Buddhism Is True: The Science and Philosophy of Meditation and Enlightenment. Chapter 1: Taking the Red Pill*, n.d. 국내 출간: 『불교는 왜 진실인가』 (마음친구, 2019).
25. Daniel Kahneman, Edward Diener, and Norbert Schwarz, eds., *Well-Being: Foundations of Hedonic Psychology. Chapter 16: Hedonic Adaptation*, First Paperback Edition (New York, NY: Russell Sage Foundation, 2003). 국내 출간: 『행복의 과학』 (아카넷, 2020).
26. Abraham H. Maslow, *Toward a Psychology of Being, 3rd Edition. Chapter 1: Introduction: Toward a Psychology of Health*, 3rd edition (New York: Wiley, 1998).
27. Joachim C. Brunstein, "Personal Goals and Subjective Well-Being: A Longitudinal Study," *Journal of Personality and Social Psychology* 65, no. 5(1993): 1061–70, https://doi.org/10.1037/0022-3514.65.5.1061.
28. Michael Siegrist and Bernadette Sütterlin, "Human and Nature-Caused Hazards: The Affect Heuristic Causes Biased Decisions," *Risk Analysis* 34, no. 8 (2014): 1482–94, https://doi.org/10.1111/risa.12179.
29. Antonio R. Damasio, "A Second Chance for Emotion," in *Cognitive Neuroscience of Emotion*, ed. Richard D. R. Lane et al. (Oxford University Press, 2000), 12–23.
30. Richard Garner, *Beyond Morality*, n.d.
31. Sam Harris, *Lying*, ed. Annaka Harris, n.d.
32. Igor Grossmann et al., "A Route to Well-Being: Intelligence vs. Wise Reasoning," *Journal of Experimental Psychology. General* 142, no. 3 (August 2013): 944–53, https://doi.org/10.1037/a0029560.

5장

1. Psychology, "5 Skills to Help You Develop Emotional Intelligence," Mark Manson, April 11, 2019, https://markmanson.net/emotional-intelligence.
2. James J. Gross, ed., *Handbook of Emotion Regulation, Second Edition*, Second edition (New York, NY: The Guilford Press, 2015).
3. Ellen Leibenluft, "Severe Mood Dysregulation, Irritability, and the Diagnostic Boundaries of Bipolar Disorder in Youths," *The American Journal of Psychiatry* 168, no. 2 (February 2011): 129–42, https://doi.org/10.1176/appi.ajp.2010.10050766.
4. Jaak Panksepp, *Affective Neuroscience: The Foundations of Human and Animal Emotions. Chapter 13: Love and the Social Bond: The Sources of Nurturance and Maternal Behavior*, Illustrated edition (Oxford: Oxford University Press, 2004).
5. Randolph M. Nesse MD, *Good Reasons for Bad Feelings: Insights from the Frontier of Evolutionary Psychiatry. Chapter 4: Good Reasons for Bad Feelings*, n.d. 국내 출간: 『이기적 감정』 (더퀘스트, 2020).
6. "Emotional Suppression: Physiology, Self-Report, and Expressive Behavior.—PsycNET," accessed November 25, 2020, https://psycnet.apa.org/doiLanding?doi=10.1037percent2F0022-3514.64.6.970.
7. James J. Gross, ed., *Handbook of Emotion Regulation, Second Edition. Chapter 1: Emotion Regulation: Conceptual and Empirical Foundations*, n.d.
8. "Total Control vs. No Control Theory of Emotions: Can You Control Your Emotions or Not?," Psychology Today, accessed November 25, 2020, http://www.psychologytoday.com/blog/ambigamy/201006/totalcontrol-vs-no-control-theory-emotions-can-you-control-your-emotionsor.
9. Ravi Thiruchselvam, Greg Hajcak, and James J. Gross, "Looking Inward: Shifting Attention Within Working Memory Representations Alters Emotional Responses," *Psychological Science* 23, no. 12 (December 1, 2012): 1461–66, https://doi.org/10.1177/0956797612449838.
10. James J. Gross, ed., *Handbook of Emotion Regulation, Second Edition. Chapter 32: Mindfulness Interventions and Emotion Regulation*, Second edition(New York, NY: The Guilford Press, 2015).
11. Pritha Das et al., "Pathways for Fear Perception: Modulation of Amygdala Activity by Thalamo-Cortical Systems," *NeuroImage* 26, no. 1(May 15, 2005): 141–48, https://doi.org/10.1016/j.neuroimage.2005.01.049.
12. Matthew Dixon et al., "Emotion and the Prefrontal Cortex: An Integrative Review," *Psychological Bulletin* 143 (June 15, 2017), https://doi.org/10.1037/bul0000096.
13. Richard S. Lazarus and Susan Folkman, *Stress, Appraisal, and Coping. Chapter 2: Cognitive Appraisal Processes*, 1st edition (New York: Springer Publishing Company, 1984).

14. E. Diener and F. Fujita, "Resources, Personal Strivings, and Subjective Well-Being: A Nomothetic and Idiographic Approach," *Journal of Personality and Social Psychology* 68, no. 5 (May 1995): 926–35, https://doi.org/10.1037//0022-3514.68.5.926.

15. Keimpe Algra et al., eds., *The Cambridge History of Hellenistic Philosophy*, n.d.

16. William J. Prior, *Virtue and Knowledge: An Introduction to Ancient Greek Ethics*, n.d. 국내 출간: 『덕과 지식 그리고 행복』 (서광사, 2010).

17. William B. Irvine, *A Guide to the Good Life: The Ancient Art of Stoic Joy*, 1st edition (Oxford University Press, 2008). 국내 출간: 『좋은 삶을 위한 안내서』 (마음친구, 2022).

18. Donald Robertson, *The Philosophy of Cognitive Behavioural Therapy: Stoic Philosophy as Rational and Cognitive Psychotherapy*, 1st edition (London: Routledge, 2010).

19. Aaron T. Beck, *Cognitive Therapy and the Emotional Disorders* (New York, N.Y.: Plume, 1979). 국내 출간: 『인지치료와 정서장애』 (학지사, 2017).

20. Judith S. Beck, *Cognitive Behavior Therapy*, 3rd edition (The Guilford Press, 2021). 국내 출간: 『인지행동치료 이론과 실제』 (하나의학사, 2017).

21. David D. Burns, *Feeling Good: The New Mood Therapy*, Reprint edition(New York: Harper, 2008). 국내 출간: 『필링 굿』 (아름드리미디어, 2019).

22. Elizabeth V. Naylor et al., "Bibliotherapy as a Treatment for Depression in Primary Care," *Journal of Clinical Psychology in Medical Settings* 17, no.3 (September 1, 2010): 258–71, https://doi.org/10.1007/s10880-010-9207-2.

23. James J. Gross and Oliver P. John, "Individual Differences in Two Emotion Regulation Processes: Implications for Affect, Relationships, and Well-Being," *Journal of Personality and Social Psychology* 85, no. 2 (August 2003): 348–62, https://doi.org/10.1037/0022-3514.85.2.348.

24. Tianqiang Hu et al., "Relation between Emotion Regulation and Mental Health: A Meta-Analysis Review," *Psychological Reports* 114 (April 1, 2014): 341–62, https://doi.org/10.2466/03.20.PR0.114k22w4.

25. James J. Gross, *Handbook of Emotion Regulation, Second Edition. Chapter 1: Emotion*, 2nd edition (The Guilford Press, 2013).

26. Shengdong Chen et al., "Automatic Reappraisal-Based Implementation Intention Produces Early and Sustainable Emotion Regulation Effects: Event-Related Potential Evidence," *Frontiers in Behavioral Neuroscience* 14 (July 1, 2020): 89, https://doi.org/10.3389/fnbeh.2020.00089.

27. Justin K. Mogilski et al., "Jealousy, Consent, and Compersion Within Monogamous and Consensually Non-Monogamous Romantic Relationships," *Archives of Sexual Behavior* 48, no. 6 (August 1, 2019): 1811–28, https://doi.org/10.1007/s10508-018-1286-4.

28. Jessica L. Jenness et al., "Catastrophizing, Rumination, and Reappraisal Prospectively Predict Adolescent PTSD Symptom Onset Following a Terrorist Attack," *Depression and*

Anxiety 33, no. 11 (2016): 1039–47, https:// doi.org/10.1002/da.22548.

29. "Sonja Lyubomirsky," accessed November 25, 2020, http://sonjalyubomirsky.com/.

30. Debra A. Hope et al., "Automatic Thoughts and Cognitive Restructuring in Cognitive Behavioral Group Therapy for Social Anxiety Disorder," *Cognitive Therapy and Research* 34, no. 1 (February 1, 2010): 1–12, https://doi.org/10.1007/s10608-007-9147-9.

31. "Cognitive Restructuring (Guide)," Therapist Aid, accessed November 25, 2020, https://www.therapistaid.com/therapy-guide/cognitive-restructuring.

32. David D. Burns, *Feeling Good: The New Mood Therapy. Chapter 3: Understanding Your Moods: You Feel the Way You Think*, Reprint edition (New York: Harper, 2008). 국내 출간: 『필링 굿』 (아름드리미디어, 2019).

33. "CBT's Cognitive Restructuring (CR) For Tackling Cognitive Distortions," PositivePsychology.com, February 12,2018, https://positivepsychology.com/cbt-cognitive-restructuring-cognitive-distortions/.

34. Aaron T. Beck, *Cognitive Therapy and the Emotional Disorders. Chapter 2: Tapping the Internal Communications*, n.d. 국내 출간: 『인지행동치료 이론과 실제』 (하나의학사, 2017).

35. Patrick B. Wood, "Role of Central Dopamine in Pain and Analgesia," *Expert Review of Neurotherapeutics* 8, no. 5 (May 2008): 781–97, https://doi.org/10.1586/14737175.8.5.781.

36. R. C. Lane, J. W. Hull, and L. M. Foehrenbach, "The Addiction to Negativity," *Psychoanalytic Review* 78, no. 3 (1991): 391–410.

6장

1. William B. Irvine, *On Desire: Why We Want What We Want. Chapter 7: The Biological Incentive System* (Oxford University Press, 2005). 국내 출간: 『욕망의 발견』 (까치, 2008).

2. Epictetus, *The Discourses of Epictetus: The Handbook, Fragments*, ed. Christopher Gill and Richard Stoneman, trans. Robin Hard, 2nd Original ed. edition (London : Rutland, Vt: Everyman Paperbacks, 1995).

3. Bhikkhu Bodhi, *The Noble Eightfold Path: Way to the End of Suffering. Chapter 1: The Way to the End of Suffering*, n.d.

4. Walpola Rahula, *What the Buddha Taught: Revised and Expanded Edition with Texts from Suttas and Dhammapada. Chapter 4: The Third Noble Truth*, n.d. 국내 출간: 『붓다의 가르침과 팔정도』 (한국빠알리성전협회, 2005).

5. Epicurus, *Principal Doctrines*, n.d.

6. Epictetus, *Enchiridion*, trans. George Long, unknown edition (Mineola, NY: Dover Publications, 2004).

7. Marie-Aurélie Bruno et al., "A Survey on Self-Assessed Well-Being in a Cohort of Chronic

Locked-in Syndrome Patients: Happy Majority, Miserable Minority," *BMJ Open* 1, no. 1 (January 1, 2011): e000039, https://doi.org/10.1136/bmjopen-2010-000039.

8. "Personal Strivings: An Approach to Personality and Subjective Well-Being.—PsycNET," accessed November 25, 2020, https://psycnet.apa.org/doiLanding?doi=10.1037percent2F0022-3514.51.5.1058.
9. Wilhelm Hofmann and Loran F. Nordgren, eds., *The Psychology of Desire. Chapter 3—Desire and Desire Regulation*, Reprint edition (New York, NY: The Guilford Press, 2016).
10. Lotte Dillen, Esther Papies, and Wilhelm Hofmann, "Turning a Blind Eye to Temptation: How Cognitive Load Can Facilitate Self-Regulation," *Journal of Personality and Social Psychology* 104 (December 31, 2012), https://doi.org/10.1037/a0031262.
11. Bhikkhu Bodhi, *The Noble Eightfold Path: The Way to the End of Suffering*—Chapter 6: Right Mindfulness, n.d.
12. "The Grateful Disposition: A Conceptual and Empirical Topography.—PsycNET," accessed November 25, 2020, /doiLanding?doi=10.1037percent2F0022-3514.82.1.112.
13. "Beyond Reciprocity: Gratitude and Relationships in Everyday Life.—PsycNET," accessed November 25, 2020, /doiLanding?doi=10.1037percent2F1528-3542.8.3.425.
14. Arnoud Arntz and Miranda Hopmans, "Underpredicted Pain Disrupts More than Correctly Predicted Pain, but Does Not Hurt More," *Behaviour Research and Therapy* 36, no. 12 (December 1, 1998): 1121–29, https://doi.org/10.1016/S0005-7967(98)00085-0.
15. Yair Dor-Ziderman et al., "Mindfulness-Induced Selflessness: AMEG Neurophenomenological Study," *Frontiers in Human Neuroscience* 7(2013), https://doi.org/10.3389/fnhum.2013.00582.
16. Paul Verhaeghen, "The Self-Effacing Buddhist: No(t)-Self in Early Buddhism and Contemplative Neuroscience," *Contemporary Buddhism* 18, no. 1 (January 2, 2017): 21–36, https://doi.org/10.1080/14639947.2017.1297344.
17. M. E. Raichle et al., "A Default Mode of Brain Function," *Proceedings of the National Academy of Sciences* 98, no. 2 (January 16, 2001): 676–82, https://doi.org/10.1073/pnas.98.2.676.
18. Viktor E. Frankl, William J. Winslade, and Harold S. Kushner, *Man's Search for Meaning*, 1st edition (Boston: Beacon Press, 2006). 국내 출간: 『빅터 프랭클의 죽음의 수용소에서』 (청아출판사, 2020).
19. Donald Robertson, *The Philosophy of Cognitive Behavioural Therapy: Stoic Philosophy as Rational and Cognitive Psychotherapy. Chapter 13: The View from Above and Stoic Metaphysics*, n.d.
20. Aaron Beck, Gary Emery, and Ruth L. Greenberg, *Anxiety Disorders and Phobias: A Cognitive Perspective. Chapter 11: Strategies and Techniques for Cognitive Restructuring*, n.d. 국내 출간: 『불안장애와 공포증』 (학지사, 2022).

21. Anna Rose Childress, A. Thomas McLELLAN, and Charles P. O'brien, "Abstinent Opiate Abusers Exhibit Conditioned Craving, Conditioned Withdrawal and Reductions in Both through Extinction," *British Journal of Addiction* 81, no. 5 (1986): 655–60, https://doi.org/10.1111/j.1360-0443.1986.tb00385.x.

22. Daryl J. Bem, "Self-Perception Theory, in *Advances in Experimental Social Psychology*, ed. Leonard Berkowitz, vol. 6 (Academic Press, 1972), 1–62, https://doi.org/10.1016/S0065-2601(08)60024-6.

23. Diogenes Laertius, *Lives of the Eminent Philosophers: By Diogenes Laertius. Book 6—Diogenes Laertius*, ed. James Miller, trans. Pamela Mensch (New York: Oxford University Press, 2018).

24. "Diogenes of Sinope | Internet Encyclopedia of Philosophy," accessed November 25, 2020, https://iep.utm.edu/diogsino/.

25. "Diogenes," accessed November 25, 2020, https://penelope.uchicago.edu/~grout/encyclopaedia_romana/greece/hetairai/diogenes.html.

26. William B. Irvine, *A Guide to the Good Life: The Ancient Art of Stoic Joy. Chapter 7: Self-Denial*, 1st edition (Oxford University Press, 2008). 국내 출간: 『좋은 삶을 위한 안내서』 (마음친구, 2022).

27. Cynthia King and William B. Irvine, *Musonius Rufus: Lectures and Sayings*, n.d.

28. Wilhelm Hofmann et al., "Yes, But Are They Happy? Effects of Trait Self-Control on Affective Well-Being and Life Satisfaction," *Journal of Personality* 82, no. 4 (2014): 265–77, https://doi.org/10.1111/jopy.12050.

29. Kennon M. Sheldon and Sonja Lyubomirsky, "The Challenge of Staying Happier: Testing the Hedonic Adaptation Prevention Model," *Personality and Social Psychology Bulletin* 38, no. 5 (May 1, 2012): 670–80, https://doi.org/10.1177/0146167212436400.

30. William B. Irvine, *A Guide to the Good Life: The Ancient Art of Stoic Joy. Chapter 5—The Dichotomy of Control: On Becoming Invincible*, 1st edition(Oxford University Press, 2008). 국내 출간: 『좋은 삶을 위한 안내서』 (마음친구, 2022).

31. Nick K. Lioudis, "The Importance Of Diversification," Investopedia, accessed November 25, 2020, https://www.investopedia.com/investing/importance-diversification/.

32. Andrew K. MacLeod, Emma Coates, and Jacquie Hetherton, "Increasing Well-Being through Teaching Goal-Setting and Planning Skills: Results of a Brief Intervention," *Journal of Happiness Studies: An Interdisciplinary Forum on Subjective Well-Being* 9, no. 2 (2008): 185–96, https://doi.org/10.1007/s10902-007-9057-2.

33. James Chen, "Liquidity," Investopedia, accessed November 25, 2020, https://www.investopedia.com/terms/l/liquidity.asp.

34. June Gruber et al., "Happiness Is Best Kept Stable: Positive Emotion Variability Is Associated With Poorer Psychological Health," *Emotion (Washington, D.C.)* 13 (November 19,

2012), https://doi.org/10.1037/a0030262.

7장

1. Tim O'Keefe, *Epicureanism. Chapter 12—Varieties of Pleasure, Varieties of Desire*, n.d.
2. Maryam MALMIR, Mohammad KHANAHMADI, and Dariush FARHUD, "Dogmatism and Happiness," *Iranian Journal of Public Health* 46, no. 3 (March 2017): 326–32.
3. Marc Kreidler, "Stardust, Smoke, and Mirrors: The Myth of the Mad Genius | Skeptical Inquirer," September 1, 2013, https://skepticalinquirer.org/2013/09/stardust-smoke-and-mirrors-the-myth-of-the-mad-genius/.
4. Aaron T. Beck and Brad A. Alford, *Depression: Causes and Treatment, 2nd Edition. Chapter 17: Cognition and Psychopathology*, n.d.
5. Andrew J. Oswald, Eugenio Proto, and Daniel Sgroi, "Happiness and Productivity," *Journal of Labor Economics* 33, no. 4 (September 26, 2015): 789–822, https://doi.org/10.1086/681096.
6. Stephen G. Post, "Altruism, Happiness, and Health: It's Good to Be Good," *International Journal of Behavioral Medicine* 12, no. 2 (June 1, 2005): 66–77, https://doi.org/10.1207/s15327558ijbm1202_4.
7. Kai Epstude and Kai J. Jonas, "Regret and Counterfactual Thinking in the Face of Inevitability: The Case of HIV-Positive Men," *Social Psychological and Personality Science* 6, no. 2 (March 1, 2015): 157–63, https://doi.org/10.1177/1948550614546048.
8. Friedrich Nietzsche, *On the Genealogy of Morals and Ecce Homo. Essay 1: 'Good and Evil', 'Good and Bad,'* ed. Walter Kaufmann, Reissue edition (New York: Vintage, 1989).
9. D. Hemelsoet, K. Hemelsoet, and D. Devreese, "The Neurological Illness of Friedrich Nietzsche," *Acta Neurologica Belgica* 108, no. 1 (March 2008): 9–16.
10. Aristotle, *Nicomachean Ethics. Book II Chapter 6*, trans. C. D. C. Reeve(Indianapolis: Hackett Publishing Company, Inc., 2014).
11. Richard Kraut, "Aristotle's Ethics," in *The Stanford Encyclopedia of Philosophy*, ed. Edward N. Zalta, Summer 2018 (Metaphysics Research Lab, Stanford University, 2018), https://plato.stanford.edu/archives/sum2018/entries/aristotle-ethics/.
12. Maya Tamir et al., "The Secret to Happiness: Feeling Good or Feeling Right?," *Journal of Experimental Psychology: General* 146 (August 14, 2017), https://doi.org/10.1037/xge0000303.
13. Emily Rose Dunn, "Blue Is the New Black: How Popular Culture Is Romanticizing Mental Illness," December 2017, https://digital.library.txstate.edu/handle/10877/6985.
14. Randolph M. Nesse MD, *Good Reasons for Bad Feelings: Insights from the Frontier of Evolutionary Psychiatry. Chapter 4: Good Reasons for Bad Feelings*, n.d. 국내 출간: 『이기적

감정』(더퀘스트, 2020)

15. James J. Gross, ed., *Handbook of Emotion Regulation, Second Edition. Chapter 4: The Neural Basis of Emotion Dysregulation*, Second edition (New York, NY: The Guilford Press, 2015).
16. June Gruber, "Can Feeling Too Good Be Bad?: Positive Emotion Persistence(PEP) in Bipolar Disorder," *Current Directions in Psychological Science* 20, no. 4 (August 1, 2011): 217–21, https://doi.org/10.1177/0963721411414632.
17. Heather C. Lench, ed., *The Function of Emotions: When and Why Emotions Help Us. Chapter 8: Functions of Anger in the Emotion System*, 1st ed. 2018 edition (Cham, Switzerland: Springer, 2018).
18. Siew-Maan Diong and George D. Bishop, "Anger Expression, Coping Styles, and Well-Being," *Journal of Health Psychology* 4, no. 1 (January 1, 1999): 81–96, https://doi.org/10.1177/135910539900400106.
19. Craig Winston LeCroy, "Anger Management or Anger Expression," *Residential Treatment for Children & Youth 5*, no. 3 (August 9, 1988): 29–39, https://doi.org/10.1300/J007v05n03_04.
20. Seneca, *On Anger: De Ira*, trans. Aubrey Stewart (Independently published, 2017).
21. "The True Trigger of Shame: Social Devaluation Is Sufficient, Wrongdoing Is Unnecessary—ScienceDirect," accessed November 25, 2020, https://www.sciencedirect.com/science/article/abs/pii/S1090513817303872.
22. Courtland S. Hyatt et al., "The Anatomy of an Insult: Popular Derogatory Terms Connote Important Individual Differences in Agreeableness/Antagonism," *Journal of Research in Personality* 78 (February 1, 2019): 61–75, https://doi.org/10.1016/j.jrp.2018.11.005.
23. Vilayanur S. Ramachandran and Baland Jalal, "The Evolutionary Psychology of Envy and Jealousy," *Frontiers in Psychology* 8 (September 19, 2017), https://doi.org/10.3389/fpsyg.2017.01619.
24. Christopher J. Boyce, Gordon D. A. Brown, and Simon C. Moore, "Money and Happiness: Rank of Income, Not Income, Affects Life Satisfaction," *Psychological Science*, February 18, 2010, https://doi.org/10.1177/0956797610362671.
25. Ibid.
26. "Emotional Competency—Envy," accessed November 25, 2020, http://www.emotionalcompetency.com/envy.htm.
27. Kevin Kelly, "68 Bits of Unsolicited Advice," *The Technium* (blog), accessed November 25, 2020, https://kk.org/thetechnium/68-bits-of-unsolicited-advice/.
28. "How to Deal with Extreme Envy," Time, accessed November 25, 2020, https://time.com/4358803/jealousy-envy-advice/.
29. Wilco W. van Dijk et al., "The Role of Self-Evaluation and Envy in Schadenfreude,"

European Review of Social Psychology 26, no. 1 (January 1, 2015): 247–82, https://doi.org/10.1080/10463283.2015.1111600.

30. Randolph M. Nesse MD, *Good Reasons for Bad Feelings: Insights from the Frontier of Evolutionary Psychiatry. Chapter 5: Anxiety and Smoke Detectors*, Illustrated edition (New York, New York: Dutton, 2019).국내 출간: 『이기적 감정』 (더퀘스트, 2020)
31. MeaningofLife.tv, *Good Reasons for Bad Feelings | Robert Wright & Randolph Nesse [The Wright Show]*, 2019, https://www.youtube.com/watch?v=17-ypeL88kQ.
32. Raymond G. Miltenberger, *Behavior Modification: Principles and Procedures. Chapter 5: Extinction*, 6th edition (Boston, MA: Cengage Learning, 2015).
33. B. Alan Wallace and Shauna L. Shapiro, "Mental Balance and Well-Being: Building Bridges between Buddhism and Western Psychology," *American Psychologist* 61, no. 7 (2006): 690–701, https://doi.org/10.1037/0003-066X.61.7.690.
34. Randolph M. Nesse MD, *Good Reasons for Bad Feelings: Insights from the Frontier of Evolutionary Psychiatry. Chapter 9: Guilt and Grief: The Price of Goodness and Love*, n.d. 국내 출간: 『이기적 감정』 (더퀘스트, 2020).
35. Michael Caserta, Rebecca Utz, and Dale Lund, "Spousal Bereavement Following Cancer Death," *Illness, Crises, and Loss* 21 (January 1, 2013): 185–202, https://doi.org/10.2190/IL.21.3.b.
36. Walpola Rahula, *What the Buddha Taught: Revised and Expanded Edition with Texts from Suttas and Dhammapada*, n.d. 국내 출간: 『붓다의 가르침과 팔정도』 (한국빠알리성전협회, 2005).
37. R. M. A. Nelissen, A. J. M. Dijker, and N. K. de Vries, "Emotions and Goals: Assessing Relations between Values and Emotions," *Cognition and Emotion* 21, no. 4 (June 1, 2007): 902–11, https://doi.org/10.1080/02699930600861330.
38. Nate Soares, *Replacing Guilt: Minding Our Way* (Independently published, 2020).
39. Heather C. Lench, ed., *The Function of Emotions: When and Why Emotions Help Us. Chapter 7: The Adaptive Functions of Jealousy*, n.d.
40. Rachel Elphinston et al., "Romantic Jealousy and Relationship Satisfaction: The Costs of Rumination," *Western Journal of Communication* 77 (April 4, 2013): 293–304, https://doi.org/10.1080/10570314.2013.770161.
41. Stephen Kellett and Peter Totterdell, "Taming the Green-Eyed Monster: Temporal Responsivity to Cognitive Behavioural and Cognitive Analytic Therapy for Morbid Jealousy," *Psychology and Psychotherapy* 86, no. 1 (March 2013): 52–69, https://doi.org/10.1111/j.2044-8341.2011.02045.x.
42. Valerie Rubinsky, "Identity Gaps and Jealousy as Predictors of Satisfaction in Polyamorous Relationships," *Southern Communication Journal* 84, no. 1 (January 1, 2019):17–29, https://doi.org/10.1080/1041794X.2018.1531916.

43. Robert L. Leahy and Dennis D. Tirch, "Cognitive Behavioral Therapy for Jealousy," *International Journal of Cognitive Therapy* 1, no. 1 (February 1, 2008): 18–32, https://doi.org/10.1521/ijct.2008.1.1.18.

44. "Attachment Styles of Predictors of Relationship Satisfaction Within Adulthood - Nevada State Undergraduate Research Journal," accessed November 25, 2020, http://nsurj.com/v4-i1-2/.

45. Richard Dawkins, *The Selfish Gene: 40th Anniversary Edition. Chapter 1: Why Are People?*, 4th edition (New York, NY: Oxford University Press, 2016).국내 출간: 『이기적 유전자』 (을유문화사, 2018).

46. Paul Bloom, *Against Empathy: The Case for Rational Compassion*, n.d. 국내 출간: 『공감의 배신』 (시공사, 2019).

47. Paul Bloom, "The Baby in the Well," The New Yorker, accessed November 25, 2020, https://www.newyorker.com/magazine/2013/05/20/thebaby-in-the-well.

48. Barbara Oakley et al., eds., *Pathological Altruism. Chapter 2: Empathy-Based Pathogenic Guilt, Pathological Altruism, and Psychopathology*, n.d.

49. "Introduction to Effective Altruism," Effective Altruism, accessed November 25, 2020, https://www.effectivealtruism.org/articles/introduction-to-effective-altruism/.

50. Shoyu Hanayama, "Christian 'Love' and Buddhist 'Compassion,'" *Journal of Indian and Buddhist Studies (Indogaku Bukkyogaku Kenkyu)* 20, no. 1 (1971): 464–455, https://doi.org/10.4259/ibk.20.464.

51. "Open Hearts Build Lives: Positive Emotions, Induced through Loving-Kindness Meditation, Build Consequential Personal Resources.—Psyc-NET," accessed November 25, 2020, https://psycnet.apa.org/doiLanding?-doi=10.1037 percent2Fa0013262.

52. "Loving-Kindness Meditation Increases Social Connectedness.—PsycNET," accessed November 25, 2020, https://psycnet.apa.org/doiLanding?doi=10.1037 percent2Fa0013237.

53. Peter Harvey, *An Introduction to Buddhism, Second Edition: Teachings, History and Practices*, n.d.

54. Michael A. Cohn et al., "Happiness Unpacked: Positive Emotions Increase Life Satisfaction by Building Resilience," *Emotion (Washington, D.C.)* 9, no. 3 (June 2009): 361–68, https://doi.org/10.1037/a0015952.

55. Arantzazu Rodríguez-Fernández, Estibaliz Ramos-Díaz, and Inge Axpe-Saez, "The Role of Resilience and Psychological Well-Being in School Engagement and Perceived Academic Performance: An Exploratory Model to Improve Academic Achievement," *Health and Academic Achievement*, September 19, 2018, https://doi.org/10.5772/intechopen.73580.

56. June Gruber et al., "Happiness Is Best Kept Stable: Positive Emotion Variability Is Associated With Poorer Psychological Health," *Emotion (Washington, D.C.)* 13 (November 19, 2012), https://doi.org/10.1037/a0030262.

57. "Similitudes: Stoicism and Buddhism," accessed November 25, 2020, https://stoicandzen.com/stoicism-and-buddhism-similarities/.

58. Marcin Fabjański and Eric Brymer, "Enhancing Health and Wellbeing through Immersion in Nature: A Conceptual Perspective Combining the Stoic and Buddhist Traditions," *Frontiers in Psychology* 8(September 12, 2017), https://doi.org/10.3389/fpsyg.2017.01573.

8장

1. Wilhelm Hofmann et al., "Dieting and the Self-Control of Eating in Everyday Environments: An Experience Sampling Study," *British Journal of Health Psychology* 19, no. 3 (September 2014): 523–39, https://doi.org/10.1111/bjhp.12053.

2. Marja Kinnunen et al., "Self-Control Is Associated with Physical Activity and Fitness among Young Males," *Behavioral Medicine (Washington, D.C.)* 38 (July 1, 2012): 83–89, https://doi.org/10.1080/08964289.2012.693975.

3. Larissa Barber, Matthew Grawitch, and David Munz, "Are Better Sleepers More Engaged Workers? A Self-Regulatory Approach to Sleep Hygiene and Work Engagement.," *Stress and Health : Journal of the International Society for the Investigation of Stress*, October 1, 2012, https://doi.org/10.1002/smi.2468.

4. Anja Achtziger et al., "Debt out of Control: The Links between Self-Control, Compulsive Buying, and Real Debts," *Journal of Economic Psychology* 49 (August 1, 2015): 141–49, https://doi.org/10.1016/j.joep.2015.04.003.

5. Thomas A. Wills et al., "Behavioral and Emotional Self-Control: Relations to Substance Use in Samples of Middle and High School Students," *Psychology of Addictive Behaviors: Journal of the Society of Psychologists in Addictive Behaviors* 20, no. 3 (September 2006): 265–78, https://doi.org/10.1037/0893-164X.20.3.265.

6. Adriel Boals, Michelle R. Vandellen, and Jonathan B. Banks, "The Relationship between Self-Control and Health: The Mediating Effect of Avoidant Coping," *Psychology & Health* 26, no. 8 (August 2011): 1049–62, https://doi.org/10.1080/08870446.2010.529139.

7. June P. Tangney, Roy F. Baumeister, and Angie Luzio Boone, "High Self-Control Predicts Good Adjustment, Less Pathology, Better Grades, and Interpersonal Success," *Journal of Personality* 72, no. 2 (2004): 271–324, https://doi.org/10.1111/j.0022-3506.2004.00263.x.

8. June Price Tangney et al., "Reliability, Validity, and Predictive Utility of the 25-Item Criminogenic Cognitions Scale (CCS)," *Criminal Justice and Behavior* 39, no. 10 (October 1, 2012): 1340–60, https://doi.org/10.1177/0093854812451092.

9. Angela L. Duckworth and Martin E.P. Seligman, "Self-Discipline Outdoes IQ in Predicting Academic Performance of Adolescents," *Psychological Science* 16, no. 12 (December 1, 2005): 939–44, https://doi.org/10.1111/j.1467-9280.2005.01641.x.

10. Eli Finkel and W. Keith Campbell, "Self-Control and Accommodation in Close Relationships: An Interdependence Analysis," *Journal of Personality and Social Psychology* 81 (September 1, 2001): 263–77, https://doi.org/10.1037/0022-3514.81.2.263.

11. Camilla Strömbäck et al., "Does Self-Control Predict Financial Behavior and Financial Well-Being?," *Journal of Behavioral and Experimental Finance* 14 (June 1, 2017): 30–38, https://doi.org/10.1016/j.jbef.2017.04.002.

12. Wilhelm Hofmann et al., "Yes, But Are They Happy? Effects of Trait Self-Control on Affective Well-Being and Life Satisfaction," *Journal of Personality* 82, no. 4 (2014): 265–77, https://doi.org/10.1111/jopy.12050.

13. Wilhelm Hofmann, Hiroki Kotabe, and Maike Luhmann, "The Spoiled Pleasure of Giving in to Temptation," *Motivation and Emotion* 37, no.4 (December 1, 2013): 733–42, https://doi.org/10.1007/s11031-013-9355-4.

14. T. E. Moffitt et al., "A Gradient of Childhood Self-Control Predicts Health, Wealth, and Public Safety," *Proceedings of the National Academy of Sciences* 108, no. 7 (February 15, 2011): 2693–98, https://doi.org/10.1073/pnas.1010076108.

15. David L. Watson and Roland G. Tharp, *Self-Directed Behavior: Self-Modification for Personal Adjustment. Chapter 5: Antecedents*, n.d. 국내 출간: 『충동과 자기관리』 (박학사, 2015).

16. James Clear, *Atomic Habits: An Easy & Proven Way to Build Good Habits & Break Bad Ones. Chapter 8: How to Make a Habit Irresistible*, Illustrated edition(New York: Avery, 2018). 국내 출간: 『아주 작은 습관의 힘』 (비즈니스북스, 2019).

17. George F. Koob and Eric J. Simon, "The Neurobiology of Addiction: Where We Have Been and Where We Are Going," *Journal of Drug Issues* 39, no. 1 (January 2009): 115–32.

18. David T. Courtwright, *The Age of Addiction: How Bad Habits Became Big Business*, n.d.

19. Daniel H. Angres and Kathy Bettinardi–Angres, "The Disease of Addiction: Origins, Treatment, and Recovery," *Disease-a-Month*, The Disease of Addiction: Origins, Treatment, and Recovery, 54, no. 10 (October 1, 2008):696–721, https://doi.org/10.1016/j.disamonth.2008.07.002.

20. Daniel Lieberman, *The Story of the Human Body: Evolution, Health, and Disease*, n.d. 국내 출간: 『우리 몸 연대기』 (웅진지식하우스, 2018).

21. Angela Jacques et al., "The Impact of Sugar Consumption on Stress Driven, Emotional and Addictive Behaviors," *Neuroscience & Biobehavioral Reviews* 103 (August 1, 2019): 178–99, https://doi.org/10.1016/j.neubiorev.2019.05.021.

22. MeaningofLife.tv, *Good Reasons for Bad Feelings | Robert Wright & Randolph Nesse [The Wright Show]*, 2019, https://www.youtube.com/watch?v=17-ypeL88kQ.

23. Lauren E. Sherman et al., "What the Brain 'Likes': Neural Correlates of Providing Feedback on Social Media," *Social Cognitive and Affective Neuroscience* 13, no. 7 (September 4, 2018):

699–707, https://doi.org/10.1093/scan/nsy051.

24. Russell Clayton, Alexander Nagurney, and Jessica Smith, "Cheating, Breakup, and Divorce: Is Facebook Use to Blame?," *Cyberpsychology, Behavior, and Social Networking* 16 (October 22, 2013): 717–20, https://doi.org/10.1089/cyber.2012.0424.

25. Mark Griffiths, Halley Pontes, and Daria Kuss, "The Clinical Psychology of Internet Addiction: A Review of Its Conceptualization, Prevalence, Neuronal Processes, and Implications for Treatment.," *Neurosciences and Neureconomics* 4 (January 1, 2015).

26. Ahmet AKIN et al., "Self-Control/Management And Internet Addiction," *International Online Journal of Educational Sciences* 7 (August 11, 2015): 95–100, https://doi.org/10.15345/iojes.2015.03.016.

27. Kashmir Hill, "Adventures in Self-Surveillance, Aka The Quantified Self, Aka Extreme Navel-Gazing," Forbes, accessed November 25, 2020, https://www.forbes.com/sites/kashmirhill/2011/04/07/adventuresin-self-surveillance-aka-the-quantified-self-aka-extreme-navel-gazing/.

28. "Carbonfootprint.Com—Carbon Footprint Calculator," accessed November 25, 2020, https://www.carbonfootprint.com/calculator.aspx.

29. Peter M. Gollwitzer and Veronika Brandstätter, "Implementation Intentions and Effective Goal Pursuit," *Journal of Personality and Social Psychology* 73, no. 1 (1997):186–99, https://doi.org/10.1037/0022-3514.73.1.186.

30. Elliot Aronson and Joshua Aronson, *The Social Animal. Chapter 4: Conformity*, n.d. 국내 출간: 『인간, 사회적 동물』 (탐구당, 2022).

31. S. E. Asch, "Effects of Group Pressure upon the Modification and Distortion of Judgments," in *Groups, Leadership and Men; Research in Human Relations* (Oxford, England: Carnegie Press, 1951), 177–90.

32. Netflix, *Derren Brown: The Push I Official Trailer [HD] I Netflix*, 2018, https://www.youtube.com/watch?v=doFpACkiZ2Q&feature=emb_title.

33. Herbert C. Kelman, "Compliance, Identification, and Internalization Three Processes of Attitude Change:," *Journal of Conflict Resolution*, July 1, 2016, https://doi.org/10.1177/002200275800200106.

34. B. Mullen, "Effects of strength and immediacy in group contexts: Reply to Jackson." Journal of Personality and Social Psychology, https://doi.org/10.1037/0022-3514.50.3.514

35. Russell D. Clark III, "Effect of number of majority defectors on minority influence." Group Dynamics: Theory, Research, and Practice, https://doi.org/10.1037/1089-2699.5.1.57

36. Patricia Pliner et al., "Compliance without Pressure: Some Further Data on the Foot-in-the-Door Technique," *Journal of Experimental Social Psychology* 10, no. 1 (January 1, 1974): 17–22, https://doi.org/10.1016/0022-1031(74)90053-5.

37. Robert Cialdini et al., "Reciprocal Concessions Procedure for Inducing Compliance: The

Door-in-the-Face Technique," *Journal of Personality and Social Psychology* 31 (February 1, 1975): 206–15, https://doi.org/10.1037/h0076284.

38. Edward E. Jones, *Ingratiation: A Social Psychological Analysis*, First Edition (Appleton-Century-Crofts, Inc, 1964).

39. Mark Whatley et al., "The Effect of a Favor on Public and Private Compliance: How Internalized Is the Norm of Reciprocity?," *Basic and Applied Social Psychology—BASIC APPL SOC PSYCHOL* 21 (September 1, 1999): 251–59, https://doi.org/10.1207/S15324834BASP2103_8.

40. Herbert C. Kelman, "Compliance, Identification, and Internalization Three Processes of Attitude Change:," *Journal of Conflict Resolution*, July 1, 2016, https://doi.org/10.1177/002200275800200106.

41. Jerry M. Burger et al., "What a Coincidence! The Effects of Incidental Similarity on Compliance:," *Personality and Social Psychology Bulletin*, July 2, 2016, https://doi.org/10.1177/0146167203258838.

42. Dan Ariely, *Predictably Irrational, Revised and Expanded Edition: The Hidden Forces That Shape Our Decisions. Chapter 2: The Fallacy of Supply and Demand*, Revised and Expanded ed. edition (New York, NY: Harper Perennial, 2010). 국내 출간: 『상식 밖의 경제학』 (청림출판, 2018).

43. Christina Steindl et al., "Understanding Psychological Reactance," *Zeitschrift Fur Psychologie* 223, no. 4 (2015): 205–14, https://doi.org/10.1027/2151-2604/a000222.

44. Brad J. Sagarin et al., "Dispelling the Illusion of Invulnerability: The Motivations and Mechanisms of Resistance to Persuasion," *Journal of Personality and Social Psychology* 83, no. 3 (2002): 526–41, https://doi.org/10.1037/0022-3514.83.3.526.

45. Arend Hintze et al., "Risk Aversion as an Evolutionary Adaptation," October 23, 2013.

46. "Adaptability: How Students' Responses to Uncertainty and Novelty Predict Their Academic and Non-Academic Outcomes.—PsycNET," APA PsycNET, accessed November 25, 2020, https://doi.org/10.1037/a0032794.

47. Abraham H. Maslow, Bertha G. Maslow, and Henry Geiger, *The Farther Reaches of Human Nature. Chapter 2: Neurosis as a Failure of Personal Growth*, n.d.

48. Steven M. Albert and John Duffy, "Differences in Risk Aversion between Young and Older Adults," *Neuroscience and Neuroeconomics* 2012, no. 1(January 15, 2012), https://doi.org/10.2147/NAN.S27184.

49. John Kaag, *Hiking with Nietzsche: On Becoming Who You Are*, 1st edition(New York: Farrar, Straus and Giroux, 2018). 국내 출간: 『심연호텔의 철학자들』 (필로소픽, 2020).

50. Bernard Reginster, *The Affirmation of Life: Nietzsche on Overcoming Nihilism*, 0 edition (Harvard University Press, 2009).

51. Rodica Ioana Damian et al., "Sixteen Going on Sixty-Six: A Longitudinal Study of Personality Stability and Change across 50 Years," *Journal of Personality and Social*

Psychology 117, no. 3 (September 2019): 674–95, https://doi.org/10.1037/pspp0000210.

52. L. -G Öst et al., "One vs Five Sessions of Exposure and Five Sessions of Cognitive Therapy in the Treatment of Claustrophobia," *Behaviour Research and Therapy* 39, no. 2 (February 1, 2001): 167–83, https://doi.org/10.1016/S0005-7967(99)00176-X.
53. Lissa Rankin M.D, *The Fear Cure: Cultivating Courage as Medicine for the Body, Mind, and Soul. Chapter 4: Uncertainty Is the Gateway to Possibility*, n.d.
54. Friedrich Nietzsche, *Twilight of the Idols: Or How to Philosophize with a Hammer*, trans. Duncan Large, n.d.
55. Geraldine O'Sullivan, "The Relationship Between Hope, Eustress, Self-Efficacy, and Life Satisfaction Among Undergraduates," *Social Indicators Research* 101, no. 1 (March 1, 2011): 155–72, https://doi.org/10.1007/s11205-010-9662-z.
56. Marcus Aurelius, *Meditations*, 1st edition (CreateSpace Independent Publishing Platform, 2018).
57. R. Blaug, *How Power Corrupts: Cognition and Democracy in Organisations. Chapter 2: Psychologies of Power*, n.d.
58. Olena Antonaccio and Charles R. Tittle, "Morality, Self-Control, and Crime*," *Criminology* 46, no. 2 (2008): 479–510, https://doi.org/10.1111/j.1745-9125.2008.00116.x.
59. David Myers, *Exploring Social Psychology*, n.d.
60. James Clear, *Atomic Habits: An Easy & Proven Way to Build Good Habits & Break Bad Ones. Chapter 2: How Your Habits Shape Your Identity (and Vice Versa)*, Illustrated edition (New York: Avery, 2018). 국내 출간: 『아주 작은 습관의 힘』 (비즈니스북스, 2019).
61. Ibid.
62. Daryl J. Bem, "Self-Perception Theory, Development of Self-Perception Theory Was Supported Primarily by a Grant from the National Science Foundation (GS 1452) Awarded to the Author during His Tenure at Carnegie-Mellon University.," in *Advances in Experimental Social Psychology*, ed. Leonard Berkowitz, vol. 6 (Academic Press, 1972), 1–62, https://doi.org/10.1016/S0065-2601(08)60024-6.
63. Danica Mijović-Prelec and Drazen Prelec, "Self-Deception as Self-Signalling: A Model and Experimental Evidence," *Philosophical Transactions of the Royal Society of London. Series B, Biological Sciences* 365, no. 1538 (January 27, 2010): 227–40, https://doi.org/10.1098/rstb.2009.0218.
64. David D. Burns, *Feeling Good: The New Mood Therapy. Chapter 5: Do-Nothingism: How to Beat It*, n.d. 국내 출간: 『필링 굿』 (아름드리미디어, 2019).
65. "Praise for Intelligence Can Undermine Children's Motivation and Performance.—PsycNET," accessed November 25, 2020, https://psycnet.apa.org/doiLanding?doi=10.1037 percent2F0022-3514.75.1.33.
66. "Implicit Social Cognition: Attitudes, Self-Esteem, and Stereotypes.—PsycNET," accessed November 25, 2020, https://doi.apa.org/doiLanding?-doi=10.1037 percent2F0033-

295X.102.1.4.

9장

1. Kentaro Fujita, Ariana Orvell, and Ethan Kross, "Smarter, Not Harder: A Toolbox Approach to Enhancing Self-Control," *Policy Insights from the Behavioral and Brain Sciences* 7, no. 2 (October 1, 2020): 149–56, https://doi.org/10.1177/2372732220941242.
2. Christian Tornau, "Saint Augustine," in *The Stanford Encyclopedia of Philosophy*, ed. Edward N. Zalta, Summer 2020 (Metaphysics Research Lab, Stanford University, 2020), https://plato.stanford.edu/archives/sum2020/entries/augustine/.
3. David Dubner, "Willpower and Ego Depletion: Useful Constructs?," *Counseling & Wellness: A Professional Counseling Journal* 5 (February 2016), https://openknowledge.nau.edu/2338/.
4. Matthew T. Gailliot and Roy F. Baumeister, "The Physiology of Willpower: Linking Blood Glucose to Self-Control," *Personality and Social Psychology Review* 11, no. 4 (November 1, 2007): 303–27, https://doi.org/10.1177/1088868307303030.
5. Mischel Walter, *The Marshmallow Test: Understanding Self-Control and How To Master It. Chapter 2: How They Do It*, n.d. 국내 출간: 『마시멜로 테스트』 (한국경제신문사, 2015).
6. "Nietzsche and Psychology: How to Become Who You Are," *Academy of Ideas* (blog), February 21, 2017, https://academyofideas.com/2017/02/nietzsche-psychology-become-who-you-are/.
7. David L. Watson and Roland G. Tharp, *Self-Directed Behavior: Self-Modification for Personal Adjustment. Chapter 5: Antecedents*, n.d. 국내 출간: 『충동과 자기관리』 (박학사, 2015).
8. "The Complete Guide to Self-Control," Scott H Young, September 30, 2019, https://www.scotthyoung.com/blog/2019/09/30/self-control/.
9. David L. Watson and Roland G. Tharp, *Self-Directed Behavior: Self-Modification for Personal Adjustment. Chapter 7: Consequences*, n.d. 국내 출간: 『충동과 자기관리』 (박학사, 2015).
10. Daniel H. Pink, *Drive: The Surprising Truth About What Motivates Us. Chapter 2: Seven Reasons Carrots and Sticks (Often) Don't Work* (New York: Riverhead Books, 2011). 국내 출간: 『드라이브』 (청림출판, 2011).
11. T. E. Moffitt et al., "A Gradient of Childhood Self-Control Predicts Health, Wealth, and Public Safety," *Proceedings of the National Academy of Sciences* 108, no. 7 (February 15, 2011): 2693–98, https://doi.org/10.1073/pnas.1010076108.
12. "Neuroreality: The New Reality Is Coming. And It's a Brain Computer Interface.," Futurism, accessed November 25, 2020, https://futurism.com/neuroreality-the-new-reality-is-coming-and-its-a-brain-computer-interface.

13. Anne-Marie Willis, "Ontological Designing," *Design Philosophy Papers* 4(June 1, 2006): 69–92, https://doi.org/10.2752/144871306X13966268131514.

14. Benjamin Hardy, *Willpower Doesn't Work: Discover the Hidden Keys to Success. Chapter 2: How Your Environment Shapes You*, n.d. 국내 출간: 『최고의 변화는 어디서 시작되는가』 (비즈니스북스, 2018).

15. Epictetus, *Enchiridion*, XXXII, trans. George Long, n.d.

16. Nicholas A. Christakis and James H. Fowler, "The Spread of Obesity in a Large Social Network over 32 Years," *New England Journal of Medicine* 357, no. 4 (July 26, 2007): 370–79, https://doi.org/10.1056/NEJMsa066082.

17. M. J. Howes, J. E. Hokanson, and D. A. Loewenstein, "Induction of Depressive Affect after Prolonged Exposure to a Mildly Depressed Individual," *Journal of Personality and Social Psychology* 49, no. 4 (October 1985): 1110–13, https://doi.org/10.1037//0022-3514.49.4.1110.

18. Walter Mischel and Nancy Baker, "Cognitive Appraisals and Transformations in Delay Behavior," *Journal of Personality and Social Psychology* 31, no. 2 (1975): 254–61, https://doi.org/10.1037/h0076272.

19. Monique Boekaerts, Paul R. Pintrich, and Moshe Zeidner, eds., *Handbook of Self-Regulation. Chapter 15: Attentional Control and Self-Regulation*, n.d.

20. Stacey Long et al., "Effects of Distraction and Focused Attention on Actual and Perceived Food Intake in Females with Non-Clinical Eating Psychopathology," *Appetite* 56, no. 2 (April 1, 2011): 350–56, https://doi.org/10.1016/j.appet.2010.12.018.

21. Ashley E. Mason et al., "Reduced Reward-Driven Eating Accounts for the Impact of a Mindfulness-Based Diet and Exercise Intervention on Weight Loss: Data from the SHINE Randomized Controlled Trial," *Appetite* 100 (May 1, 2016): 86–93, https://doi.org/10.1016/j.appet.2016.02.009.

22. W. Mischel, E. B. Ebbesen, and A. R. Zeiss, "Cognitive and Attentional Mechanisms in Delay of Gratification," *Journal of Personality and Social Psychology* 21, no. 2 (February 1972): 204–18, https://doi.org/10.1037/h0032198.

23. Fjolvar Darri Rafnsson, Fridrik H. Jonsson, and Michael Windle, "Coping Strategies, Stressful Life Events, Problem Behaviors, and Depressed Affect," *Anxiety, Stress, & Coping* 19, no. 3 (September 1, 2006): 241–57, https://doi.org/10.1080/10615800600679111.

24. Shireen L. Rizvi, *Chain Analysis in Dialectical Behavior Therapy. Chapter 3: Getting to Know the Target Behavior*, 1st edition (The Guilford Press, 2019).

25. David L. Watson and Roland G. Tharp, *Self-Directed Behavior: Self-Modification for Personal Adjustment. Chapter 2: Forethought: Planning for Success*, 10th edition (Australia: Cengage Learning, 2013). 국내 출간: 『충동과 자기관리』 (박학사, 2015).

26. Raymond G. Miltenberger, *Behavior Modification: Principles and Procedures. Chapter 4: Reinforcement*, 6th edition (Boston, MA: Cengage Learning, 2015). 국내 출간: 『최신 행동수정』

(학지사, 2017).

27. Dan Ariely and Klaus Wertenbroch, "Procrastination, Deadlines, and Performance: Self-Control by Precommitment," *Psychological Science* 13, no. 3(May 1, 2002): 219–24, https://doi.org/10.1111/1467-9280.00441.

28. Xavier Giné, Dean Karlan, and Jonathan Zinman, "Put Your Money Where Your Butt Is: A Commitment Contract for Smoking Cessation," *American Economic Journal: Applied Economics* 2, no. 4 (October 2010): 213–35, https://doi.org/10.1257/app.2.4.213.

29. Jinfeng Jiao and Catherine A. Cole, "The Effects of Goal Publicity and Self-Monitoring on Escalation of Goal Commitment," *Journal of Consumer Behaviour* 19, no. 3 (2020): 219–28, https://doi.org/10.1002/cb.1806.

30. John Raglin, "Factors in Exercise Adherence: Influence of Spouse Participation," *Quest* 53 (August 1, 2001), https://doi.org/10.1080/00336297.2001.10491752.

31. James Clear, *Atomic Habits: An Easy & Proven Way to Build Good Habits & Break Bad Ones. Chapter 17: How an Accountability Partner Can Change Everything*, Illustrated edition (New York: Avery, 2018). 국내 출간: 『아주 작은 습관의 힘』 (비즈니스북스, 2019).

32. "Focusmate—Distraction-Free Productivity," Focusmate, accessed November 25, 2020, https://www.focusmate.com.

33. "Change Your Habits and Life with Pavlok," Pavlok, accessed November 25, 2020, https://pavlok.com/.

34. Robert Soussignan, "Duchenne Smile, Emotional Experience, and Autonomic Reactivity: A Test of the Facial Feedback Hypothesis," *Emotion(Washington, D.C.)* 2, no. 1 (March 2002): 52–74, https://doi.org/10.1037/1528-3542.2.1.52.

35. Katherine L. Milkman, Julia A. Minson, and Kevin G. M. Volpp, "Holding the Hunger Games Hostage at the Gym: An Evaluation of Temptation Bundling," *Management Science* 60, no. 2 (February 2014): 283–99, https://doi.org/10.1287/mnsc.2013.1784.

36. Timothy D Hackenberg, "TOKEN REINFORCEMENT: A REVIEW AND ANALYSIS," *Journal of the Experimental Analysis of Behavior* 91, no. 2(March 2009): 257–86, https://doi.org/10.1901/jeab.2009.91-257.

37. Friedrich Nietzsche, *Nietzsche: Daybreak: Thoughts on the Prejudices of Morality*, ed. Maudemarie Clark and Brian Leiter, trans. R. J. Hollingdale, 2nd edition (Cambridge University Press, 1997).

38. Lisa Williams and David desteno, "Pride and Perseverance: The Motivational Role of Pride," *Journal of Personality and Social Psychology* 94 (June 1, 2008): 1007–17, https://doi.org/10.1037/0022-3514.94.6.1007.

39. Abraham H. Maslow, Bertha G. Maslow, and Henry Geiger, *The Farther Reaches of Human Nature. Chapter 23: A Theory of Metamotivation: The Biological Rooting of the Value-Life*, n.d.

40. Edward Deci, Richard Koestner, and Richard Ryan, "A Meta-Analytic Review of Experiments Examining the Effect of Extrinsic Rewards on Intrinsic Motivation," *Psychological Bulletin* 125 (December 1, 1999): 627–68;discussion692, https://doi.org/10.1037/0033-2909.125.6.627.

41. Mark Lepper and And Others, "Undermining Children's Intrinsic Interest with Extrinsic Reward: A Test of the 'Overjustification' Hypothesis," *Journal of Personality and Social Psychology* 28 (October 1, 1973), https://doi.org/10.1037/h0035519.

42. Teresa M. Amabile, *Creativity In Context: Update To The Social Psychology Of Creativity. Chapter 3: A Consensual Technique for Creativity Assessment*, New edition (Boulder, Colo: Routledge, 1996).

43. Daniel H. Pink, *Drive: The Surprising Truth About What Motivates Us. Chapter 2: Seven Reasons Carrots and Sticks (Often) Don't Work*, n.d. 국내 출간: 『드라이브』 (청림출판, 2011).

44. Edward L. Deci, Richard Koestner, and Richard M. Ryan, "Extrinsic Rewards and Intrinsic Motivation in Education: Reconsidered Once Again," *Review of Educational Research* 71, no. 1 (2001): 1–27.

45. Mihaly Csikszentmihalyi, *Beyond Boredom and Anxiety: Experiencing Flow in Work and Play*, 25th Anniversary edition (San Francisco: Jossey-Bass, 2000).국내 출간: 『몰입의 기술』 (더불어책, 2003).

46. Teresa Amabile and Steven J. Kramer, "The Power of Small Wins," *Harvard Business Review*, May 1, 2011, https://hbr.org/2011/05/the-power-ofsmall-wins.

47. Kjærsti Thorsteinsen and Joar Vittersø, "Striving for Wellbeing: The Different Roles of Hedonia and Eudaimonia in Goal Pursuit and Goal Achievement," *International Journal of Wellbeing* 8, no. 2 (December 8, 2018), https://doi.org/10.5502/ijw.v8i2.733.

10장

1. Lorraine L. Besser, *Eudaimonic Ethics: The Philosophy and Psychology of Living Well. Chapter 6: An Instrumental Theory of Virtue*, 1st edition (Routledge, 2014).

2. History com Editors, "Aristotle," HISTORY, accessed November 25, 2020, https://www.history.com/topics/ancient-history/aristotle.

3. "Who Was Epictetus? The Slave Who Became The Stoic Philosopher," Orion Philosophy, accessed November 25, 2020, https://www.orionphilosophy.com/stoic-blog/epictetus.

4. Viktor E. Frankl, William J. Winslade, and Harold S. Kushner, *Man's Search for Meaning*, n.d. 국내 출간: 『빅터 프랭클의 죽음의 수용소에서』 (청아출판사, 2020).

5. Charles Huenemann, "Nietzsche's Illness," The Oxford Handbook of Nietzsche, September 1, 2013, https://doi.org/10.1093/oxfordhb/9780199534647.013.0004.

6. "Marcus Aurelius: The Main Philosopher of Ancient Roman Empire," Rome.us, November

18, 2019, https://rome.us/roman-emperors/marcus-aurelius.html.

7. Aleksandr Solzhenitsyn, *The Gulag Archipelago* (Place of publication not identified: Random House, 2003).

8. Stephen G. Post, "Altruism, Happiness, and Health: It's Good to Be Good," *International Journal of Behavioral Medicine* 12, no. 2 (June 1, 2005): 66–77, https://doi.org/10.1207/s15327558ijbm1202_4.

9. June Price Tangney et al., "Reliability, Validity, and Predictive Utility of the 25-Item Criminogenic Cognitions Scale (CCS)," *Criminal Justice and Behavior* 39, no. 10 (October 1, 2012): 1340–60, https://doi.org/10.1177/0093854812451092.

10. Roy F. Baumeister Ph.D and Aaron Beck, *Evil: Inside Human Violence and Cruelty. Chapter 8: Crossing the Line: How Evil Starts*, n.d.

11. James L. Knoll, "The 'Pseudocommando' Mass Murderer: Part I, The Psychology of Revenge and Obliteration," *Journal of the American Academy of Psychiatry and the Law Online* 38, no. 1 (March 1, 2010): 87–94.

12. Fabienne Glowacz and Michel Born, "Away from Delinquency and Crime: Resilience and Protective Factors," 2015, 283–94, https://doi.org/10.1007/978-3-319-08720-7_18.

13. Neelu Sharma et al., "The Relation between Emotional Intelligence and Criminal Behavior: A Study among Convicted Criminals," *Industrial Psychiatry Journal* 24, no. 1 (2015): 54–58, https://doi.org/10.4103/0972-6748.160934.

14. Friedrich Nietzsche, *Daybreak: Thoughts on the Prejudices of Morality*, n.d.

15. Roy F. Baumeister Ph.D and Aaron Beck, *Evil: Inside Human Violence and Cruelty. Chapter 1: The Question of Evil, and the Answers* (New York: Holt Paperbacks, 1999).

16. Ibid.

17. Robert Ressler, "Lecture at the University of Virginia, 1993."

18. Harma Meffert et al., "Reduced Spontaneous but Relatively Normal Deliberate Vicarious Representations in Psychopathy," *Brain* 136, no. 8 (August 1, 2013): 2550–62, https://doi.org/10.1093/brain/awt190.

19. Paul Bloom, *Against Empathy: The Case for Rational Compassion* (New York, NY: Ecco, 2016). 국내 출간: 『공감의 배신』 (시공사, 2019).

20. Carlo Garofalo et al., "Emotion Dysregulation, Impulsivity and Personality Disorder Traits: A Community Sample Study," *Psychiatry Research* 266(August 1, 2018): 186–92, https://doi.org/10.1016/j.psychres.2018.05.067.

21. Tamas Bereczkei, "The Manipulative Skill: Cognitive Devices and Their Neural Correlates Underlying Machiavellian's Decision Making," *Brain and Cognition* 99 (October 1, 2015): 24–31, https://doi.org/10.1016/j.bandc.2015.06.007.

22. C. Zlotnick, "Antisocial Personality Disorder, Affect Dysregulation and Childhood Abuse

Among Incarcerated Women," *Journal of Personality Disorders* 13, no. 1 (March 1, 1999): 90–95, https://doi.org/10.1521/pedi.1999.13.1.90.

23. Iakovos Vasiliou, "The Role of Good Upbringing in Aristotle's Ethics," *Philosophy and Phenomenological Research* 56, no. 4 (1996): 771–97, https://doi.org/10.2307/2108280.

24. "The Cook and the Chef: Musk's Secret Sauce," Wait But Why, November 6, 2015, https://waitbutwhy.com/2015/11/the-cook-and-the-chefmusks-secret-sauce.html.

25. James Martin, *The Meaning of the 21st Century: A Vital Blueprint for Ensuring Our Future*, (Penguin Group, 2006). 국내 출간: 『제임스 마틴의 미래학 강의』 (김영사, 2009).

26. Brian Hall, *Silicon Valley—Making the World a Better Place*, 2019, https://www.youtube.com/watch?v=B8C5sjjhsso.

27. "What Is Transhumanism?," What is Transhumanism?, accessed November 25, 2020, https://whatistranshumanism.org/.

옮긴이 **한정훈**

서강대학교 불문과에서 수학 후, 한양대학교 전기공학과를 졸업했다. 문학과 과학기술에 관심이 많으며, 현재 영어 강사이면서 출판번역 에이전시 베네트랜스에서 전문 번역가로 활동 중이다. 옮긴 도서로는 『킵 샤프』, 『여덟 번째 불빛이 붉게 타오르면』, 『지혜롭게 투자한다는 것』, 『균형의 문제』, 『베조스 레터』, 『타이탄』, 『21세기 지성』, 『넥스트 레볼루션』, 『마인드 리더』, 『레드 팀을 만들어라』, 『사피엔스 DNA 역사』, 『두려움의 기술』, 『스타트업 성공학』 등이 있다.

마음설계자

초판 1쇄 발행 2023년 5월 23일
초판 3쇄 발행 2023년 7월 24일

지은이 라이언 부시
옮긴이 한정훈

발행인 이재신 **단행본사업본부장** 신동해
편집장 김경림 **책임편집** 이민경
디자인 this-cover **교정교열** 공순례
마케팅 최혜진 최지은 **홍보** 허지호
국제업무 김은정 김지민 **제작** 정석훈

브랜드 웅진지식하우스 **주소** 경기도 파주시 회동길 20 웅진씽크빅
문의전화 031-956-7430(편집) 031-956-7127(마케팅)
홈페이지 www.wjbooks.co.kr
인스타그램 www.instagram.com/woongjin_readers
페이스북 https://www.facebook.com/woongjinreaders
블로그 blog.naver.com/wj_booking

발행처 ㈜웅진씽크빅
출판신고 1980년 3월 29일 제406-2007-000046호

ISBN 978-89-01-27190-3 (03190)